双轮驱动创新

结构改革下中国企业的
开放创新与绩效

张铭慎　著

科学技术文献出版社
SCIENTIFIC AND TECHNICAL DOCUMENTATION PRESS

·北京·

图书在版编目（CIP）数据

双轮驱动创新：结构改革下中国企业的开放创新与绩效 / 张铭慎著. —北京：科学技术文献出版社，2017. 12（2019. 5重印）

ISBN 978-7-5189-3633-5

Ⅰ.①双… Ⅱ.①张… Ⅲ.①企业管理—创新管理—研究—中国 Ⅳ.①F279.23

中国版本图书馆 CIP 数据核字（2017）第 284423 号

双轮驱动创新——结构改革下中国企业的开放创新与绩效

策划编辑: 李 蕊 责任编辑: 张 红 王晓春 责任校对: 张吲哚 责任出版: 张志平

出 版 者	科学技术文献出版社	
地 址	北京市复兴路15号 邮编 100038	
编 务 部	（010）58882938，58882087（传真）	
发 行 部	（010）58882868，58882870（传真）	
邮 购 部	（010）58882873	
官 方 网 址	www.stdp.com.cn	
发 行 者	科学技术文献出版社发行 全国各地新华书店经销	
印 刷 者	北京虎彩文化传播有限公司	
版 次	2017 年 12 月第 1 版 2019 年 5 月第 2 次印刷	
开 本	710×1000 1/16	
字 数	202千	
印 张	14.25	
书 号	ISBN 978-7-5189-3633-5	
定 价	58.00元	

前 言
Preface

当前，随着各国经济的结构性问题日益突出，全球正在就结构改革达成广泛共识。以美国为代表的西方国家和以中国为代表的新兴经济体近年来大力推进结构改革、激发创新活力，将提高创新能力、促进创新驱动作为整体发展战略的重点和促进经济持续发展的良方。针对经济增长质量和效益不高、创新能力不强、体制束缚较多等现实问题，我国提出创新驱动发展战略，把创新作为引领发展的第一动力，更加强调自主创新与开放创新的辩证统一，力求最大限度用好全球创新资源。

在决胜全面小康、全面深化改革的关键时点考察结构改革下的开放创新与绩效具有特殊意义。结构改革是基于市场导向并服务于长期经济增长与收入提升的经济制度变革，客观上改善了劳动力要素流动性、创投资本可得性、成果转化便利性，为推动开放创新创造了条件。尽管开放创新作为一个学术概念进入中国的时间并不算长，但近年来已经受到了学术界、企业界和政府部门的广泛重视，不仅研究数量大幅增长，还正式进入官方文件。我们越来越认识到，开放创新不是毫无意义的"新瓶装旧酒"，而是一种全新的创新范式；不是人为制造的"沟通上的障碍"，而是帮助我们更好理解创新生态的钥匙；不是虚张声势的"措辞上的稻草人"，而是创新战略中应该秉持的重要原则。更好地理解结构改革下的开放创新与绩效，不仅顺应了结构改革与开放创新再一次深度交汇的历史趋势，也符合基于制度视角研究创新问题的最新动向，对于我国更好推动和利用开放创新具有积极意义。

本书主要聚焦于企业层面的开放创新，在分析结构改革下开放创新现状和问题的基础上，基于"技术合作模式"解构了开放创新对企业创新绩效的影响机制，并从区域制度差异视角探讨了制度对影响机制的调节作用，力图构造一个技术与制度"双轮驱动"创新绩效提升的图景。全书主要讨论了四个问题。一是结构改革下开放创新现状和问题。从结构改革影响开放创新形成因素入手，构建"要素＋机制＋环境"分析框架，为理解结构改革与开放创新的关系提供一个新思路。二是开放创新与企业创新绩效的关系。以"技术合作模式"作为分析企业开放创新的切入点，聚焦于合作研发和市场交易这两种具体模式，为分析开放创新对企业创新绩效的影响提供了一个新视角。三是影响开放创新与企业创新绩效关系的制度及其跨区域差异。以"技术合作模式"为切入点的同时充分聚焦"区域性制度差异"，一方面将"制度"元素引入开放创新研究，体现了结构改革背景，突出了制度变量特征；另一方面，使本研究与单纯的"企业层面"或"国别层面"研究区分开来。四是区域制度差异如何调节开放创新与企业创新绩效的关系。重点分析区域制度差异与不同技术合作模式之间的互动关系，立足微观主体企业和结构改革背景揭示技术与制度共同促进创新发展的耦合机制。这不仅挑战了现有理论中的关于地区间同质的暗含假设，还证实了企业战略和特定的区域制度在利用开放创新提升创新绩效方面存在互补效应。对政府而言，互补效应不仅提供了十分有价值的政策工具，还具有一个重要的引申含义——地方政府应该加速"制度环境竞争"，而不是单纯依靠"优惠政策竞争"。对企业而言，互补效应则意味着应该寻找拥有更优制度环境的区域进行开放创新，因为良好的区域制度可以帮助企业从开放创新中实现更好的创新绩效。

由于个人认知水平和研究能力有限，本书只能算是改革与创新这个宏大议题下的一点初步探讨，书中难免有疏漏和不当之处，敬请读者批评指正。

张铭慎

2017 年 10 月

目 录
Content

第一章
结构改革为开放创新创造新情境

开放创新在中国的实践从改革开放初期就已经初现端倪。进入 21 世纪，国家着力构建开放创新政策体系。当前，全球正在就结构改革达成广泛共识，结构改革正在为开放创新创造新情境。随着制度因素在创新研究中的重要性日益凸显，我们有必要立足新情境、洞悉新趋势、分析新问题。

第一节　现实层面的新趋势

一、全球达成结构改革的广泛共识并取得阶段性成效

推动结构改革是为了解决人口老龄化、经济虚拟化、创新受制约、投资低效率、竞争被削弱、市场不透明等经济中的结构性问题。从政策实践看，由于结构改革可能给经济社会带来"阵痛"，因此现实中往往是由重大危机触发。例如，20世纪70年代的石油危机后，英国、美国、德国、日本等发达国家普遍陷入滞胀，第三世界国家相继陷入危机。为了重启经济增长，美国、英国、德国和日本先后推行结构改革计划，国际货币基金组织（IMF）提出通过"结构性调整贷款"帮助第三世界国家摆脱危机，要求相关经济体推行结构改革。再如，2008年全球金融危机爆发，欧美发达经济体迅速陷入债务泥沼，研发支出大幅下降，影响了创新潜力。为此，欧美国家一方面迅速打出财政与货币政策组合拳；另一方面立即开启新一轮结构改革，着力促进贸易和投资、实施监管改革、鼓励前沿创新、提高人力资本等。

随着各国经济的结构性问题日益突出，全球正在就结构改革达成广泛共识。当前，人口老龄化、经济虚拟化、投资低效率、竞争被削弱、创新受制约、市场不透明等结构性问题已经成为各国经济增长的主要障碍。尤其是2008年金融危机之后，在重振经济的过程中，全球各经济体逐步认识到，单纯依靠财政政策或货币政策无法维持经济的持久增长，虚拟经济的高速发展需要实体经济作为坚实基础。因此，全球主要经济体纷纷采取结构改革措施，将重点转向经济增长的关键动力——创新，并将提高创新能力、促进创新驱动、打造创新型国家作为整体发展战略的重中之重。以美国为代表的西方国家和以中国为代表的新兴经济体，近年来大力推进结构改革，激发创新活力，将其作为促进经济稳定健康发展的良方。例如，在"制造为创新提供产业公地"的理念指引下，美国提出"重返制造业""再工业化"等口号和计划，采取包括投资制造业网

络和基础设施建设、提升财政的可持续性、加强劳动力市场包容性等结构改革举措，意在吸引高端制造业重回美国，依托其强大的知识存量进一步提升创新能力，继续占据价值链的高端；中国则集中精力从供给侧破解供需错配难题，初步形成以"三去一降一补"为主要任务、以农业与实体经济为重点领域的供给侧结构性改革框架，着力破除制约创新的体制机制与政策环境，加速推动创新驱动发展。中国还不遗余力地在国际货币基金组织（IMF）、亚太经合组织（APEC）、二十国集团（G20）等多边组织框架内促成关于结构改革的广泛共识，2016 年 G20 杭州峰会通过的《G20 集团结构性改革议程》就是这一共识的最新体现。

借助于结构改革、财政货币政策等一系列举措，美欧等主要经济体的复苏势头逐步稳固，金融领域风险得到有效控制，经济增长、失业率、物价水平等许多关键性指标明显改善，创新的引领作用再次凸显。在 2017 年发布的《G20结构性改革进展的技术性评估报告》中，经济合作与发展组织（OECD）认为中国的结构改革取得阶段性成效，具体表现为生产率增长及高水平就业有力驱动经济增长，"放管服"改革减少了行业准入壁垒，激发了创新活力。从定量评估结果的纵向比较看，中国的营商环境不断改善，微观主体活力大幅增强，研发支出与劳动生产率水平持续增长，反映经济结构的指标继续呈现积极变化，整个经济的创新驱动特征更加明显。

二、改革开放和观念更新共同推动中国开放创新进程

尽管开放创新概念进入中国较晚，但开放创新在中国的实践从改革开放初期就已经初现端倪。改革开放使中国向世界打开国门，并将引资和引技作为重要内容。早在 20 世纪 80 年代就出台了《中华人民共和国技术引进合同管理条例》《关于推进引进技术消化吸收的若干规定》等法规，明确"各地区、各部门在组织、安排技术引进的同时，必须组织安排消化吸收工作，组织参加消化吸收方的主要人员参与引进技术、进口设备的考察、选型，制订包括技术改造、技术引进、消化吸收在内的'一条龙'计划。"20 世纪 90 年代，国家先后出台《中华人民

共和国科学技术进步法》《中华人民共和国促进科技成果转化法》①《中共中央国务院关于加强技术创新发展高科技实现产业化的决定》等法律和措施，把引进先进技术、强化税收激励、推动成果转化、加大研发投入、鼓励产学研合作等作为政策重点。进入 21 世纪，国家更加重视开放环境下的创新管理与产业政策，知识产权保护、国家创新体系等新议题也受到广泛关注，中国的开放创新政策体系正在加速形成。

中国的开放创新实践也有过曲折、走过弯路，但得益于思想解放和观念更新，我们对开放创新的认识日趋客观辩证，不断推动开放创新实践走向深入。改革开放初期，长期封闭使我国对自身技术水平缺乏客观认识，在创新水平整体落后的情况下，新技术的研发和产业化很难与国际接轨。当时，技术引进的红利十分明显，一个小小的技术引进就可以直接带动一个产品甚至一个产业的快速发展，这也促使许多国内企业和高校院所过分依赖技术引进，认为什么技术都可以"买得到"，忽视了自主创新的重要性。其中的一个典型事例是汽车产业的"市场换技术"，虽然这一模式对中国汽车产业的发展具有重要的积极意义，但事实证明这一策略的实施效果与原来设想的相距甚远。随着自主创新的必要性和紧迫性被越来越多的人认识到，我国在部分领域走上自力更生、艰苦奋斗的自主创新之路，一些地方随之也出现了过分强调独立自主、忽视引进消化吸收再创新和外部合作、逐步走向封闭创新的不良倾向。事实上，自主创新与开放创新并不矛盾，两者不仅可以而且应该做到相辅相成。当前，我国提出创新驱动发展战略，一个重要的转变就是强调自主创新与开放创新的辩证统

---

① 该法律于 1996 年首次公布，并根据 2015 年 8 月 29 日第十二届全国人民代表大会常务委员会第十六次会议《关于修改〈中华人民共和国促进科技成果转化法〉的决定》修正。

一①。2016 年 5 月通过的《国家创新驱动发展纲要》中，明确将"扩大开放"作为重要原则，提出"坚持以全球视野谋划和推动创新，最大限度用好全球创新资源，全面提升我国在全球创新格局中的位势"。当前，世界范围内区位间和企业间的相互依赖使中国企业受益匪浅，建立产业联盟成为中国企业间技术合作的最新动态，与跨企业合作同时急剧增长的还有企业与大学、科研院所，以及政府的合作。正是得益于开放创新，中国的科技创新正逐步实现由效率型向研发型转变，就连商业模式创新也与国外几乎同步出现，甚至还拥有自己的独特创造。

三、制度性因素诱发高绩效创新活动呈现地理性集中

过去几十年，尽管信息通信手段与创新地理版图发生了变化，但地理性集中仍是一个不变的趋势，这些创新创业高地孕育出前沿技术创新集群，代表着全球创新发展和人类技术进步的前沿水平。我们曾经猜想，随着通信技术日益发达、人员流动日益活跃，地理距离和沟通困难等问题造成的知识传播障碍大幅度减弱，高绩效的创新活动可能出现明显的分散化特征，但现实并非如此。Audretsch & Feldman（2004）的研究表明，越来越多的创新活动出现地理集中

---

① 习近平总书记在 2016 年多次提到两者的关系，如"我国的经济体量到了现在这个块头，科技创新完全依赖国外是不可持续的。我们毫不动摇坚持开放战略，但必须在开放中推进自主创新""我们强调自主创新，绝不是要关起门来搞创新。在经济全球化深入发展的大背景下，创新资源在世界范围内加快流动，各国经济科技联系更加紧密，任何一个国家都不可能孤立依靠自己力量解决所有创新难题。要深化国际交流合作，充分利用全球创新资源，在更高起点上推进自主创新，并同国际科技界携手努力，为应对全球共同挑战作出应有贡献""在技术发展上有两种观点值得注意。一种观点认为，要关起门来，另起炉灶，彻底摆脱对外国技术的依赖，靠自主创新谋发展，否则总跟在别人后面跑，永远追不上。另一种观点认为，要开放创新，站在巨人肩膀上发展自己的技术，不然也追不上。这两种观点都有一定道理，但也都绝对了一些，没有辩证看待问题。一方面，核心技术是国之重器，最关键最核心的技术要立足自主创新、自立自强。市场换不来核心技术，有钱也买不来核心技术，必须靠自己研发、自己发展。另一方面，我们强调自主创新，不是关起门来搞研发，一定要坚持开放创新，只有跟高手过招才知道差距，不能夜郎自大"。

的趋势并形成了一批创新创业高地[①]。这看上去与 Friedman（2005）提出"世界是平的"的新观点并不那么吻合。回顾历史可以发现，创新活动总是在特定时间集中在特殊的地点，如 20 世纪 20 年代的巴黎、工业革命的英格兰和近期的美国硅谷和华尔街。当前，海外的高绩效创新创业活动主要集中在硅谷、纽约、波士顿、斯德哥尔摩、伦敦、特拉维夫和首尔，在我国则主要集中在北京、上海、深圳、杭州、成都、武汉。这些高地之所以备受瞩目，不仅因为它们是创新创业资源的富集地，更因为它们是所在区域创新发展的牵引极、所在国创新驱动力的发源地。与庞大的研发投入和专利申请数量相比，这些自发或半自发形成的高地往往更能体现创新创业促进经济发展的成效。因此，创新创业高地往往成为观察一国创新驱动发展水平的透视镜和创新创业发展趋势的风向标。

由于创新创业高地能孕育和承载前沿技术创新集群，许多国家都试图通过对其地理区位、企业聚集方式等特殊要素进行模仿来人为地再造。但令人遗憾的是，这种模仿很少获得最终的成功。这些失败使现实中的政策制定者们逐渐认识到，创新活动并非是一个单纯的地理性集聚过程，不能仅仅从地理距离、产业配套、人力资本等角度去解释。尽管部分创新活动区域具备很多地理优势，如地处沿海区域、毗邻经济中心等，但这些并非是决定性因素。尤其值得注意的是类似英格兰中部和法国北部的一些传统工业园区，其要素禀赋和地理优势足以媲美世界上其他先进产业和创新活动集聚区，但仍无法避免后来的衰落，这其中的一个重要原因在于园区所在区域的技术交流非常失败（Clark et al., 2003）。失败的技术交流使得新知识的生产成本和与此相关的引入技术变化的成本十分昂贵，而决定技术交流强弱的关键实质上是与之相关的制度因素。事实一再表明，地理、技术、投入等因素并非是导致高绩效创新活动呈现地理性集中的决定性因素，制度高于技术、环境高于投入，正是一系列正式或非正式的制度因素形成了对创新创业高地的支撑。这也是为什么 North 在《西方世界的兴起》中会认为"有效率的经济组织是西方世界兴起的关键"。吴军（2016）

---

① 创新创业高地主要用来描述或泛指创新高度集聚和创新活力迸发的一个区域。

也认为，硅谷的成功不是因为天气、斯坦福、创业投资，更不是因为政府支持和知识产权保护，而是一种支持和宽容叛逆精神、丰富多元且包容的文化。可见，诱发高绩效创新活动呈现地理性集中的关键原因，正是制度性因素。

第二节　理论层面的新变化

一、仅用传统政策框架难解决结构性问题

在主流宏观经济学分析框架中，货币政策和财政政策是一国主要的宏观经济管理工具。通过两者的配合实现经济变量之间的权衡，能够促进物价稳定、经济增长、充分就业、国际收支平衡等目标的实现。但20世纪80年代和90年代，欧洲的增长和就业凸显了这种经济管理方式的局限性（Benassy-Quere et al.,2015）。这种在既定制度框架下不同目标之间权衡的方法，在解决结构性难题中出现了力有未逮的情况。究其原因，主要是人口老龄化、经济虚拟化、创新受制约、投资低效率、竞争被削弱、市场不透明等结构性问题往往具有制度性、供给面、长期性特征，很难在既定的制度框架下予以充分解决。

尽管当前出现了大量对"结构性"财政政策和货币政策的讨论和应用，但目前的一个基本共识是，仅靠财政政策与货币政策仍无法根本解决结构性问题。所谓的"结构性"财政政策主要是指财政政策被认为具有天然的"结构性"属性。例如，财政政策可以根据个人收入及产业地区的差异通过转移支付来平衡社会经济发展，可以利用减税、公债、公共支出、政府投资、财政补贴等结构性工具（李波 等，2015）。"结构性"货币政策则包括传统货币政策中的结构性效应和新型"结构性"货币政策工具。例如，传统货币政策中，由于市场分割和流动性变化具有差异，不同主体受到的流动性变化具有结构性差异（Williamson,2008）。新型"结构性"货币政策工具的重点是向目标对象有针对性地注入流动性，如美联储的定期证券借贷便利、英国央行的融资换贷款计划、欧洲央行的定向

长期再融资操作及我国的抵押补充贷款等。但"结构性"财政政策和货币政策也存在诸多缺陷，如李波等（2015）认为财政政策存在短期"不审慎"、长期"不给力"的问题，"结构性"货币政策在操作中存在操作难度大、货币政策传导链条加长等问题，很难准确预判政策效果并控制其副作用。因此，经济内生增长动力的增强、经济转型升级、信贷资源投向的优化，根本上还是要依靠体制机制改革。只有通过有效的结构改革，才能从根本上解决经济面临的深层次矛盾。

二、知识的分布式特征需要开放创新转型

创新不仅仅只是发明、创造或者创意，而是一个涵盖从创意诞生、研究开发到产业化的价值实现过程。知识经济时代的知识更加复杂，创新活动往往是基于大量知识集成后的创造式发掘。一些基础性创新因需要特定知识而愈加依赖于研究型大学的参与（Tödtling et al., 2009）。对企业而言，要想单独完成创新活动，不仅需要创造式发掘的能力和技术，还要获得许多"分布式"的知识。这些"分布式"知识广泛分布于高校院所、上下游供应链、领先用户、中介组织、国内外同业竞争者中，很可能具有非结构化或半结构化、分散型处理的特点，再加上部分知识具有隐性特征，很难通过编码等方式进行传播，因此，仅用传统的创新模式将很难充分获取并有机整合。所以，跨组织知识的存在使企业认识到，应该积极与其他企业建立正式或非正式的关联。创新活动的日益复杂还意味着企业需要巨大的R&D支出，加上创新活动本身具有较强的不确定性，企业独立完成创新需要承担很大风险。现在的产品创新往往是众多专利的巧妙"组合"（表 1.1 列出了 Apple 公司系列产品所含专利），而其中任何一个专利都可能是需要花费数十年之久的研究所取得的成果，对于一般企业想要实现类似创新并从"零"开始制造这件产品，将是不可能完成的任务。所以，知识的日益复杂和风险的高昂成本迫使企业在创新活动中必须跨越企业边界。这意味着企业要想通过创新参与激烈的市场竞争，不仅需要自身具有足够的技术能力作为支撑，还需要获得大量位于企业外部的知识。

表 1.1　Apple 产品中所含专利（部分）

专利名称	描述
动作识别键盘	键盘融合普通机械键盘和运动传感器，具有运动敏感区域，可识别用户相当复杂的击键和手势动作
保险箱	保障重要文件信息安全。重要特性在于原文件将在云端服务器备份并可进行本地删除，无论何时何地用户都能从云端服务器下载
"吹气式"反馈键盘	通过位于按键下方的气囊模块和距离感应组建即可触发按键下方回馈机制，制造用户"按得很深"的错觉
3G 天线内置键盘	键盘按键包含内置导体的区域，环绕式导线充当天线的功能
多点触控	把多个触摸传感器的"点"整合成一个单一的触摸传感阵列
iWork	生产力套件软件，包含 Numbers 电子表格应用程序
MacBook Air 外观	MacBook Air 超轻薄设计
首尾信号补偿	允许用户将 iPhone 同台式、笔记本和平板电脑协调链接
三维成像显示系统	通过光学成像方式捕捉用户行为
摄像头链接	允许两款或多款设备通过摄像头来区分标记或内容并传输数据
自行车与便携整合	允许骑行人员通过设备互动，包括速度、时间、海拔、心率等
智能边框	允许用户在触摸屏周围的边框加入感应区以实现不同功能

资料来源：http://wenku.baidu.com/view/e202833b5727a5e9856a6156.html，有删节。

在企业很难独立创新的情况下，合作研发、技术交易和兼并收购等成为企业获取外部资源的重要手段（Hagedoorn et al., 2002; Becker et al., 2004; Tödtling et al., 2009; Freitas et al., 2011）。网络成为培育企业竞争力的核心方面（Álvarez et al., 2009），构筑或参与企业网络从而搭建正式或非正式关联是其共同特征之一。其中，正式关联主要包括签署合作协议、达成交易契约等，大量企业往往与不同的组织机构签订正式 R&D 合作协议，使得 R&D 合作契约往往具有稳定性和长期性的特点；非正式关联则涵盖松散的各类信息来源渠道，会议、创新社区、人员流动、协会交流等非正式形式也极大促进企业间的知识交流和能力学习，如美国硅谷中广泛存在的由企业员工自发组成的"实践网络"（Brown et al., 2001）就是非正式关联的例证。通过这些关联，企业可以通过企业并购、专利转让、合作研发、实践网络、"干中学"和逆向工程等方式获取外部的"分布式"知识。胡志坚（2017）认为，"中国式创新"的一个重要路径是消化吸收再创新，未来中国的创新要素和创新市场将更加全球化。因此，R&D 国际化也成为企业获取外部知识的最新动向，这种外部 R&D 决策不仅跨越了企业边界，还跨越了区域和国别界限。

三、制度因素在创新研究中受到更多重视

制度制定了游戏规则，形成了一个国家的激励结构和经济专业化（North, 1990）。自 Schumpeter 提出创新理论以来，创新研究先后大致形成了四大学派：技术创新的新古典学派主要关注技术创新对经济增长的作用；熊彼特学派将技术创新看作一个复杂的动态过程，讨论了一些在熊彼特的创新理论中被忽略的方面，如技术扩散、创新过程等；制度学派关注制度供给对技术创新的作用；国家创新系统学派用演化观点将创新的各个组织看作一个系统。其中，制度学派和创新系统学派与本书的关系最为密切，前者强调了制度对技术创新的推动作用，认为一个良好的产权制度是高效率创新的重要基础；而后者用系统的视角考察不同主体之间的互动，但系统的本质仍然是制度的集合（Lundvall et al., 2006）。例如，Freeman（1987）基于日本创新的成功经验，提出了国家创新系统概念（NIS），这一概念随后在大量研究中得到深化（Nelson, 1993; OECD, 1997; Edquist, 1997）。国家创新系统将企业、政府、科研院所、中介组织等与创新活动紧密联系的不同类组织放在一个特定地域空间内，用系统的观点对其予以考察，但更多注重了不同组织之间的互动。因此，创新研究越来越关注不同层面的制度因素在创新中的作用。最近的研究在分析空间为何在技术创新系统中较为重要时就强调了制度资源的重要性（Binz et al., 2014）。例如，Minh & Hjortsø（2015）以越南农业企业为例，揭示了新兴经济体中主流社会规范等制度性因素对企业创新的负面影响。Bellucci & Pennacchio（2016）从欧洲国家企业的实证中发现，制度和环境因素是影响产学研合作成果和技术转移成效的关键因素。Peng 等（2017）通过回顾知识产权的历史，利用基于制度的理论找到解释中美两国知识产权保护现状的三个理论机制。事实上，更加关注制度的研究趋势不仅体现在创新领域，也普遍反映在其他主流经济学与管理学研究中。

除了上述四大学派之外，创新研究中的一个分支——创新地理学也开始广泛关注制度性因素对创新活动的影响。创新地理理论暗含了一个基本假设，即包含信息和知识流的关联和制度对新经济中的区域和企业的创新和发展十分重要。信息和知识流动可以是社会性的，如人员流动、新创企业，也可以是基于共同知识池的，还可以是个人的，如会议、谈话和项目。例如，Malmberg & Maskell（2006）认为创新活动的本地空间具有两个功能性作用，即本地能力和空间邻近。前者包括本地化的分工模式、共同的本地知识池，以及嵌入特定区域的文化、制度和社会结构的支持知识创造和交换的形式；后者涉及企业对信息的可获得性，它与空间邻近、认知匹配、共同经验及相同的管理秩序和要素成本有关。无论是嵌入特定区域的文化和社会结构，还是不同组织间相同的管理秩序，都属于制度性因素。

总体来看，无论是基于理论还是现实，结构改革都正在为开放创新创造新情境，随着制度因素在创新研究中的重要性日益凸显，我们有必要立足新情境、洞悉新趋势、分析新问题，认真思考结构改革情境下的开放创新问题。

第二章
本书的核心问题与研究路线

随着结构改革为开放创新创造了新情境，我们不仅关心如何利用开放创新提升创新绩效，更关心制度因素如何影响开放创新与绩效之间的关系。换言之，本书希望描绘一个技术与制度"双轮驱动"创新绩效的图景。为此，本章将从明确核心问题、界定有关概念、明确研究范围入手，呈现全书的研究脉络。

第一节　核心问题及分解

一、研究动机

2016 年 5 月发布的《国家创新驱动发展纲要》明确提出，"到 2020 年步入创新型国家行列，基本建成中国特色国家创新体系"。这既是我国践行创新发展理念的应有之义，也是加速经济发展方式转变、提高经济发展质量效益、高水平全面建成小康社会的现实需要。建成创新型国家，必须坚持以全球视野谋划和推动创新，最大限度用好全球创新资源，全面提升我国在全球创新格局中的位势。因此，如何在开放创新中推动自主创新并提升创新绩效就成为我国必须面临的现实问题。尤其是作为创新主体的企业，更需要在开放创新中主动作为，利用开放创新的渠道和模式，实现自身创新能力、创新资源的提升和优化。

当前，我国企业创新能力提升还存在很大空间，主要体现在产业仍处于全球价值链的中低端，一些关键核心技术受制于人，企业创新动力不足，创新体系整体效能不高，创新型企业家群体亟须发展壮大。一些企业主动融入开放创新，但对如何利用开放创新提高创新绩效还缺乏正确认识。例如，有的企业只看到开放的好处，"越开放越好""合作越多越好"的观点容易成为企业的决策依据，有的企业则逐渐意识到"过度开放和合作有害"，但仍面临决策上的困难。因为企业的 R&D 决策中往往是根据具体合作模式进行的，而非先确定总体规模再实施研发活动。因此，本书力求以新的视角来解剖企业开放创新，开放创新与创新绩效之间的关系问题也成为贯穿全书的重要线索。

但只关注开放创新与绩效之间的关系，不仅无法反映当前理论和现实中制度变革的大趋势，也很难进一步得出富有意义的结论。不难发现，尽管开放创新与结构改革都是近年来才受到追捧的概念，但两者在中国的实践早已有之。只不过结构改革与开放创新的历史性交汇从未像今天这样深入。因此，在结构改革的背景下探讨开放创新与绩效的问题就具有特殊意义，体现这种交汇也成为本书的重要出发点。结构改革是基于市场导向并服务于长期经济增长与收入提升的经济制度变革，客观上改善了劳动力要素流动性、创投资本可得性、成果转化便利性，为推动以有目的地管理穿越组织边界的知识流为目标的开放创新创造了条件。但结构改革与创新之间的关系非常复杂，结构改革与创新方面的关系仍然缺乏系统研究，理解结构改革与开放创新之间的关系也缺乏一定的分析框架。制度因素对开放创新的影响虽然做过一些讨论，但主要集中于企业和国家层面的制度，对制度的区域差异仍未过多探索。事实上，知识溢出具有空间界限，在创新中具有特殊价值的隐性知识在传递中要求地理和文化上的邻近，许多区域制度只服务于区域内的创新主体，大量被理论和经验研究所证明的事实都说明区域分析的必要性。区域制度差异在许多国家普遍存在，在新兴经济体中尤甚。例如，作为新兴经济的代表，中国各地区之间存在显著的制度差异，知识资源呈现出极度不均衡且快速变化的特征（潘秋玥 等，2013）。如果忽视区域制度差异对不同技术合作模式和企业创新绩效之间的关系带来的影响，一方面会使理论在分析层次上有所缺失，创新作为一个系统的分析观点很难完整；另一方面，我们也极有可能丧失通过完善和调整区域制度来帮助企业从不同技术合作模式中获得更高企业创新绩效的机会。因此，本书抓住结构改革具有的制度属性，利用制度在区域层面存在差异的特点，分析制度因素如何影响开放创新与绩效。

二、研究问题

本书将主题确定为"双轮驱动创新——结构改革下中国企业的开放创新与绩效"。在分析结构改革下开放创新现状和问题的基础上，基于"技术合作模式"的视角解构企业开放创新，重点考察开放创新对企业创新绩效的影响机制，并从制度差异视角探讨了制度对影响机制的调节作用，力图构造一个技术与制度"双轮驱动"创新绩效的图景。具体而言，重点分析了如下四个问题。

一是结构改革下开放创新的现状和问题。从结构改革对形成开放创新因素的影响入手，初步构建结构改革作用开放创新的相关机制。结构改革对创新的影响是复杂的，它既与长短期有关，也与具体改革内容有关，还与主体对象有关。本书主要从形成开放创新的"腐蚀性"因素出发，从物质基础、制度保障和环境支撑三个角度简要讨论结构改革对"腐蚀性"因素的长期效应，构建起结构改革对开放创新影响的"要素＋机制＋环境"分析框架，为理解结构改革与开放创新之间的关系提供一个新思路。

　　二是开放创新与企业创新绩效的关系。以"技术合作模式"作为分析企业开放创新的切入点，为分析开放创新对企业创新绩效的影响提供了新的视角。具体而言，首先通过概念界定和文献综述，明确企业技术合作模式可以抽象划分为市场交易和合作研发两种方式[①]。其次分别讨论两种技术合作模式与企业创新绩效之间的关系。鉴于每一种模式仍包含大量不同的活动，因此在每一种模式中选取最具代表性的具体方式进行分析。例如，合作研发模式以产学研项目合作为代表，市场交易模式以企业购买外国技术为代表。在详细探讨每一种方式对企业创新绩效影响机制的基础上，以中国创新型制造业企业的样本数据进行大样本实证。

　　三是影响开放创新与企业创新绩效关系的区域制度及其跨区域差异。以"技术合作模式"为切入点的同时充分聚焦"区域性制度差异"，将"制度"元素引入开放创新研究，体现了结构改革背景，突出了制度变量特征。知识黏性和创新的空间集聚性凸显了区域制度差异的重要性（Von Hippel, 1994; Malmberg et al., 2006）。同时，区域制度还显著影响特定区域内企业利用不同技术合作模式的交易成本，并对技术合作中的产权问题等产生深刻影响，进而会对企业利用不同技术合作模式提升创新绩效带来影响。因此，需要探讨和分析影响不同技术合作模式与企业创新绩效关系的区域制度本身包含哪些内容。本书需要对区域制度差异进行概念界定，并从制度内容、制度变迁、制度影响和区域差异四个方面予以阐述。

　　四是区域制度差异如何调节开放创新与企业创新绩效的关系。重点分析区

---

① 后文的概念界定对这一问题进行了更详细的论述。

域制度差异与不同技术合作模式之间的互动关系，立足微观主体企业和结构改革背景揭示技术与制度共同促进创新发展的耦合机制。一方面，要定性阐释这些区域制度是如何影响不同技术合作模式与企业创新绩效的关系；另一方面，通过对区域制度变量进行测度，建立模型，考察区域制度差异对不同技术合作模式与创新绩效关系的调节作用。以产学研项目合作为代表的合作研发模式为例，主要考察地区开放水平和知识产权保护如何提升企业利用产学研项目合作来增加创新绩效的有效性，从而揭示在产学研合作程度一定的前提下，区域制度差异如何帮助企业通过产学研合作获得更高创新绩效。借助大样本的企业面板数据，并在控制企业规模、能力等相关参数的前提下，利用计量技术和调节效应模型予以实证检验。

第二节　相关概念的界定

一、结构改革

结构改革（又称结构性改革，Structural Reform）并非传统经济学教科书上的标准概念，结构改革政策也并未出现在主流宏观经济学的政策框架内，最早出现在国际组织对相关国家的政策建议中。从字面上看，结构改革的理论来源可以追溯到发展经济学中关于结构变化和动态变迁的概念，早期也曾将私有化政策、财政紧缩、减少管制等自由主义政策称为结构改革。但从目前的国际共识来看，结构改革主要是通过制度性变革解决经济结构中的相关问题，结构改革政策绝非自由主义政策。例如，IMF 认为，结构改革是采取措施改变制度框架和约束，这些框架和约束管理着市场的行为及其效果（IMF，2004）。OECD 认为，所有旨在促进人均收入水平提升的市场导向的经济改革都属于结构改革。APEC 曾在 2004 年、2010 年和 2015 年分别提出《实施结构性改革的领导人议程》（LAISR）、《APEC 结构改革新战略》（ANSSR）和《亚太经合组织新结构改革议程（2016—2020）》（RAASR）。其中，LAISR 明确提出在规制改革、竞争政策、公司治理、公共部门治理、强化经济和法律基础设施建设五个优先领域大力推进结构性改革。ANSSR 中则进一步扩大了结构改革涉及的范围，明确要求成员经济体针对国内机制、经济法律框架、监管政策推进结构改革，以构建透明、开放和有效率的市场，完善社会保障网络和金融体系，支持弱势群体发展，推动区域经济可持续发展。作为 LAISR 和 ANSSR 的延续，RAASR 提出结构改革议程的三项支柱——更加开放透明和运作良好的竞争性市场，社会成员更加深度参与各个市场及可持续的社会政策，以实现更加平衡、更可持续的增长与更加公平的社会等目标。可见，APEC 认为结构改革主要以强化市场竞争、促进区域经济一体化和推动包容性发展为目标，通过改革制度框架、优化监管方式和政府政策等方式提高市场的运行效率和开放程度。

综合上述已有共识并结合 Benassy-Quere 等（2015）的定义，本书认为，结构改革是基于市场导向并服务于经济增长、收入提升和包容发展的经济制度变革[1]。基于这一定义，结构改革至少具有以下五方面内涵：第一，结构改革是制度变革，而非在既定制度框架下不同目标的权衡取舍过程[2]。这也进一步说明，结构改革是通过制度性变革来解决经济中存在的人口老龄化、经济虚拟化、创新受制约、投资低效率、竞争被削弱、供需不匹配、市场不透明等结构性问题。这些问题往往具有制度性、供给面、长期性三个特征，很难在既定的制度框架下予以充分解决。第二，结构改革是市场导向的改革，其目的是鼓励市场竞争和开放以提高资源配置效率。因此，贸易自由化、竞争政策、规制改革、鼓励

---

[1]　当前，国内学者对结构改革存在不同的认识。例如，有人认为结构改革是政府转型的改革，有人从投资与消费、产业、所有制、要素等不同结构角度理解结构改革，还有人认为结构改革是分清不同改革的轻重缓急。本书认为，结构改革的本质是制度变革，经济结构优化是制度变革的结果。只要突出制度变革这个特征，就抓住了结构改革的要义。以我国正在推进的供给侧结构性改革为例，其本质属性和根本途径都是深化改革。具体而言，"就是要完善市场在资源配置中起决定性作用的体制机制，深化行政管理体制改革，打破垄断，健全要素市场，使价格机制真正引导资源配置。"

[2]　对此，Benassy-Quere 等（2015）有一个很好的示意。

创新等方面的制度变革都属于结构改革范畴，结构改革也符合"让市场在资源配置中发挥决定性作用"的原则。第三，结构改革关注社会公平，社会福利改革、劳动力市场改革等涉及包容性发展的改革也属于结构改革范畴，因此，在结构改革中必须更好地发挥政府作用。第四，结构改革是经济方面的改革，不能将结构改革庸俗化或泛化，更不能认为在文化、政治等领域的所有体制改革都是结构改革。第五，结构改革与供给侧有天然联系，但不能将供给管理等同于结构改革。由于结构性问题具有长期性和制度性的特征，因此，许多结构改革往往与供给侧有密切关联，但不能将供给面的所有政策都冠之以结构改革的名义。例如，仅仅降低税率可能属于供给管理政策的范围，但并不具有结构改革的特征（Benassy-Quere et al., 2015）。

二、开放创新

开放创新（又称开放式创新[①]，Open Innovation）与封闭创新（Closed Innovation）相对，是技术经济学中关于创新的一个概念[②]。作为一个学术概念，开放创新最早是指企业层面一种新的创新范式，区别于将所有研发活动和知识来源局限于企业内部管道的传统模式。Chesbrough（2003a）在《开放创新：进行技术创新并从中赢利的新规则》中提出，开放创新是跨越企业边界并充分利用企业内外所有有价值的创意和渠道的创新模式。

随着理论发展和具体实践不断深入，开放创新并未局限于企业层面。例如，West等（2006）认为开放创新应该具有五个分析层次，分别是个人和群体、公司组织、跨组织价值网络、行业和部门、全国性研究机构和创新系统。之后，

[①] 本书认为开放创新和开放式创新两个概念在语义上并无本质区别。类似地，封闭式创新和封闭创新、结构性改革与结构改革等概念在全书中也可混用。但为了表述和理解上的方便，在行文中对相关概念术语进行了统一。

[②] 技术经济学是研究技术领域的经济活动规律、经济领域的技术发展规律及技术发展的内在规律的学科。在计划经济时期，技术经济学主要分析工程项目的技术经济效果和评价。随着我国社会主义市场经济的发展，技术经济学学科也在逐步向创新与创业管理、创新政策与公共管理等议题转型。

开放创新研究还涌现出社区（West et al., 2008）、组织内部单元（Bogers et al., 2011）、社会（Chesbrough et al., 2012）等多个层次。2014 年，部分代表性学者在回顾已有研究的基础上，提出应该将不同层次和种类的分析单元和对象纳入开放创新，如组织内部的项目、企业组织层面、跨企业组织的联盟层面、行业层面、国家（区域）创新体系层面，甚至是公民与社会层面（Chesbrough et al., 2014）。开放创新也更加频繁地出现在政策文件中，有时用"最大限度用好全球创新资源""构建开放型创新体系""营造开放的创新生态"等内容表述[①]。

随着研究层次和内容的不断丰富，开放创新的概念也在发展中不断完善。Chesbrough 等（2014）认为，过去 10 年里，人们对开放创新的定义迥然各异，导致所做的工作缺乏连贯性。为此，他们提出了能反映开放创新作为 21 世纪创新范式的一个定义，即开放创新是根据每个组织的商业模式，运用现金和非现金机制，有目的地管理穿越组织边界知识流的分布式创新流程。知识流可能是从组织外流入（在内部研发中利用外部知识源），也可能是从组织内流出（将内部知识在企业外部商业化），还有可能是两者兼有。

三、技术合作模式

通常而言，技术合作模式指的是企业在研究、开发和产业化阶段为了获取外部技术知识而开展合作的方式。由于本书将技术合作模式作为解构开放创新的切入点，力图为理解企业的开放创新提供新视角，因此需要进一步厘清技术合作模式的分类。

本书将参考企业合作关系与技术创新模式的分类，对技术合作模式进行划分。已有研究大多从战略联盟、股权关系等角度划分企业合作关系，对技术创新模式的分类则往往根据驱动力来源和合作紧密程度。例如，Chan & Heide

---

① 在政策文件中，一定程度上存在"开放创新"与"创新开放"不加区分地使用的情况。从字面和语法来看，两个偏正短语虽然在内涵上有重叠，但侧重点不同。前者的重点落在创新上，强调通过开放形成新的资源配置方式和创新模式，即开放式创新；后者的重点落在开放上，强调通过创新实现更高的开放水平，即创新型开放。

（1993）将企业合作分为用户联盟、供应商联盟、竞争者联盟、互补性联盟和促进性联盟；Yoshino & Rangan（1995）认为企业常见的合作关系包含股权关系和合同安排，其中，合同安排又可以分为传统合同和非传统合同（图2.1）；Culpan（2002）将企业合作中的战略联盟分为股权联盟和非股权联盟，前者包括国际合资企业和股权参与，后者包括技术协议、许可证颁发及生产分配等形式。再如，Hagedoorn（1990）认为组织间的技术合作方式包括成立新实体、联合R&D和技术转让；李廉水（1998）基于驱动力的来源和合作的紧密程度将合作创新的组织模式分为政府推动、自愿组合、合同连接和共建实体；Robertson & Gatignon（1998）将企业的技术创新模式分为内部研发、市场交易和合作研发三种，部分研究也认为后两种方式属于企业与外部主体进行技术合作来获取外部技术的方式（Jones, 2001）。另外，蔡兵（1999）、Yoshikawa（2003）、杨梅英（2009）等均做出了不同分类。

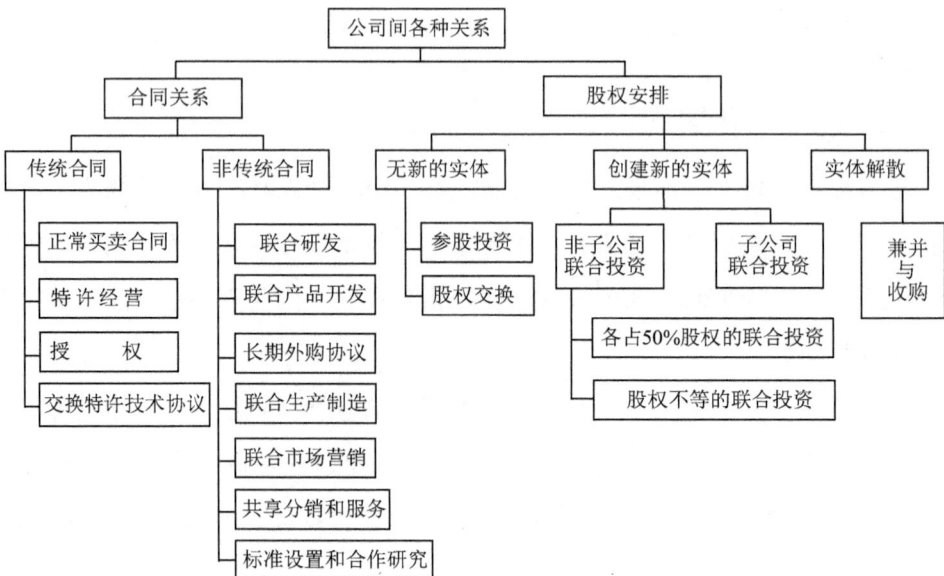

图 2.1　企业常见的合作关系

资料来源：Yoshino，Rangan.战略联盟：企业通向全球化的捷径.雷涟邻，等译.商务印书馆，2007.

本书在综合 Hagedoorn（1990）、Yoshino & Rangan（1995）与 Robertson & Gatignon（1998）分类的基础上，将企业的技术合作模式分为股权合作（建立新实体）、非传统合同合作（合作研发）与传统合同合作（市场交易）三类。其中，股权合作主要包括共同组建新的研发实体或基于并购的技术获取等，非传统合同合作主要指合作研发，传统合同合作主要指技术转让。吴波（2011）、陈劲等（2012）将这种划分也概括为层级化合作、市场化合作和合作化合作。为了更为清晰地界定"企业的技术合作模式"，还需要注意如下两点：一是尽管"技术合作"与"合作研发"中都存在"合作"字眼，但两者的指代内容已经发生了变化。成立新实体、合作研发和市场交易都可以被看作是技术合作方式，市场交易是相对合作研发情形而言的。在市场交易模式中，企业并不参与研发过程，而是通过向合作伙伴支付报酬的方式来直接获取技术成果，如合同 R&D、专利转让、设备引进等，这与合作研发强调创新主体均投入创新资源参与整个创新过程形成鲜明对照。二是技术合作中的市场交易与通常的"产品交易"具有明显区别。产品交易通常具有短期性，往往是"一锤子买卖"，但技术交易通常是基于伙伴关系，大部分技术引进不是"一锤子买卖"。这表现为企业的技术引进往往呈现连续性，即引进技术的企业在今后的一段时间也会产生相当水平的技术引进，由此产生"引进中学"效应，即以前的技术引进经验可能对企业当前的创新绩效有正效应（Johnson，2002）。而且，技术受让方在转让合同期内都能与技术转让方进行技术沟通（Wang et al., 2013），这种后续性的"技术引进"对企业提升对引进技术的使用效率至关重要，它体现了技术引进中所蕴含的合作关系。另外，产品交易是消费者或企业在买方市场上可以任意购买其合意数量的消费品或中间品，而技术合作中的技术引进并非单纯的利益交换，其中往往伴随的是技术转让方和受让方在合作和伙伴关系上的提升。由此可见，技术交易是一种特殊的市场交易，不能与产品交易完全等同。

第三节　本书的主要内容

一、研究范围

（一）聚焦于企业的开放创新

企业是创新的主体，尽管企业层面的开放创新研究数量不少，但针对我国创新型企业的开放创新研究仍较缺乏。当前，我国制造业中大多数企业仍处在价值链低端，但不乏一些创新绩效突出、技术能力提升较快的成功范例。在 Oslo Manual（OECD, 2005）中，这些企业被称之为"创新活跃企业"，它们通过外部合作研发和技术购买渠道获得新知识、开发新技术。因此，本书以我国创新型企业数据库中的企业样本为对象，可以有力弥补对我国创新活跃企业研究较少的不足。

本书将技术合作模式作为解构企业开放创新的一个切入点。企业在采用不同技术合作模式时，往往都涉及跨组织关系，如合作研发中产学研项目合作涉及企业、高校与科研机构，市场交易中技术购买涉及技术转让方（往往是企业或学研机构）和技术受让方。本书在研究中仍聚焦于企业本身，即产学研项目合作中的企业和技术购买活动中的技术受让方，这也有利于明确创新绩效主体。在不同的技术合作模式框架下，企业的创新绩效始终是一个具有可比性的指标。如果关注的是跨组织联合体的创新绩效，则往往不具备这种可比性，如产学研项目合作的创新绩效则涉及企业和学研机构两个主体，技术购买往往涉及两个企业。

考虑到创新在不同行业中存在系统性差异（Christensen et al., 2005; Malerba, 2005），本书排除了农业、工业中的采矿业和热水的生产与供应行业，以及建筑业、服务行业的企业。根据 2011 年 4 月公布的《国民经济行业分类》（GB/T4754—2011），制造业行业包括 C 类制造业二位代码从 13（农副食品加工业）到 43（金属制品、机械和设备修理业）共 31 个细分行业，从而使得可以对创新活动十分典型的企业进行跨行业比较和分析，一定程度上避免某些技术合作模式在部分制造业细分行业中的非均匀分布。

（二）立足于内向型开放创新

Dahlander & Gann（2010）根据创意流动方向，将开放创新分为内向型（Inbound）和外向型（Outbound）。前者是将创意从外部引入企业内部，其中包括直接从外部购买创意或通过合作形式吸收外部创意；后者则是将创意从企业内部流向企业外部，其中包括出售企业专利或技术许可等。开放创新有一个发展过程，包括从外到内、从内到外和两者兼有（Gassmann et al., 2004）。由于创意的流出往往需要完善的知识产权保护制度和成熟的技术市场作为依托，因此通常只有在技术创新机制成熟的发达经济体中，企业才能够做到将创意的流入与流出放到同等重要的位置。但对技术创新机制尚不健全的新兴经济体而言，企业往往还无法改变旧有观念，因此开放创新的初始阶段以创意的流入为主（Bianchi et al., 2010; Grönlund et al., 2010）。另外，外向型开放创新会对企业管理形成巨大挑战，许多企业缺乏足够的系统性内部流程来驱动这种创新（Lichtenthaler et al., 2009）。考虑到上述情况在新兴经济体普遍存在，因此本书聚焦于内向型开放创新。

本书将企业的技术合作模式分为股权合作（建立新实体）、非传统合同合作（合作研发）与传统合同合作（市场交易）三类。但在具体分析中未考虑股权合作（建立新实体），主要是因为分析中主要关注企业创新绩效，而建立新实体这类合作通常会使企业的边界和范围发生变化，造成创新绩效的前后不可比，因此后文仅关注合作研发和市场交易两种技术合作模式。合作研发指企业与外部组织通过合作创新获取技术的契约关系，其中外部组织包括企业（企业可以是水平竞争者或纵向供给者）、高校等学术机构，合作研发强调创新主体均需投入一定创新资源并参与整个创新过程。市场交易指企业通过合同 R&D、专利转让、技术许可等方式获取外部组织技术的契约关系，技术的出售方可以是企业、学研机构等，这些技术可以是出售方已经开发出的现成技术，也可以是企业通过合同 R&D 方式委托其他企业、学研机构开发的技术。

（三）从两方面体现结构改革

本书并不准备将结构改革作为一个变量直接纳入分析框架①，而是从两个方面体现结构改革的研究背景。

一方面，从开放创新形成的因素出发，从物质基础、制度保障和环境支撑三个角度简要讨论结构改革对"腐蚀性"因素的长期效应，构建起结构改革对开放创新影响的"要素＋机制＋环境"分析框架。已有研究表明，企业开放创新是由五个因素导致的，即具有丰富知识和操作经验的科研人员和工人的流动性日益增强、创业投资逐渐成熟为新创企业提供了资金支持、尚未被开发的技术成果具有外部发展空间、外部供应商的生产能力不断提高及互联网的快速发展。结构改革可能对上述因素产生直接或间接的影响，从而影响开放创新。

另一方面，从结构改革具有的制度特征出发，分析制度因素对开放创新与创新绩效关系的影响。结构改革是经济体制的调整，必然涉及制度性因素。制度可以按照不同标准划分，正式制度主要指以法律、规章制度等成文规定为代表的约束，具有明显的强制性；非正式制度主要指一些并未成文但仍被普遍接受的非规范性约束，如价值、道德、风俗及意识形态等，具有自发性、非强制性和持续性。本书区别于现有研究的一个重要特征是探讨新兴经济体特定国家内的区域制度差异，因此，讨论中仅限于但不覆盖全部正式制度。这主要是因为，企业技术合作模式多为具有契约关系的正式关联，正式制度将起到更加决定性的作用，而非正式制度本身不会从质上改变这些关联的作用机制。另外，新兴经济体正式制度的变化明显快于非正式制度，正式制度的差异往往可能更显著于非正式制度。尤其是在中国等转型经济国家，其经济、社会、政治和文化都在发生深刻变化，长期以来实行的非平衡区域发展政策和中央赋予地方的改革自主权，使得地方政府之间、地方政府和中央政府存在大量政策博弈，造成由于改革力度不一而形成的区域间的正式制度差异。不涵盖所有正式制度，是因

---

① 一是因为结构改革本身涉及内容较多，与创新之间的关系非常复杂，两者之间的关系可能需要单独进行系统研究，否则会削弱开放创新的研究主题。二是结构改革大多与制度因素相关，难以进行综合度量。

为并非所有正式制度都会影响开放创新与企业创新绩效的关系，也并非所有正式制度都会呈现区域差异[①]。

二、篇章结构

第一章介绍研究背景。主要描述了当前结构改革与开放创新在现实与理论两个层面的进展，突出结构改革为开放创新创造新情境的研究背景。

第二章阐明研究问题。引出全书的研究主题"双轮驱动创新——结构改革下中国企业的开放创新与绩效"。在对核心命题进行分解的基础上，进一步限定研究范围，界定相关核心概念。

第三章梳理已有研究。回顾开放创新、创新网络和系统、基于资源的理论和基于制度的理论，立足开放创新的绩效含义与制度的重要性日益受到重视的研究趋势，明确了本研究在已有研究中的位置。

第四章分析现实基础。从形成开放创新的"腐蚀性"因素出发，构建结构改革对开放创新影响的"要素＋机制＋环境"分析框架，归纳我国开放创新的基本特征与存在问题。

第五章分析开放创新与绩效。以技术合作模式为切入点解构企业开放创新，分析开放创新与企业创新绩效的关系。具体而言，将其分为技术的合作研发与市场交易两种类型，分别考察两种类型中的产学研项目合作和国外技术购买对企业创新绩效的关系。

第六章讨论影响开放创新与企业创新绩效关系的区域制度及其跨区域差异。将"制度"元素引入开放创新研究，主要涉及如何界定区域的含义、区域制度差异影响特定的技术合作模式与企业创新绩效之间关系的一般性机理、影响特定的技术合作模式与企业创新绩效关系的具体制度内容。

第七章讨论区域制度差异如何调节开放创新与企业创新绩效的关系。重点

---

① 例如，宪法作为国家最高大法，其很难对企业利用既定技术合作模式的有效性产生直接影响，更不用说宪法效力存在于整个中国政治版图中。

分析区域制度差异与不同技术合作模式之间的互动关系，立足微观主体企业和结构改革背景揭示技术与制度共同促进创新发展的耦合机制。

第八章归纳全书主要结论，给出政策清单，从理论贡献和实践意义两方面阐明本研究的价值，最后说明研究局限和今后进一步拓展的方向。

本书的研究结构如图 2.2 所示。

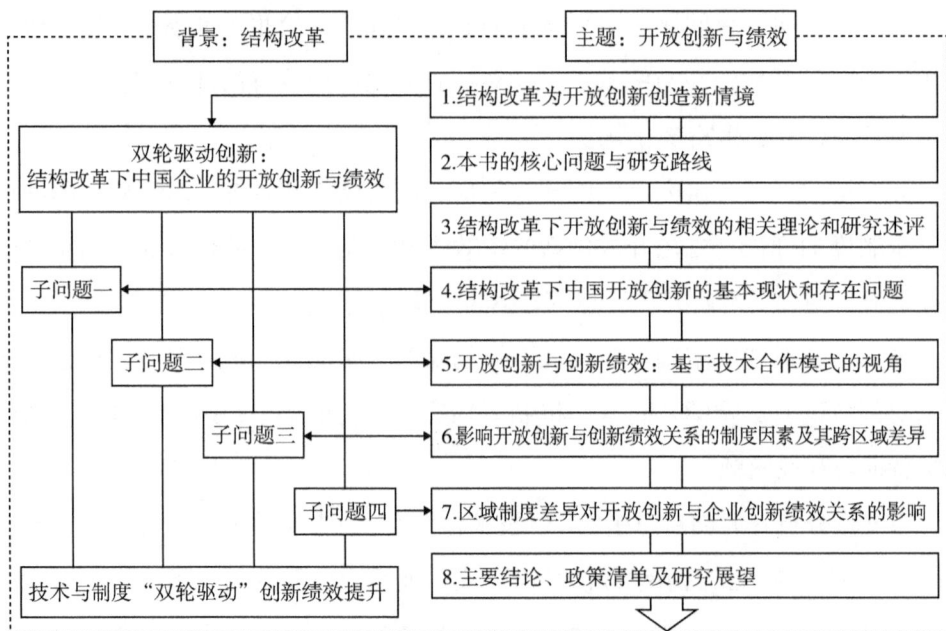

图 2.2　本书的研究结构

第四节　主要的创新之处

本书主要有三点创新。

一是从形成开放创新的"腐蚀性"因素出发，从物质基础、制度保障和环境支撑三个角度简要讨论结构改革对"腐蚀性"因素的长期效应，构建起结构改革对开放创新影响的"要素＋机制＋环境"分析框架，为理解结构改革与开放创新之间的关系提供一个新思路。本书讨论了五种"腐蚀性"因素新的变化趋势：具有丰富知识和操作经验的科研人员和工人流动的网络性与虚拟化特征在不断加强；VC 对技术创业更加青睐并初步形成以并购退出为主要渠道的循环维持机制；向外部寻求技术成果与内部技术成果到外部商业化已经成为企业战略的重要部分；外部供应商和用户等成为企业创新的重要来源；互联网使企业可以广泛利用分布式知识并共享更大范围的知识网络。从长期来看，结构改革通过释放大量资源要素、移除关键体制障碍和促进市场开放竞争，为加速开放创新提供了物质基础、制度保障和环境支撑。

二是以技术合作模式的视角解构微观主体层面的开放创新，为分析开放创新提供了企业层面新的视角，深化了开放创新与绩效的相关研究，为辩证看待开放创新提供了依据。已有开放创新与企业创新绩效的研究具有两个特点。一是十分注重开放创新的整体度量，由于企业的 R&D 决策中往往是根据具体合作模式进行的，而非先确定总体规模再实施研发活动，整体度量无法在具体方式上给予更多启示。二是这些结论大多是基于发达国家的创新企业样本得到的。与发达国家不同，新兴经济体的创新体系还存在企业的创新主体地位不突出、知识产权保护力度较弱、技术中介组织发育不成熟等问题，这极有可能使传统结论并不适用。与已有文献不同，本书以企业技术合作模式为切入点解构了企业的内向型开放创新，这种解构方式不仅有别于已有的按照知识交流频率、合作主体对象的划分，而且对企业的实践意义更为直接。另外，以我国创新型企业数据库中的企业样本为对象，可以有力弥补对我国创新活跃企业研究较少的不足。

三是以区域制度差异为调节变量，借助区域制度的调节机制，突出了"制度"因素和"区域"层面在创新研究和开放创新中的价值。大量以国家层面或跨国企业层面的分析中，现有理论和研究都不同程度地假设一国内的区域间不存在异质性。比如，在创新管理和国际商务研究中，国家创新系统只强调了国家层面的异质性，忽视了国家层面下区域层面的巨大差异，R&D 国际化问题和跨国企业的 IFDI 与 OFDI 问题的研究大多都强调了母国和东道国的差异给跨国企在进行上述活动时带来的影响，忽视了母国和东道国在各自国家范围内也存在显著的区域差异。这一方面会使理论分析在层次上有所缺失，对创新系统的分析并不完整；另一方面，也极有可能丧失通过完善和调整制度在区域层面的差异来帮助企业从不同技术合作模式中获益的机会。与已有文献不同，本书关注了制度在区域这个层面上所呈现的差异，探讨了不同区域制度差异对企业技术合作模式与创新绩效关系的影响机制，从而弥补现有研究的不足。这一角度既有别于国家层面的制度研究，也不同于企业层面的制度研究。本书证明，"制度"因素对开放创新与绩效的关系能发挥调节作用，这意味着结构改革不仅会促进开放创新，其带来的制度变革还可能深度影响开放创新与企业创新绩效的关系。本书还证明，"区域"层面的制度性因素能发挥调节作用，这不仅挑战了现有理论中的关于地区间同质的暗含假设，还证实了企业战略和特定的区域制度在利用开放创新提升创新绩效方面存在互补效应。对政府而言，互补效应不仅可以提供十分有价值的政策工具，还具有一个重要的引申含义——地方政府应该加速"制度环境竞争"，而不是单纯依靠"优惠政策竞争"，前者更能塑造出良好且持久的创新生态。对企业而言，互补效应则意味着企业应该寻找拥有更优制度环境的区域进行开放创新，因为良好的区域制度可以帮助企业从开放创新中实现更好的创新绩效。

第三章

结构改革下开放创新与绩效的
相关理论和研究述评

本章将回顾结构改革下开放创新与绩效的相关理论和研究，它们是后续研究的基础。其中，开放创新、创新网络与系统、基于资源和制度的理论为本书提供了坚实的理论基础和强大的思想武器。已有研究广泛涉及了开放创新的绩效含义与制度因素的重要性，但仍留下了许多值得进一步探索的空间。

第一节　四方面理论支撑结构改革下开放创新与绩效的研究

一、开放创新理论

开放创新是 Chesbrough 教授在观察施乐公司帕洛阿尔托研究中心的相关案例后，进一步从思科与朗讯、IBM、英特尔和贝尔实验室的创新历程中发掘的一种新型创新模式。与传统的封闭式创新相比，这种模式的最大特点是"创意有意的流入与流出"（Chesbrough, 2003a, 2003b, 2003c, 2007）。在《开放创新新前沿》（Chesbrough et al., 2014）的序言中，野中郁次郎认为，随着创新开始从产品向服务转移，传统的产品无法实现公司向顾客承诺的价值主张，企业必须将价值链从纵向扩展为横向，从封闭的线性系统扩展为开放、复杂的生态系统。基于新古典经济理论的传统管理理论无法解释这种变化，但开放创新打开了"暗箱"，揭示了知识共享如何在一个商业生态系统中实现，这也是开放创新理论与现有创新理论的不同之处。目前，开放创新理论还在发展过程中，并且在创新全球化、创新分工、使用者创新、供应商创新、生意模式创新、工艺创新、工具创新、制度创新和文化创新方面有着广泛应用。

开放创新的理论来源有很多（Chesbrough, 2003a, 2003b, 2003c），而且部分是整合以往研究的成果所得（Lichtenthaler, 2011a, 2011b）。具体而言，至少涉及如下三个主题的研究：一是创新过程理论。相较早前的研究认为创新是依靠技术推动或需求拉动模式产生，并带有机械式的反馈环节，Rothwell（1994）认为技术创新过程处于不断变化之中，并提出了第五代创新模式，即系统的一体化和网络化。与以往简单的线性模式、并联模式、混联模式不同，网络化模式突出了技术过程的复杂性和自组织性，也反映了在技术复杂性程度不断提高的情况下，为了克服内部资源约束，企业必须重视通过与外部合作或其他渠道获取外部资源，这些资源也因企业内部 R&D 成为独特和有价值的资源（Herrera et al., 2010）。二是用户创新理论。用户作为产品的最终使用者能够为企业提供进一步改进产品、提高性能的建议，并从中获得更高的产品使用效用，这是用户参与并成为企业创新创意来源的重要动机。创意将为企业带来某种创新能力，从而使得企业获得暂时的创新租金（von Hippel et al., 2006）。用户还可以进一步分为主流用户和领先用户，Christensen（1997）认为过分关注主流现有用户将不利于创新，会导致创新失败，而领先用户会对企业创新带来新的想法和绩效（Lilien et al., 2002）。von Hippel（1986）还进一步发展了民主化创新概念和用户创新工具箱。总体来看，用户创新之所以具有如此效果，关键在于用户没有遵循企业自身资源和能力所遇到的路径依赖，从企业外部而来的创意异质性使得企业能在技术创新中获得优势。三是合作创新理论。日本汽车产业的崛起很好地说明与供应商合作可能带来巨大成功。供应商的早期参与可以节省汽车企业的开发时间和成本（Wagner et al., 2006），而且还大幅提升汽车企业的创新成功概率（Clark et al., 1991）。在此基础上，大量学者提出并发展了战略联盟理论。作为介于市场和企业科层的一种组织形式，技术联盟因其具有知识溢出、风险分担和协同效应等功能在不同行业中大量涌现（Hagedoorn, 2002; Tödtling et al., 2009）。合作创新理论表明，企业进行外部 R&D 决策不仅有极强的盈利动机，而且在资源、能力和知识上将获得提升。

　　Chesbrough（2003a, 2007）分析了当前技术知识交流对封闭式创新造成的冲击，从而使人们更加关注企业如何通过与外部技术主体展开技术合作进而实现创新。Chesbrough（2003a）和 Chesbrough 等（2006）还将开放创新和封闭式创新进行了对比，两者的不同主要存在于核心原则、知识来源、盈利核心、知识产权和测度指标五个方面（表3.1）。图3.1 中虚线勾勒了企业的边界，并分为研究与开发两个阶段，左侧图示了传统的封闭式创新模式，而右侧则反映了开放创新中的若干过程。

表 3.1　开放创新与封闭创新的若干区别

维度	开放创新	封闭式创新
核心原则	创意有意的流入与流出	创意全部来自企业内部
知识来源	知识既来源于内部，也来源于外部，并且外部知识与内部知识同等重要	知识主要来源于内部的创造，因 NIH 或 NSH，所以外部渠道不重要
盈利核心	商业模式是企业成功的核心，技术本身没有价值，关键在于商业模式	技术能力是企业成功的核心，技术自身的价值决定企业今后的盈利
知识产权	知识产权需要灵活的交易，既可以出售，也应该购买，从而实现知识流动	必须控制知识产权，并实施最严格的知识产权保护
测度指标	开放度	研发强度

资料来源：作者根据参考文献 [43] 和 [41] 的相关内容整理，其中对部分内容进行了合并和删减。NIH 为"非此处发明"；NSH 为"非此处销售"。

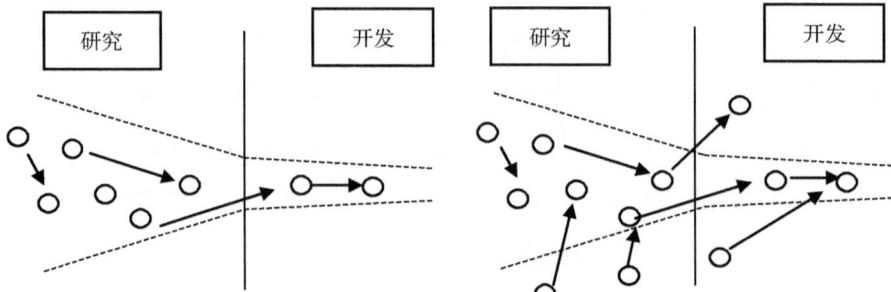

图 3.1　封闭创新与开放创新比较

资料来源：参考文献 [43]。

开放创新主要有两种分类。一是 Huizingh（2011）按照创新过程和创新结果、开放和封闭得出了"2×2"四种类型。二是 Dahlander & Gann（2010）根据开放创新的创意流动方向，将其分为内向型（Inbound）和外向型（Outbound）。内向型开放创新是将创意从外部引入企业内部，其中包括直接从外部购买创意或通过合作形式将外部创意吸收入企业内，即搜寻（Sourcing）和获得（Acquiring）过程；外向型开放创新则是将创意从企业内部流向企业外部，其中包括出售企业专利或技术许可等，即揭示（Revealing）和出售（Selling）过程。同时，他们还将内向型开放创新进一步区分为现金式（Pecuniary）和非现金式的（Non-pecuniary）部分，分别对应购买（Acquiring）和搜寻（Sourcing）过程。

开放创新作为学术概念首先应用于企业，但其发展并未局限于企业层面。例如，West 等（2006）认为开放创新至少应该包含个人和群体、公司组织、跨组织价值网络、行业和部门、全国性研究机构和创新系统等层次。当前，开放创新研究还涵盖社区（West et al., 2008）、组织内部单元（Bogers et al., 2011）、社会（Chesbrough et al., 2012）等多个层次。在开放创新研究中纳入多层的分析单元或多样的研究对象已经成为学术界的基本共识（Chesbrough et al., 2014），已有研究已经涵盖组织内部的项目、企业组织层面、跨企业组织的联盟层面、行业层面、国家（区域）创新体系层面，甚至是公民与社会等层面。

二、创新网络与系统

Imai & Baba（1989）较早地提出创新网络概念，并认为"创新网络是以企业间创新合作关系为联结机制的一种制度性安排"。Williamson 提出了市场和企业层级两种极端组织形式后，Powell（1990）进一步提出了介于两者之间的第三种组织——网络组织。随后，创新网络的概念得到丰富和发展，企业与外部主体基于创新而产生的互动联系都囊括在创新网络研究之中。事实上，社会学对网络的关注和运用更早，创新研究也吸取了社会学中的相关研究成果。例如，Granovetter（1973）很早就将网络引入社会学的人际关系分析中，以交往频率为标准将联系分为强关联和弱关联。目前，强弱关联已经成为创新网络分析中非常重要的概念和工具。[①]

网络对创新十分重要，一方面是因为知识可以在网络中广泛流动从而加速创新；另一方面则与网络可以帮助企业集聚社会资本有关。对企业而言，强关联与弱关联都具有特殊意义。创新网络中的强关联为企业提供了稳定的专门知识共享渠道，这种渠道因信誉累积、合作惯例的存在具有循环递进性质。在强

———————

① 张铭慎和王保林（2013）对此有一个简单回顾。

关联中，网络的多样化、稳定的合作和网络本身的动态进化能力使得企业在具备一定吸收能力的前提下具有了更多获得知识的途径。但强关联并非没有缺点，首要的缺点来自演化经济学提出的"锁定"（Nelson et al., 1982），即获取知识的单一性和相对固化导致企业丧失了获取多元知识的机会。另一个缺点是处于强关联中的主要企业容易丧失灵活性，创新和营销目标的过度聚焦降低了企业对社会经济变化的战略反应能力（Capaldo, 2007）。弱关联虽然不具备强关联的稳定特征，但往往给企业在不经意间带来特殊的创意，从而能有效避免企业创新的路径依赖。有研究发现，硅谷企业之所以在创新方面长盛不衰，与其企业间的弱关联有密切关系。在诸多弱关联中，由不同企业的工程师自由组成的准协会性质的松散组织非常重要，这种组织后来被形象地称为"实践网络"（Brown et al., 2001）。实证表明，无论是何种关联，创新网络对创新绩效都具有不同程度的正向作用。但创新网络中不同的对象所贡献的创新绩效往往不同，这取决于网络中合作对象的基本属性。

把创新网络从企业上升到国家层面就有了国家创新系统。Freeman（1987）通过对日本的考察提出国家创新系统，从而将创新网络地域化，并强化了主要创新主体之间的有效互动对提升国家创新绩效十分重要的观点。国家创新系统理论认为，由一国境内的企业、政府部门、大学、科研机构和其他中介机构组成的有机网络会促进新技术的产生和扩散（Freeman, 1987）；通过提供制度和激励来提升创新竞争力（Nelson, 1993），并加速知识在跨组织间的流动（OECD, 1997）。Freeman（1995）还提出国家创新系统具有狭义和广义之分，其中狭义只涵盖与科技活动直接相关的机构及支持这些机构的教育系统和技术培训系统等，而广义则包含了所有涉及引入和扩散新技术、新产品的机构。由此可见，国家创新竞争能力的强弱与国家创新系统密切相关，后者能解释创新的决定因素（Edquist, 1997）。

在国家创新系统概念之后，Cooke（1997）提出了区域创新系统概念，将创新系统的焦点从国家下移到特定国家内的区域层面。依托演化经济学，Cooke（1997）具体化了区域、创新和系统的概念，并论证了金融能力、制度学习和富有创造性的文化对系统性创新的重要性。与国家创新系统理论类似，区域创新系统也强调特定区域中不同创新主体之间的协同关系，其中区域侧重通过地理和行政区域的划分。之所以采用这种划分，通常是因为特定的行政区域内具有相似的社会、经济和文化基础，并且区域内的产业关联较大，区域内的政策和管理也能相对保持统一。通常而言，在特定的区域创新系统中，知识溢出会更明显（Breschi et al., 2011）。区域创新系统与国家创新系统的主要区别有两点，一是更加关注区域产业集群中的企业（Enright, 2001）；二是强调区域性差异尤其是制度上的差异。

三、基于资源的理论

获取外部创新资源和分布式知识是企业开展技术合作的根本动因。在研究中，"资源"一词本身具有狭义和广义之分，狭义的资源指企业拥有的无形资产和有形资产，如固定设备、流动资金、员工、知识产权、品牌形象等（Caves, 1980）；而广义的资源除了上述资产外，还囊括了企业配置这些资产和知识的能力（Barney, 1991）。本书采纳广义的"资源"定义，鉴于此，本书在叙述基于资源的理论时，也纳入了基于能力和知识的理论。

基于资源的理论强调拥有独特的资源是企业拥有独特竞争力的关键原因（Barney, 1991），不同的资源可能形成互补性资产，从而提升企业创新绩效（Teece, 1986）。该理论的三个理论来源为 SCP 范式的产业经济学、新古典经济学和演化经济学（Barney, 2001），主要立足于解释"为什么一些企业的绩效比另一些企业更好"的问题，并有两个基本假设：①企业间的资源是异质性的，这些异质性广泛存在于企业中；②异质性资源短期内不会变化，而是较长时期存在于企业中。正是异质性资源的存在使得一些企业的绩效表现优于其他企业（Barney, 1991, 2001）。基于资源的理论与新古典理论存在一定的联系，但也有明显的区别。两个理论都能使用均衡分析，但与新古典理论认为价格的自主调节将使得企业的异质性资源会充分流动的观点不同，基于资源的理论认为在短期内这些异质性资源会因为路径依赖、因果模糊性和非交易性而保持无弹性，这使得企业绩效的差异持久存在（Barney, 2001; Makadok, 2001）。基于资源的理论与演化经济学也存在密切联系。演化经济学以惯例为分析单位，并采用变异、选择和继承等生物演化概念和框架进行分析（Nelson et al., 1982），Barney（2001）认为惯例本质上也是企业的独特资源，企业历史和初始禀赋函数等构成企业异质性，基于资源的理论的演化版本也衍生出能力的动态变化等问题（Makadok, 2001）。

能力是一种广义的企业资源。已有研究提出了大量关于能力的概念范畴，并进行了细致的区分。例如，企业应该具有充分调和与整合各类技术的核心能力（Core Competence），而且这种能力与核心技术（Core Technology）和核心技能（Core Capability）有本质区别（Prahalad et al., 1990）。能力理论向动态化发展后，学者们提出了动态能力概念，专指企业对市场快速反应的能力和产品创新中快速和灵活的变化能力（Teece et al., 1997）；吸收能力概念，专指企业识别和吸收新的外部信息价值并将其商业化的能力（Cohen et al., 1990），而这种能力的提升是通过企业进行 R&D 投入获得的（Cohen et al., 1989; Griffith et al., 2004）。另外，还有组织能力（Kogut et al., 1992）和包括发明、吸收、改造、链接、创新和去吸收六方面能力的知识能力及相应的知识管理能力（Lichtenthaler et al., 2009）。与静态的能力理论相比，动态化后的能力理论强调了企业流程再造的管理意义，并将组织柔性化管理作为企业管理的重要议题予以提出。Teece 等（1997）发展的组织与管理流程、位势（Position）和路径的框架使得动态能力嵌入企业内部；Eisenhardt & Martin（2000）认为动态能力背后的机制是重复实践、隐性知识的编码化、高频次的经验积累。

尽管部分学者认为基于知识的理论并不能称之为企业理论的一部分（Eisenhardt et al., 2000），但有些文献将知识作为资源的一种（Barney, 1991, 2001）。Grant（1996）提出了基于知识的理论，其核心观点认为，企业是一个知识的集合体，知识蕴含在个人之中，因此，企业是整合运用知识而非创造知识。虽然这与狭义基于资源的理论所认为的企业拥有知识资源并能创造稀缺且有价值的资源的观点稍有不同，但现实企业是通过运用组织能力进而调动个人所拥有的知识并进行更高层面的创造，因此，企业并非仅是单纯的整合与运用知识。

与本研究有直接关系的是知识按照显示度和应用目的的分类。Nonaka & Takuichi 在 1995 年提出了著名的 SECI 模型，说明了知识动态的创造和成长：知识创造经历了显性到隐性的内化过程、隐性到隐性的社会化过程、隐性到显性的外化过程和显性到显性的组合化过程。在内向型开放创新中，企业涉及更多的是知识的外部获取，因此需要不断重复上述过程。在上述过程中，有三种获得组织外部知识的主要方式，即公开市场采购、非正式合作互惠交流和正式联盟。在公开市场采购的购买 R&D 中，组织主要希望获得的是 know-how 和 know-what 的知识，而在合作 R&D 中，组织还同时关注 know-why，以此提高自身能力。更为重要的是，知识在传播中面对面的交流和沟通是最有效的，因此，制度因素和地理范围应该是影响企业开放创新与创新绩效关系的重要因素。

总体来看，基于资源的理论仍面临是否存在一个统一框架的资源理论等问题（Barney, 2001），尤其是对资源、价值和竞争优势过窄的概念化造成了理论的进步略显缓慢（Kraaijenbrink et al., 2010）。为此 Barney 等（2011）指出，观点的关联、资源获取过程、微观基础、持续性、方法与度量五个主题上的发展可以使基于资源的理论向有更有意义的方向延伸。由于本书采用的是广义的资源定义，因此，也暗含对于资源较丰富的企业，其驾驭狭义资源的能力和相关知识也较多，会具有更好的绩效。

四、基于制度的理论

制度制定了游戏规则，形成了一个国家的激励结构和经济专业化（North, 1990）。Scott（1995）将制度定义为可认知的、规范的、规制性的结构和活动，这些结构和活动为社会提供了稳定性和意义。制度包括惯例、已有的实践、规范、法律和规则，它们规范个人和组织之间的关系和互动。组织利用制度去增加其合法性，获得资源和促进自身成功（Meyer et al., 1977）。考虑到本书的研究目的，我们更关注经济学意义下的制度及制度对管理的影响。

经济学意义下的制度关注两个核心——交易成本和产权。交易成本理论可以看作是新制度经济学和新组织经济学的产物（Williamson, 1998）。新制度经济学又可分为两个部分，一个关注游戏的规则——制度环境，以 Coase 的《社会成本问题》为代表；另一个关注游戏的进行——制度治理，以 Coase 的《企业的性质》为代表。他的研究开创性地提出了"什么因素影响社会中的交易成本"和"为什么企业会存在"这两个问题。交易成本理论对新制度经济学和新组织经济学的贡献在于，它将企业从一个基于技术结构的生产函数转变为一个基于组织建构的治理结构（Williamson, 1998）。Coase 认为企业是市场机制的一种替代，其边界在于企业内部组织边际成本与外部市场交易边际成本相等处。"制造"还是"购买"随之成为交易成本理论的核心问题。但 Coase 并未更深入地刻画交易成本，只是指出交易成本应该包括的三个方面，即发现价格的成本、达成一致的成本和事后不确定性的风险成本。Williamson 通过引入"有限理性"与"机会主义"概念、交易分析的三个维度，进一步发展了交易成本的分析框架。在现实中有限理性无法回避，从而导致了各种成本；对自我利益的追逐和狡诈，促使人们有了欺骗的动机（Williamson，1989）。在交易分析的三个维度中，资产专用性具有重要地位。由于机会主义行为带来的"套牢"，将会导致事前投资不足，从而影响事后效率。因此，对治理机制的选择实际上是在选择使交易成本最小化，并避免事前投资与事后绩效的无效率。当市场契约存在巨大不确定性时，机会主义行为将会增加交易的风险和成本，此时纵向一体化就拥有了协调利益冲突、提高交易效率的好处。Williamson（1998）给出了图 3.2 来解释如何以交易为基本分析单位和交易费用的三个维度来确定组织结构。

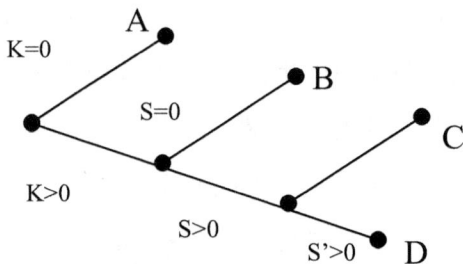

图 3.2　交易性质及类别

资料来源：参考文献 [200]。

图 3.2 中 A ～ D 四个节点代表理想市场交易、合同风险、混合交易和企业内交易四种方式；K 代表资产专用性程度；S 代表交易中保护投资的程度。如图 3.2 所示，当资产不具备任何专用性时，进行自由的市场竞争性交易是最优的（即 A 点）；当资产专用性提升，企业依赖性增强，此时若不采取任何保护性措施（S=0），则会面临合同风险，包括"敲竹杠"等机会主义行为；若企业采取保护性措施，根据保护性措施的程度不同，则会进入混合交易（S>0）和企业内交易（S'>S>0）。

在这一过程中，Coase 实际上也开启了对产权问题的探讨，进而提出了著名的科斯定理——无论初始条件如何，只要产权是明晰的，就可以通过市场交易来克服外部性。在创新激励方面，产权制度是激励创新的基本制度，因为这种"排他性权利"可以克服知识的外部溢出。另外，有效的产权制度还能减弱创新的不确定性并降低创新的交易费用。但需要指出的是，尽管知识产权本身可以提升创新激励，但对于后发国家在技术追赶早期实行严格的知识产权保护对科技创新和经济增长的影响是具有争议的（文礼朋，2010）。例如，专利竞赛理论和累积性创新理论认为知识产权保护对科技创新和经济发展具有负面效应。其中，Stiglitz 提出的专利竞赛理论修改了社会上只有唯一的个人或企业具有创新能力的假设，从而避免了根据外部性理论得出创新者减少创新投入的结论。在社会上具有多个创新主体进行竞争的情形下，只要企业获取的创新收益不低于创新成本，则企业会持续投入，因此通过加强知识产权来避免创新投入的减少就没有必要性。Merge & Nelson 提出的累积性创新理论进一步说明了知识产权保护的负面影响，即创新本身是个不断累积的过程，以后的创新往往是建立在过去的创新成果基础上的，加强知识产权保护本意上是为了创新者的创新投入，但却不可避免地增加了后来创新者的成本，这极有可能阻碍科技的进一步创新。

第二节 开放创新的绩效含义与制度的
重要性日益受到重视

一、开放创新的绩效含义

（一）开放创新中企业的外部创新源

在开放创新范式下，企业拥有很多外部创新源。例如，Tödtling 等（2009）认为至少包括商业性部门、科学部门和政策部门三类创新源。Laursen & Salter（2006）利用创新共同体调查（CIS）从开放创新广度和深度出发刻画企业开放创新的程度，认为企业的外部创新源有领先使用者、供给者、竞争者、咨询者、商业化实验室、大学等科研机构、政府研究机构、私人研究机构、专业会议、贸易联系、展览会、技术标准等。Parida 等（2012）将内向型开放创新分为技术搜寻、垂直技术合作、水平技术合作和技术购买，每一种方式中都存在不同的创新源。其中，技术搜寻代表一种内部搜寻或扫描功能，用来系统性评价和观察技术趋势，以便及时发现技术机会和威胁（Bianchi et al., 2010；Laursen et al., 2006）。它的目的并非是搜集大量且详细的外部信息，而是提升企业充分认识和及时应对外部环境明显变化的能力。垂直技术合作指企业与下游消费者和上游供给者之间的合作，来自用户的观点和想法为企业实施创新提供了工具箱（von Hippel, 1986, 1994, 2006），而日本汽车企业开展精益创新的例子为基于供给者的创新提供了最好的例证。水平技术合作往往指与原有特定企业不在同一条价值链上的企业合作，这些企业可以是其他产业的非竞争者，也可以是邻近产业的竞争者。杨梅英等（2009）根据企业研发合作的对象不同，将其分为企业合作和社会合作，其中企业合作包括横向合作和纵向合作。Chen（2009）以台湾地区机床产业为例，认为与使用者、供给者和公共研发机构的非正式关联互动，有助于企业获得技术机会从而实现追赶，得出了中低技术产业更需要通过非正式的本土和全球联结学习的结论。

文献强调外部角色为企业创新提供了信息来源，因此这些外部创新源与创新绩效具有正相关关系（Chesbrough, 2003a; Tödtling et al., 2009），而且这种正相关关系无论在强关联还是弱关联中都得到了证实（Bönte et al., 2005; Laursen et al., 2006; Lawson et al., 2009; Freitas et al., 2011; Berchicci, 2013）。

（二）开放创新下的企业创新绩效

大量文献表明，开放创新对企业绩效具有正向作用。只关注企业内部的R&D活动将使企业被现有组织业务边缘化并丧失释放潜力，从而错过机会（Chesbrough, 2003b）。通过与供应商、顾客和外部其他知识源互动，企业会获得更多的知识及其多样性、互补性资产、技术能力、来自用户的创意及知识转移渠道，从而提升创新绩效（Hagedoorn et al., 2002; Cassiman et al., 2006; Belderbos et al., 2004; Laursen et al., 2006; Enkel et al., 2008; Schmiedeberg, 2008; Grimpe et al., 2010; Freitas et al., 2011; Hagedoorn et al., 2012; Kaforous et al., 2012; Berchicci, 2013）。其中，资产互补性主要体现在技术与市场的互补与技术之间的互补，实证中表现为外部知识对内部 R&D 和创新绩效间具有正向调节作用。作为开放创新特例的战略联盟对创新绩效的影响分析也得到广泛的研究，已有研究认为战略联盟对创新绩效主要有四种效应，即协同效应、知识溢出效应、学习效应和棘轮效应。其中，协同效应指获得互补性资源使得企业之间产生了促进效应（Hagedoorn et al., 2002）；知识溢出效应指相较于无联盟情况下的企业总是避免非意愿的知识溢出，技术联盟内的企业是有意的知识溢出，使得企业更容易内化知识溢出（Belderbos et al., 2004; Fu et al., 2011）；学习效应指联盟内企业在知识分享（Lawson et al., 2009）、创新能力（Hagedoorn et al., 2002）等方面加速探索和利用，从而提高联盟内部组织效率；棘轮效应指联盟中的企业都倾向于跟随其他企业提高 R&D 投入，而不会跟随其他企业降低R&D，因此不用担心联盟中的"搭便车"现象，但这一结论尚未得到经验支持。

开放创新也会给企业创新绩效带来副作用。Koput（1997）提供了三个相关的理由：一是企业很难同时在过多的创意和知识中进行把握和选择，即"吸收能力问题"；二是创意机会可能在错误的时间和地点被错误地运用，即

"时间问题"；三是过多的创意可能导致企业无法聚焦，即"注意力分配问题"。不仅如此，企业搜寻更多的外部知识将导致更多的机会成本和财务成本（Williamson, 1989）。从基于资源的观点看，与外部资源过多的接触有可能触动企业内部 R&D 部门的战略地位，使得管理层开始倾向于 R&D 外包，进而容易形成对外部环境的过度依赖。从基于能力的观点看，过度依赖外部技术一方面有可能降低企业的研发能力，并削弱企业核心能力（Grimpe et al., 2010）；另一方面，对企业内部组织的柔性程度也提出更高要求。从基于知识的观点来看，过度开放带来的显著问题是知识的泄漏（Laursen et al., 2006），而且还可能导致分享知识和保护知识在战略和操作层面存在冲突。Bogers（2011）分析了有 R&D 合作的 8 个案例，发现合作过程中知识属性、知识体现形式、合作环境等因素可能不同程度地加剧知识共享和保护中的紧张关系。尤其是对外向型开放创新中的技术出售而言，使收益较高的信息披露极大化和专利保护严格的信息披露极小化的信息悖论将会出现，这不利于企业从开放创新中获取更高绩效。

鉴于过度开放会给企业创新绩效带来负面影响，因此"开放度"的概念随之提出。Ahuja 在社会网络分析中隐含提出了开放"度"的概念，但并没有给出具体测度。Laursen & Salter（2006）首次在分析中从开放广度和深度两方面对开放创新的开放度进行了度量。陈钰芬等（2007）沿用了开放广度的概念，但在开放深度的概念上采用因子分析的方法进行了完善。吴波（2011）对开放度的测量更进一步，采取了多个显变量的测量方法，并从项目比例、资金比例和频率三个方面度量了合作化开放度和市场化开放度。从实证结果来看，开放度和绩效的倒 U 型关系得到了广泛验证（Laursen et al., 2006; 陈钰芬 等 , 2007; Grimpe et al., 2010; 吴波 , 2011）。但陈钰芬等（2007）及吴波（2011）根据 Jensen 和 Lundvall 的研究将产业分成科技驱动和经验驱动后，发现经验驱动的产业的开放度和创新绩效并非倒 U 型而是正向的线性关系。

（三）不同技术合作模式与企业创新绩效的关系

考虑到本书主要以技术合作模式为切入点解构企业的开放创新，因此有必要综述已有的技术合作模式与企业创新绩效的研究[①]。

　　已有研究多从不同角度考察技术合作模式与企业创新绩效的关系，但研究结果往往并不一致。以产学研合作为例，尽管许多研究证实企业的学术联系对企业创新绩效的正向作用（Porter, 1998; Tsai, 2009; Yam et al., 2011），但同时也有大量研究指出其负向作用（Azagra-Caro et al., 2006; Howells et al., 2012）。如Becker & Dietz（2004）的研究表明，德国制造业企业的合作研发对企业的创新投入和产出均有正效应；Aguiar & Gagnepain（2013）基于欧洲大型项目的研究发现，参加大型合作研发项目能提升企业绩效。还有一些研究表明，由于企业可能在合作研发中采取一些策略性行为，可能降低合作的创新绩效。另外，有些研究表明购买外部技术可以提升企业创新绩效，但也有研究发现从外部购买的技术也可能降低企业绩效（Jones et al., 2001）。其中的一个重要原因是发达国家的技术在欠发达国家很有可能难以发挥作用（Fu et al., 2011）。

　　值得注意的是，也有一些研究较为系统地考察了不同技术合作模式对企业绩效的影响，但这些研究更关注的是不同技术合作模式的互补性和替代性。例如，Belderbos 等（2004）发现当企业与多个不同的外部伙伴（包括竞争者、顾客、大学和科研机构）同时进行 R&D 合作时，它会提升企业的生产率，但这种互补性取决于企业的规模和特定的战略组合。Schmiedeberg（2008）以创新共同体调查的德国样本为对象，考察了内部 R&D、合同 R&D 和合作 R&D 之间的关系，证实了合作 R&D 与内部 R&D 之间存在互补性，但合同 R&D 与内部 R&D 之间的互补性并不显著。

二、企业创新绩效差异的来源

　　已有研究认为，企业创新绩效之所以有差异，其主要原因集中于企业自身资源和能力异质性、创新外部要素异质性和技术溢出的非对称性三个方面。

[①]　一些研究只涉及了对不同技术合作模式的选择问题，但并未涉及企业创新绩效本身，所以并未纳入综述范畴。

利用基于资源的理论很容易得出企业自身异质性给绩效带来差异的结论。这些异质性包括固定设备、流动资金、员工、知识产权、品牌形象等（Caves, 1980），也包括动态能力（Teece et al., 1997）、吸收能力（Cohen et al., 1990）、组织能力（Kogut et al., 1992），以及包括发明、吸收、改造、链接、创新和去吸收六方面能力的知识能力和相应的知识管理能力（Lichtenthaler et al., 2009）。

Laursen & Salter（2006）的研究体现了创新外部要素异质性对绩效的影响。其他企业、大学、科研院所、供应商等作为提供外部知识的渠道，本身具有不同的制度规范、习惯和规则（Partha et al., 1994），因此在合作方式、效果和知识属性上会有差别，从而影响创新绩效。另外，不同类型的创新也需要不同类别的外部资源（Tödtling et al., 2009）。Kaforous & Forsans（2012）从企业选择获取外部知识的方式解释企业的开放创新绩效差异，通过外部知识获取和内部 R&D 之间的调节效应来解释为何有些企业能获得更优的创新绩效。另外，外部知识来源的异质性也十分重要，Katila & Ahuja（2002）认为，如果创造知识的来源属于同一知识集，那么知识对创新绩效的贡献就会受到局限。而地理上位置的接近极有可能带来知识的同源性，因此有理由认为国外的知识将比国内的知识对企业绩效的贡献更大（Almeida et al., 1999; Kafouros et al., 2008），Kafouros & Forsans（2012）的实证结果支持了这一结论。

技术溢出指"知识在跨企业间的漏出"，它对创新具有效率效应和激励效应。其中，效率效应指知识溢出降低了其他企业为达到一定水平创新所需要的成本；激励效应指由于对手可以通过技术溢出获得部分知识，创新者很难获取全部的创新租金从而降低创新动力。技术溢出的研究主要集中在产业组织、内生增长理论和国际商务领域。在产业组织的研究中，技术溢出被假设为没有方向，即知识池对所有企业有相等的溢出；而国际商务的研究表明，技术溢出具有明显的方向性（Kaforous et al., 2008; Kaforous et al., 2012），如果遵循基于资源的理论的观点，由于企业是异质性的，因此技术溢出也极有可能具有方向性。技术溢出是否具有方向性十分重要，因为它暗含企业从一定的 R&D 投入中能否获得相同的回报，Knott 等（2009）修正了以往研究中对所有企业能从知识池中获取同等知识溢出的假设，研究发现大企业的研发强度更高，但小企业的研发效率更高，因此小企业获得的技术溢出要大于大企业。

上文已经提到，开放度本身是一个影响企业创新的重要因素。但除开放度外，还有其他因素也可能对外部 R&D 与企业绩效的关系产生影响。例如，针对 107 家欧洲企业的一项研究表明，高额协调成本、失控和高复杂性的风险，以及包括寻找合适伙伴的困难性、开放活动与日常业务的不平衡性、维持开放式活动的时间和资源的稀缺性在内的障碍使得企业不能从开放创新中盈利（Enkel et al., 2009）。另外，产业技术因素也会影响企业的开放创新（Chesbrough et al., 2006）。

三、制度因素对企业战略及开放创新具有重要影响

越来越多的研究证实，制度因素对企业战略及开放创新具有重要影响。微观上，制度影响企业决策。比如，在国际商务领域，利用制度理论阐释企业战略行为的研究日趋增加（Wright et al., 2005; Peng et al., 2008; Xu et al., 2013）。宏观上，制度影响创新的地理集聚和创新系统。比如，Kim 等（2010）认为新兴经济体中跨国企业集团的绩效变化与市场化导向的制度改革相关。

在企业经营策略上，制度影响企业的战略行为（Wright et al., 2005; Zhou et al., 2006; Peng et al., 2008; Xu et al., 2013）。Peng（2002）认为，尽管已有研究从产业条件、企业资源角度解释了这种策略的多样化，但基于制度的观点已经出现，并在实际决策中被大量企业所考虑。Xu & Meyer（2013）根据现有研究，归纳出四个关于制度影响企业决策的基本结论：第一，制度影响了经济主体的激励和可供选择的治理结构的有效性，这些治理结构进而影响企业的战略决策（Young et al., 2008）。Minh & Hjortsø（2015）发现制度性因素影响了越南农业企业的长期投资行为，使其很难从成本节约型发展走向产品创新型发展。在主流社会规范的束缚下，依托信任网络的中小企业获取知识和理性决策方面的潜力被大幅削弱，给企业创新造成负面影响。第二，制度影响了经济主体在利用市场机制时的交易成本，因此也就影响了市场效率。根据交易成本理论，如果市场交易并非完全有效，信息不对称引发的道德风险和逆向选择问题将十分突

出。在政府行政干预过度且腐败寻租行为比较猖獗时，市场交易中的搜寻成本和执行成本将非常高，由此企业将不得不进行一定程度的内部化，如联盟甚至是并购。第三，制度影响了竞争规则，有利于公平竞争的市场制度将大幅度减少阻碍竞争的垄断或合谋行为，从而更好发挥市场机制的作用。第四，频繁的制度变革会增加不确定性。制度可以减少不确定性，从而减少了"敲竹杠"等机会主义行为。但在新兴经济体中，制度变迁的速度往往较快，这无疑增加了不确定性和组织决策的难度。例如，对公共机构而言，结构改革短期会带来组织上的混乱和不确定，大幅降低组织的创新性（Wynen et al., 2017）。

在地理集聚方面，Marshall 在其代表作《经济学原理》中认为，由于企业间的人员联系和知识流动使企业获益，所以企业如果存在地理邻近则可以增加利润，因此他提出了"产业区"概念。但直到 1990 年 Porter 提出产业集群概念，本地化学习的概念才在创新地理研究中发挥影响。产业集群囊括了具有互相支持和竞争关系的产业、便捷的基础设施、有效的制度和竞争环境（Porter, 1998）。一个集群代表了产生创新、竞争力和增长的积累性因果作用，同时区域往往是产业集聚的场所（Porter, 1998）。在一些产业明显集聚的区域往往拥有一个共同的知识池，其中包括专业化技术、惯例、规范、价值和相同的制度。在知识池的帮助下，企业可以变得极具创新性并快速应对市场变化。Malmberg & Maskell（2006）认为，创新活动的本地空间具有本地能力和空间邻近两个功能。前者包括本地化的分工模式、共同的本地知识池，以及嵌入特定区域的文化、制度和社会结构的支持知识创造和交换的形式；后者涉及企业对信息的可获得性，它与空间邻近、认知匹配、共同经验、相同的管理秩序和要素成本有关。创新地理理论暗含了一个基本假设，即包含信息和知识流的关联和制度对新经济中的区域和企业的创新和发展是十分重要的。信息和知识流动可以是社会性的，如人员流动、新创企业，也可以是基于共同知识池的，还可以是个人的，如会议、谈话和项目。最近的研究（Binz et al., 2014）在分析空间为何在技术创新系统中较为重要时就强调了制度资源的重要性。

在创新系统方面，已有研究特别强调特定地理区位下不同经济主体的系统性互动，这其中包括企业、公共科研机构、政府及中介组织（Nelson, 1993; Edquist, 1997）。事实上，创新系统本身就是一种制度安排。制度对国家创新系统的重要影响体现在制度因素往往决定了知识的供给水平、熟练劳动力的质量、可供创新的金融资源和知识产权保护。它可以极大地促进网络主体间的互动，而这种互动被看作是创新活动的前提，也被用来解释为什么空间邻近会带来好处。隐性知识的传递尤其依赖于人员的交往和沟通（Oerlemans et al., 2000）。在本地化网络中蕴含的信任、交往和沟通会促进隐性知识的传播，催生新的充满竞争力的区域，当互动性学习成为一种永久性机制，那么该区域也会成为"学习型区域"。Stiglitz & Greenwald（2014）的研究揭示，学习是引致社会变革的根本原因。

四、本书与现有研究的关系

（一）对现有研究的小结

现有研究在企业开放创新与创新绩效、开放创新下企业创新绩效差异来源和制度因素对企业战略和创新的影响三方面已经取得了大量成果。在企业技术合作模式与创新绩效的关系方面，已有研究详尽分析和对比了企业面临的不同外部创新关联，在说明开放创新促进和抑制创新绩效机理的基础上，提出了开放度的概念，并在一定程度上证实了两者之间的倒 U 型关系，证实了内部 R&D 与外部知识获取策略在一定条件下会存在互补性。在开放创新下企业绩效差异来源方面，与以往研究突出强调企业内部资源和能力的异质性不同，现有研究侧重企业的外部资源和从外部资源获取的能力差异。这一转变体现了企业创新绩效差异的分析开始转向开放创新的基本趋势。另外，制度理论正逐渐成为与资源理论、产业理论可以相提并论的解释企业行为和绩效的理论（Peng et al., 2008）。制度不仅影响了企业的战略决策行为，还深刻影响企业在地理上的集聚及企业所根植的创新系统。企业倾向于集聚到某些地域进行创新活动是为了共享该区域的制度资源，这实际上也表明制度塑造了特定区域的创新系统。

（二）尚待解决的问题与本书的研究方向

现有开放创新研究存在两方面不足，为本书留下了研究空间。

一是对开放创新的解构不够，需要新的解构视角来加强对开放创新的辩证认识。已有开放创新研究有两个基本特点：其一是这些研究十分注重开放创新的整体度量，如 Laursen & Salter （2006）就专门研究了开放创新的深度和广度，Berchicci（2013）直接用企业外部 R&D 支出额占总 R&D 的比例度量开放创新程度。仅有少数研究涉及开放创新中的某一具体方式对企业创新绩效的影响，如 Wang 等（2013）主要探讨了技术引进中的专利许可。国内的部分学者也对这一问题进行了考察，但总体上仍延续了这些思路。吴波（2011）的研究区分了两种技术合作模式，但其因变量为外部技术获取，而非企业创新绩效。整体度量在检验开放创新理论方面具有重要意义，但其不足之处在于，企业的 R&D 决策往往是根据具体合作模式进行的，而非先确定总体规模再实施研发活动。其二是已有结论大多是基于发达国家的创新企业样本得到的。与发达国家不同，新兴经济体的创新系统在各个方面还有待完善，因此极有可能使传统结论并不适用。陈劲和陈钰芬（2007）就通过问卷方式并通过区分科技驱动和经验驱动两种企业后发现，对于经验驱动企业而言，开放创新和创新绩效之间呈现单调的正向关系。

二是开放创新的研究中缺少制度视角，需要在开放创新研究中加入制度背景或制度因素。外部环境尤其是制度因素对创新的影响已经被广泛论证，但基于区域创新系统互动的制度环境却被忽略了（Doloreux et al., 2005）。现有研究呈现宏观层面和微观层面两极分化的趋势，类似 Maggioni 等（2011）基于省级区域且针对创新溢出的研究较少。其中，宏观层面的研究或者从时间轴上切入，考察制度变迁和演化对技术创新的影响，或者从空间轴上切入，考察不同国家的制度对技术创新的影响。例如，Shinkle & McCann（2014）用制度环境刻画经济系统的历史路径，通过比较转型经济和市场经济在当前制度发展、资源水平和竞争强度三方面的不同[1]，发现转型经济中的新产品开发较弱。微观层面的研

---

① 作者认为当前的制度水平不同反映了经济系统的历史路径。

究则主要聚焦于企业内部制度，包括部门组织结构、高层管理团队、企业科技投入等对企业技术创新的影响。例如，Zhou 等（2006）以中国为背景讨论了企业变革意愿、变革能力和变革机会对管理和技术变革的影响，说明企业的连续性变革对于提高企业应对新兴经济制度环境的不确定性具有积极意义。区域制度只服务于位于特定环境中的企业。在成熟的制度环境中，政府和中介结构都是知识的蓄水池，并向企业提供各种机会，其中包括由公共资金支持的研究项目（McEvily et al., 1999; Wang et al., 2013）。中国各地区之间存在显著的制度差异，知识资源呈现极度不均衡且快速变化的特征（潘秋玥 等, 2013）。因此，聚焦于区域层面的制度差异是一个更适合的研究层面，既能体现结构改革所呈现的制度性因素对开放创新与绩效的影响，还能突出区域层面的分析，弥补现有研究层次中的缺失。

第三节 本章小结

开放创新理论、创新网络和系统理论、基于资源的理论和基于制度的理论共同构成了本书的研究基础。开放创新理论最大特点是"创意有意的流入与流出"，它强调了知识既来源于内部也来源于外部，并且外部知识与内部知识同等重要的观点；创新网络理论表明知识可以在网络中广泛流动从而加速创新，同时网络可以集聚社会资本；基于资源的理论从资源的角度解释了企业绩效的差异来源，这种资源包括企业拥有的无形资产和有形资产，如固定设备、流动资金、员工、知识产权、品牌形象，也包括企业具有的特殊能力和知识，获取外部创新资源和分布式知识是企业开展技术合作根本动因；基于制度的理论不仅呈现了制度因素是如何影响企业基本决策的，还有力地解释了创新地理与创新系统的形成和重塑。

从现有研究来看，开放创新的绩效含义与制度的重要性正日益受到重视。目前，开放创新中企业的外部创新源，以及它们的类别和作用都得到了分析。

开放创新对企业创新绩效也具有促进和抑制的双重机制，一定程度上证实了两者之间的倒 U 型关系，并证实了内部 R&D 与外部知识获取策略在一定条件下会存在互补性。现有研究认为企业自身资源和能力异质性、创新外部要素异质性和技术溢出的非对称性可以导致企业创新绩效的差异。制度不仅影响了企业的战略决策行为，还深刻影响企业在地理上的集聚及企业所植根的创新系统。但目前至少有两个问题尚未得到解决：一是对开放创新的解构不够，需要新的解构视角来加强对开放创新的辩证认识；二是开放创新的研究中缺少制度视角，需要在开放创新研究中加入制度背景或制度因素。尤其是区域制度提供特定位置的辅助性基础设施、服务和资源，它们只服务于位于特定环境中的企业，考虑到中国各地区之间存在显著的制度差异，因此，聚焦于不同区域之间的制度差异及制度对开放创新的影响机制十分重要。当前，结构改革为开放创新创造了新情境，因此本书以"双轮驱动创新——结构改革下中国企业的开放创新与绩效"为题，重点考察开放创新对企业创新绩效的影响机制，并从制度差异视角探讨了制度对影响机制的调节作用，力图构造一个技术与制度"双轮驱动"创新绩效的图景。

第四章
结构改革下中国开放创新的
基本现状和存在问题

理解结构改革下中国企业的开放创新，既要找到结构改革影响开放创新的理论逻辑，更要客观分析中国企业开放创新的基本现状。本章归纳了当前中国开放创新的主要特征和存在问题，重点关注了企业开放创新的新特点和新趋势，为后文的理论与实证分析提供强有力的事实支撑。

第一节　结构改革对开放创新的影响：
基于"腐蚀性"因素

结构改革对创新的影响是复杂的，它既与长短期限有关，也与改革内容有关，还与主体对象有关。例如，通常认为，结构改革在短期内会对经济增长造成阵痛，其带来的制度剧烈变动也会给创新主体带来负面预期，但从长期看，结构改革对提升经济增长潜力和促进创新具有重要意义（Benassy-Quere et al., 2015; Halmai, 2015）；国有企业改革会提升企业的创新效率（Driffield et al., 2007），但鼓励竞争的政策可能因导致过度竞争而损害创新（Aghion et al., 2005）；对公共机构而言，结构改革短期会带来组织上的混乱和不确定，大幅降低组织的创新性（Wynen et al., 2017）。因此，全面系统地讨论结构改革与创新的关系可能需要单独研究。本节主要从形成开放创新的"腐蚀性"因素出发，从物质基础、制度保障和环境支撑三个角度简要讨论结构改革对这些因素的长期效应，为理解结构改革与开放创新之间的关系提供一个新思路。其中，"腐蚀性"因素是一个沿用早期文献习惯且颇具形象性的说法，这些因素对传统封闭创新模式造成了不可逆转的破坏，进而加速推动开放创新的形成。

一、五种因素加速创新从封闭走向开放

Chesbrough（2003a, 2003b, 2003c）认为，开放创新是在四种"腐蚀性"因素下由封闭创新转化形成的。这些因素不仅打破了原有内部创新过程的良性循环，而且各个因素的正向反馈会进一步加剧对原有过程的腐蚀（图4.1），最终形成了从封闭创新向开放创新的转变。Chesbrough 等（2014）进一步指出，互联网和相关社交媒体的兴起也是导致创新从封闭走向开放的重要原因。近年来，这五种因素继续发生深刻变化，并呈现若干新趋势。

第一个"腐蚀性"因素是具有丰富知识和操作经验的科研人员和工人的流动性日益增强。随着社会的不断进步和受教育程度的普遍提高，社会人力资本

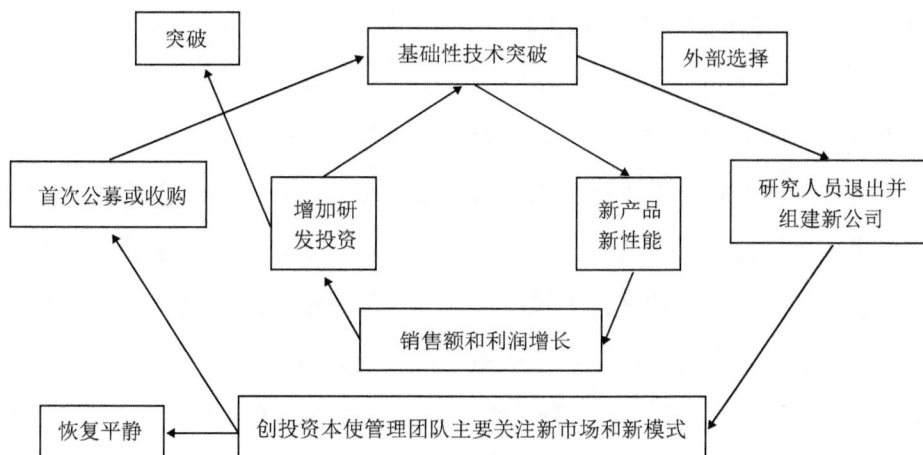

图 4.1　良性循环被打破

资料来源：参考文献 [43]。

水平明显上升。人才供给大幅增加的同时，他们的就业方式更加多样，在实现自身目标的过程中有更高的容忍度和灵活度。这使得隐含在员工身上的隐性知识会出现更大概率的非合意溢出。在这种条件下，企业难以确保其知识在企业内部静态严密的完整留存，最终不得不选择开放创新。如今，人才流动的范围和速度大幅提升，人才团组化与网络化特征不断凸显。例如，现在中国许多大型企业的中高管理层职位表现出激烈的全球化人力资源竞争态势，以致缺乏国内经历和本土工作经验的海归对企业的吸引力有所降低。领英（LinkedIn）发布的《2016 年中国人才趋势报告》显示，95% 的中国职场人士会对新的工作机会感兴趣，这一比例明显高于世界平均水平，也大幅高于过去 10 年中的同类调查研究数字结果。一份官方的抽样调查显示，2015 年科技人员创业意愿超过50%，这一数字比 2013 年提高了近 1 倍 [①]。由于专业化分工的精细化和创新复杂度的日益提升，许多个体都组成了不同的创新团队，这使得人才的团组化特征更加鲜明，在"跳槽"频率提升的情况下，许多团组还以网络化方式维持联系，

---

① 引自国家发展和改革委员会副主任林念修在 2016 年 4 月 22 日国新办例行政策吹风会上的讲话。

导致企业封闭创新的难度进一步提高。

第二个"腐蚀性"因素是创业资本迅速壮大为新创企业提供了资金支持。在创投市场尚未成熟之前，大企业不太在意部分员工的流失，因为这些员工通常无法获得巨额的资金来支持技术的后期发展和商业化，当然也无法对在位企业构成挑战。但创业投资的快速发展使得新创企业得以成立，并通过灵活的组织反应能力对在位企业构成巨大挑战。如今，创投市场的发展速度超乎想象，而且对技术创业日益青睐。它不仅得到了政府的大力支持，还初步形成了以并购退出为主要渠道的自我维持机制。数据显示，2010—2016 年，在全球 10 个增长最快的创业投资市场中，排名前 3 位的韩国、中国和日本的年复合增长率分别达到 69%、52% 和 50%，排名第十的澳大利亚的年复合增长率也有 31%，而美国同期的增长率仅为 12%[①]。这也意味着中国过去 7 年创业投资增长了 11 倍，中国一跃成为全球第二大创业投资国。同时，政府设立大量的引导基金，也为创业投资的快速成长发挥了作用。2016 年，中国设立 324 支股权投资类的政府引导基金，目标规模达 1.8 万亿元，是 2015 年的近 2 倍。虽然部分国家出现了项目估值过高的情况，但创业投资已形成了以并购而非全部依赖上市退出的维持机制。以中国为例，2016 年全国共发生与私募股权相关的并购交易 1808 起，同比增长 41.58%，在已披露金额的 1387 起并购交易中，共涉及资金 12 270.6 亿元，同比增长 108.21%。但同期全国仅有 291 家中国企业在境内外市场实现 IPO 上市，总融资金额 3125.01 亿元，同比分别下降 28.1% 和 17.5%[②]。

第三个"腐蚀性"因素是尚未被开发的技术成果具有外部发展空间，内部发展有了替代性选择。当人员和资本条件都具备后，企业内部一些并不存在显性价值的技术成果就有了替代性选择，它们或者被在位企业的员工带出企业实现产业化，或者出售给其他企业来填补技术研究中的沉没成本。如今，这一替

---

① 全球风投市场发展状况分析 . 2017-07-27. http://36kr.com/p/5085415.html.
② 国家发展和改革委员会 . 2016 年中国大众创业万众创新发展报告 . 北京：人民出版社，2017，8.

代性选择已经成为许多企业创新战略的重要部分。一些大的技术巨头公司不仅亲自为新技术提供孵化平台，而且结合自身战略将外部初创企业纳入自己麾下，营造具有自身特色的创新生态圈。据市场研究机构 CB Insights 的报告显示，2017 年第 1 季度共有 34 家人工智能创业公司被收购，是去年同期的 2 倍。其中，谷歌自 2012 年以来共收购了 11 家人工智能创业公司，也是所有科技巨头收购最多的公司。目前，包括谷歌、微软、亚马逊、阿里巴巴、腾讯等在内的巨头企业纷纷建立起了自己的产业或产品生态帝国。从外部公司寻求灵感并通过这种方式来确定其业务新方向已经成为国内外大型企业的一种常态战略，这大大降低了跨越企业边界进行技术创业的门槛，迫使企业开始预留一部分资源给企业内部或外部的创新萌芽，以待适当时机将其纳入自己的企业创新生态中。

　　第四个"腐蚀性"外部因素是外部供应商的生产能力不断提高。在创新生态理念的影响下，供应商和用户等成为企业创新的重要外部来源。供应商制造能力的提高给在位企业提供了机遇，即利用供应商的早期参与来提升创新成功率和缩短研发时间。同时，它也使在位企业面临挑战——若某项技术并未得到重视，那么供应商有可能替代企业进行研发，导致企业无法参与技术的商业化，从而承担早期研发的巨额沉没成本。如今，随着智能制造时代加速到来，供应链管理也出现新趋势，外部供应商的研发能力也大幅增强，使企业不得不转向开放创新。例如，随着经济全球化发展不断推进、区域经济贸易协定不断升级，供应链管理也从国内企业间协同合作发展到区域或全球企业间协同合作模式，智能时代这一趋势会日益明显[①]。再如，在医药行业，许多医药生产企业开始广泛借助医药服务外包，通过利用其研发或制造能力实现风险和成本的"双降低"。以医药服务外包企业药明康德为例，2017 年上半年，美国 FDA 批准的新药中有近 70% 来自其合作伙伴，目前全球 20% 的新药研发背后都有药明康德的身影。Frost & Sullivan 的数据显示，2015 年全球医药服务外包的市场渗透率为 2006 年的 2 倍左右，预计到 2020 年全球将有一半以上的医药研发工作交由外包企业完

---

① 李扬帆.从制造到"智"造的供应链新趋势.光明日报，2017-08-16.

成，医药服务外包已成为全球性趋势。

第五个"腐蚀性"因素是互联网的兴起大幅提高了信息获取效率。互联网本身具有去中心化、指数增长、平台化的新特征，使生产生活方式发生了深刻变化。当前，互联网技术加速向全行业和生产端渗透，将进一步提升互联网促使企业广泛利用分布式知识并可以共享更大范围的知识网络的能力。例如，各行各业都可以广泛利用互联网交换信息，员工可能通过互联网参加学术会议、担任咨询顾问、加入共同研发、参与线下社区等多种渠道将部分隐性知识潜移默化地与其他人员分享。产业互联网的日趋成熟，将加速"机器对机器"（M2M）的进程，未来可能进一步提升生产的效率和通用性，降低开放创新的兼容门槛。

二、结构改革促进开放创新的基本逻辑

本节重点关注结构改革的长期效应对开放创新的影响，通过构建一个"要素 + 机制 + 环境"的简单框架，定性分析结构改革对五种"腐蚀性"因素的影响。为此，有必要首先对结构改革的内容进行大致梳理和提炼，然后分别从物质基础、制度保障和环境支撑三个维度分析结构改革促进开放创新的基本逻辑。

根据本书的定义，结构改革是基于市场导向并服务于经济增长、收入提升和包容发展的经济制度变革。典型的结构改革措施通常包括：调整税收制度（如归并简化税率档次等）、贸易自由化、竞争政策、鼓励创新、去行政干预、社会福利体系改革等。对结构改革的最新政策共识集中体现在 2016 年 G20 杭州峰会通过的《二十国集团深化结构性改革议程》。其中，结构改革涵盖促进贸易和投资开放、推进劳动力市场改革及获取教育与技能、鼓励创新、改善基础设施、促进财政改革、促进竞争并改善商业环境、改善并强化金融体系、增强环境可持续性、促进包容性增长九个方面（表4.1）。

表 4.1　G20 框架下结构改革的重点及指导原则

结构改革优先方向	指导原则
促进贸易投资和开放	1. 减少关税和非关税贸易壁垒 2. 减少对外国直接投资的壁垒和限制 3. 实施贸易便利化措施以降低边境成本 4. 适当减少贸易和投资的边境后限制，促进更广泛的跨境协调 5. 通过多边、诸边和双边协议最小化对第三方的歧视性措施，减少贸易和投资壁垒
推进劳动力市场改革及获取教育与技能	1. 减少对低参与率群体的劳动参与障碍，如女性、青年和老年工人 2. 扩大并改善积极劳动力市场政策的有效性 3. 从保护工作岗位向保护工人进行再平衡，降低劳动力市场的二元性和不规范性 4. 改善职业教育、职业培训、高等教育和技能培训与再培训的普及与效率 5. 通过提高早期幼儿教育、基础教育和中等教育的普及性与质量来改善教育产出 6. 推动创造高质量的就业岗位，提高劳动生产率
鼓励创新	1. 确保并维持研发支出 2. 提高研发及创新支持政策的有效性和效率 3. 增强研究机构 / 大学与产业界的合作 4. 加强国际研究合作 5. 提高早期创业投资的可得性
改善基础设施	1. 提高公共基础设施投资质量（同时确保基础设施及其维护所需的充足资金），并通过包括政府和社会资本合作在内的方式促进私人部门参与 2. 提高基础设施项目的监管审批效率，同时确保投标过程透明 3. 促进在公共基础设施项目中使用成本收益及"物有所值"分析，可采用多标准分析作为补充 4. 减少机构投资者长期投资融资的制度障碍和监管障碍，并推广新的融资工具，同时确保财务稳定
促进财政改革	1. 通过增长友好型税收 / 缴费和支出措施的支持，推动可持续的、全面的社会保障项目 2. 拓宽税基，并逐步消除低效的税收支出 3. 确定增长友好型支出的重点，保持生产性公共投资并提高支出效率 4. 提高税款征收的透明度和效率 5. 改善公共行政管理及公共服务供给的效率 6. 加强财政框架、规则和制度的作用 7. 重点打击骗税和逃税

续表

结构改革优先方向	指导原则
促进竞争并改善商业环境	1. 强化竞争法律及落实 2. 减少开办企业和扩大经营的行政及法律障碍 3. 促进公平的市场竞争 4. 实施高效的破产程序 5. 减少妨碍竞争的限制性规定，减少额外的监管合规负担，并对监管政策进行有效监督 6. 加强法治，提高司法效率，打击腐败
改善并强化金融体系	1. 确保金融稳定 2. 支持增长，加强竞争和创新，同时保持审慎目标 3. 确保有利于市场融资的制度框架，同时确保金融稳定并保护投资者 4. 改善并强化传统银行融资和创新融资渠道，同时确保金融稳定 5. 防范金融机构活动的内生系统性风险，强化宏观审慎政策框架
增强环境可持续性	1. 推广市场机制以减少污染并提高资源效率 2. 促进清洁和可再生能源以及气候适应性基础设施的发展 3. 推动与环境有关的创新的开发及运用 4. 提高能源效率
促进包容性增长	1. 通过降低就业壁垒以及改善教育和培训产出，改善机会平等 2. 扩大学前、初等教育和中等教育的覆盖面并提高效率 3. 以增长和就业友好的方式开展有针对性的、设计完善的社会转移支付及收入再分配计划 4. 促进普惠金融和金融知识普及 5. 减少性别平等障碍，特别是在教育、就业和创业领域 6. 采取措施减少某些促增长政策对不平等问题可能造成的负面影响

资料来源：《二十国集团深化结构性改革议程》。

可以从要素、机制和环境三个维度分析结构改革政策的作用机制[1]。其中，要素维度主要是指结构改革将传统体制下低效或无效配置的资源要素释放出来，以通过市场化的方式进行优化配置，如提升劳动参与率、提高人力资本等；机制维度主要是指结构改革通过消除现有的体制性弊端，优化现有体制机制，如加速科技成果转化、建设多层次资本市场等；环境维度主要是指结构改革营造

---

[1] 需要说明的是，这仅是为了后文分析方便提供的一个大致分类，以凸显不同内容的结构改革是如何影响五种"腐蚀性"因素的。

了更加公平透明的竞争环境与友好的营商环境，如实施放管服改革、加强知识产权保护等。现实中，一项具体的结构改革可能同时具有多种影响。可以根据表 4.1 中所列的指导原则将结构改革九个优先领域对应到要素、机制和环境的分析框中（图 4.2）。以鼓励创新为例，增加研发支出、提高早期创业投资的可得性为开放创新提供了急需的要素；增强研究机构 / 大学与产业界的合作、加强国际研究合作为开放创新建立了重要的机制；提高研发及创新支持政策的有效性和效率则是为开放创新创造了有利的环境。

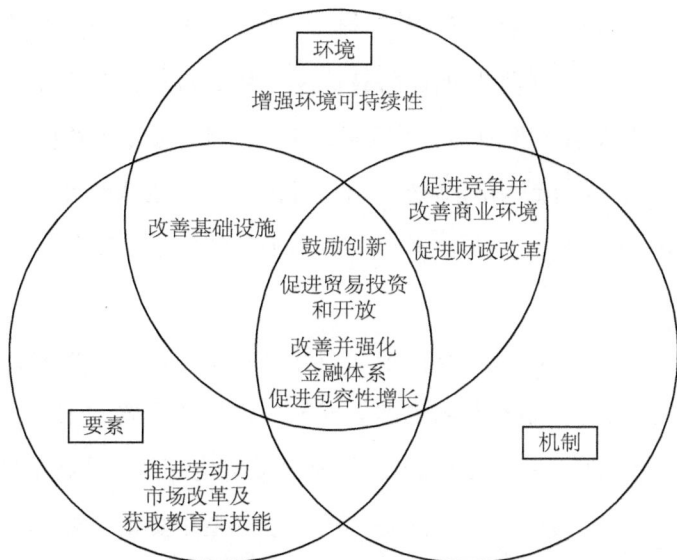

图 4.2　结构改革作用机制的一个简单分析框架

按照图 4.2 的"要素 + 机制 + 环境"分析框架，可以认为结构改革的长期效应将从三方面促进开放创新。

一是结构改革释放大量资源要素，为开放创新提供了物质基础。具有丰富知识和操作经验的科研人员和工人及创业投资是形成开放创新的两个重要因素。结构改革涉及劳动力市场改革、国有企业和事业改革、改善并强化金融体系、促进贸易投资和开放、鼓励创新、改善基础设施等内容，这不仅有助于将企事业等"体制内"单位中大量人力资源释放进入市场中进行再配置，还有助于这些人群获得更多研发资金、天使投资、创业资本。随着中国逐渐从吸引和利用外资大国向对外投资大国转变，以促进贸易投资和开放为代表的结构改革措施还将有力促进中国资本与境外技术相结合、境内研发与境外研发相结合，衍生更多开放创新。

二是结构改革移除关键体制障碍，为开放创新提供了制度保障。技术成果具有外部发展空间、内部发展有了替代性选择是开放创新的一个重要因素，但能否有外部空间、能否成为替代性选择在我国面临许多特殊的体制性障碍。例如，人的身份无法在体制内与体制外自由转换、事业单位拥有的大量资产为国有资产 ①、职务发明所有权人为学校而并非科研人员、职务发明属于国有无形资产必须保值增值等。结构改革涉及加速科技成果转化、科技体制改革、建设多层次资本市场、国有企业改革等内容，不仅有助于在人才流动、经费使用、成果转化、企业经营机制等方面打破体制壁垒、扫除身份障碍，还从制度上为构建开放创新的技术平台、市场平台、人才平台、资本平台等提供了支持，有利于催生更多开放创新。

三是结构改革促进市场开放竞争，为开放创新提供了环境支撑。富有竞争力的供应商和互联网的深刻影响也是促成开放创新的重要因素。结构改革涉及促进竞争并改善营商环境、促进贸易投资和开放等内容，将提高市场的透明度，促进市场的竞争性，为市场上不同主体的竞争创造了更为良好的公平环境。这使得开放创新的重要性更加突出，如果某项技术未得到充分重视，那么会有更多潜在对手进行替代性研发，导致原来的企业无法参与技术的商业化，从而承担早期研发的巨额沉没成本。结构改革还倡导对"互联网＋"等新技术、新产品、新业态、新模式实施包容审慎监管，这有利于加速互联网技术向全行业和生产端渗透，进一步提升互联网促使企业广泛利用分布式知识并可以共享更大范围的知识网络的能力，促进开放创新。

---

① 在实际清查中，国家有关部门要求经营类事业单位应将全部资产纳入资产清查，见财政部于 2017 年 4 月印发的《关于从事生产经营活动事业单位改革中国有资产管理的若干规定》。

第二节 当前中国开放创新的主要特征

一、开放创新在交易维度的表现优于研发维度

由于开放创新涉及的主体、层次、内容和形式较多，目前并无一个公认的代表性统计指标来全面系统地反映开放创新。但从外部 R&D、技术市场与产学研合作等指标还是能一窥开放创新的部分情况。总体来看，我国开放创新总体上"取得一定进展"[①]。

一是外部 R&D 占比稳中趋降，显示委托研发和合作研发的地位略有下降。2015 年，我国外部 R&D 支出达到 719 亿元，外部 R&D 占 R&D 支出的比重为 5.07%。与 2011 年相比，虽然外部 R&D 支出增加了 130 亿元，但占比却下滑 0.62 个百分点（2011 年外部 R&D 占 R&D 支出的比重为 5.69%）。外部 R&D 支出是当年本机构委托外单位或与外单位合作进行 R&D 活动而支付给对方的经费。外部 R&D 支出占比保持稳中趋降，意味着从支出金额来看，委托研发和合作研发在整个研发活动中的地位略有下降，一定程度上反映出研发环节的开放创新活动有所减少。

二是有产学研合作的企业比例继续提高，显示开展产学研合作的企业数量越来越多。产学研合作是开放创新的重要体现，也是企业作为创新主体实施开放创新的重要方式之一。《中国创新指数》中的开展产学研合作的企业所占比重指数在 2015 年达到 106.6（2005 年 =100），这也是近 6 年的高点。越来越多的企业开始进行产学研合作，意味着从企业数量来看，产学研合作日益成为开放创新的重要方式，一定程度上反映出企业的开放创新需求和意识更加强烈。

三是技术市场成交额大幅攀升，显示技术转让、咨询等相关交易和服务日趋活跃。近年来，我国技术市场成交额屡创新高。2016 年，全国技术合同成交

---

① 如无特殊说明，本小节的数据均来自《中国科技统计年鉴》。

额达 11 407 亿元，同比增长 16% 左右，首次突破 1 万亿元大关，凸显科技创新
与产业发展更趋紧密。其中，电子信息交易规模长期居于首位，现代交通和城
市建设领域技术交易大幅增长，先进制造、新材料、生物医药领域技术交易保
持平稳增长。大量创新成果通过技术市场流向企业，加速了技术要素的流动、
科技成果转化和高新技术产业化的进程。另外，《中国创新指数》中的每万名
科技活动人员技术市场成交额指数在 2015 年达到 287.7（2005 年 =100）。这些
都说明交易与服务环节的开放创新活动明显加强。

二、三大经济发达地区引领主导我国开放创新

2015 年，我国东部地区的外部 R&D 占全国的 70% 以上，而东北地区的这
一数字仅有 5% 左右。对全国 31 个省（自治区、直辖市）排序（图 4.3），可以
看出广东占比全国最高（14.5%），北京、上海、江苏等地均超过或接近 10%，
这四个区域贡献了整个东部地区外部 R&D 的 50% 以上，是名副其实的外部
R&D 集中地。东部地区具有更为多元的外部 R&D，从而可以获取更多具有不同
来源的知识。从区域上看，这四个地区也位于我国三个主要的经济发达地区——
京津冀、长三角和珠三角。当前，我国创新资源的极化效应开始显现，京津冀、

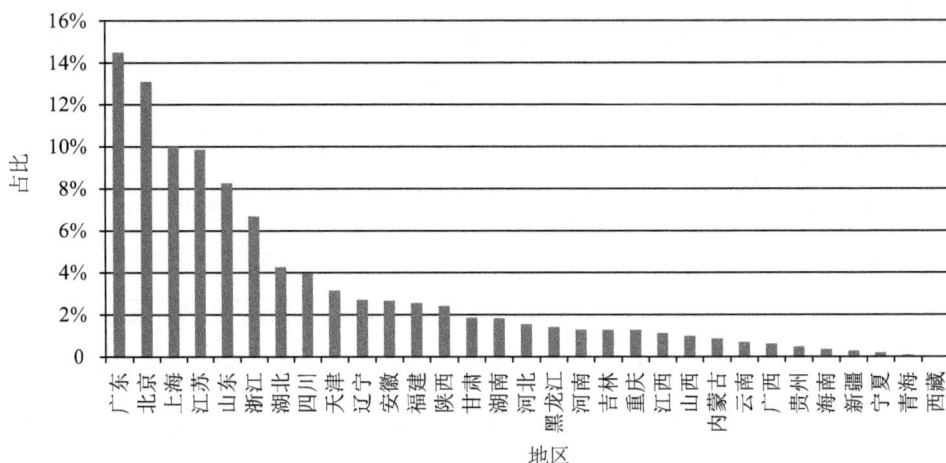

图 4.3 2015 年各地区外部 R&D 占全国外部 R&D 的比重

数据来源：根据《中国科技统计年鉴》计算。

长三角与珠三角聚合创新资源的能力不断增强，北京、上海、深圳成为我国最有潜力成为全球创新中心的城市（图 4.4）。以深圳为例，2016 年其研发强度已经达到 4.1%，与世界第二的韩国水平相当。从产出看，战略性新兴产业增加值占 GDP 比重达到 40%，比全国平均水平高出 30 多个百分点。先进制造业增加值占规模以上工业增加值 76.1%，技术自给率超过 85%，每千人拥有商事主体 200 户，年度新增商事主体总量、创业密度等指标均居国内前列。

与此同时，我国还建设一批国家"双创"示范基地、国家自主创新示范区与全面创新综合改革试验区，形成了覆盖广泛的创新集群和若干创新高地（图 4.4），开放创新始终是各类基地、示范区和试验区的重要内容。2015 年，国务院还专门印发《国务院关于苏州工业园区开展开放创新综合试验总体方案的批复》，原则同意《苏州工业园区开展开放创新综合试验总体方案》，这也是我国目前唯一的一个开放创新综合实验区。其中，《苏州工业园区开展开放创新综合试验总体方案》明确提出建设更高水平的开放合作示范平台、建设产业优化升

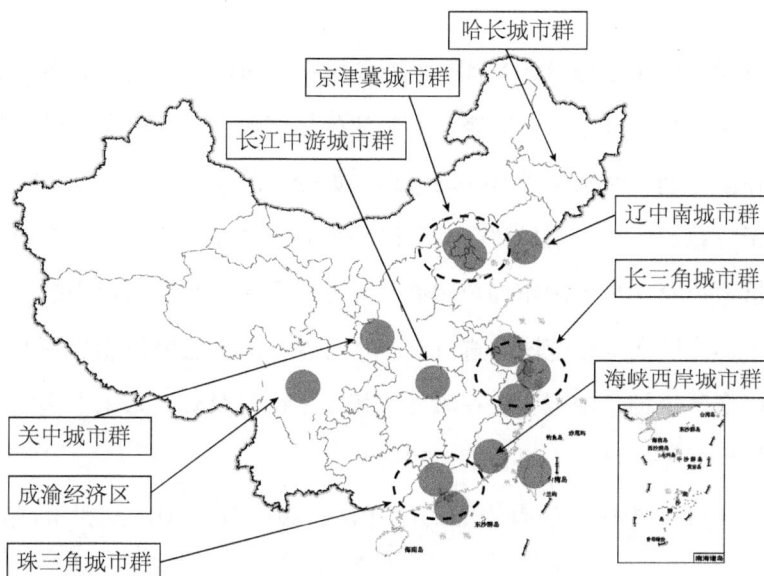

图 4.4　我国主要创新热点城市及所属城市群

注：气泡面积代表得分大小，此处仅列出得分相对较高的城市。

资料来源：参考 2thinknow 全球创新城市排序绘制。

级示范平台、建设国际化创新驱动示范平台、建设行政体制改革示范平台、建设城市综合治理示范平台五大任务。2017年2月，江苏省政府专门发文，将电子商务、城市治理、体制改革、海关监管、检验监管等领域的部分试点举措在全省、全省开发区或全省海关特殊监管区等不同范围内推广。

三、企业加速研发国际化并融入全球创新网络

当前企业的创新活动呈现开放化和网络化特征，尤其是以跨国公司为代表的 R&D 国际化越来越突出。

一方面，越来越多的跨国企业将研发中心设立在中国。有统计显示，财富500 强企业中绝大部分都已在中国设立了研发中心。目前，跨国企业研发中心主要集中在上海、广州、深圳、北京和江苏等地。仅以上海为例，截至2016年6月底，累计引进了外资项目 8.5 万个，合同外资 3674.57 亿美元，累计设立跨国公司地区总部 558 家（亚太区总部 49 家），研发中心高达 402 家。设在北京的研发机构有 60% 为 IT 业，广东则多为 IT 和电子业，江苏也有不少电子和机械行业的创新机构[①]。

另一方面，中国企业 R&D 国际化的步伐明显加快，本土企业布局更加注重布局全球创新网络。过去，中国企业实施海外扩张的主要动因是提升国际市场份额，中国在全球创新网络中难有一席之地。如今，除了华为、海尔等大型企业之外，在电子信息、生物、新材料、互联网等新兴领域还有大量中小企业海外研发的身影。这些企业立足中国布局全球创新，形成了以所在地为核心的资源跨国配置网络。中国不仅在全球范围内进行"技术寻源"，而且将推动创新产品和技术进一步走向全球市场，中国企业在海外市场不断取得突破，未来中国的创新要素和创新市场将更加全球化（胡志坚，2017）。

与研发国际化相伴的还有投资的国际化。2014 年，中国从投资净输入国转

---

① 王佑，孙维维 . 跨国公司创新进行时：从中国到世界 . 第一财经，http://www.yicai.com/news/5157430.html.

变为投资净输出国，意味着中国企业从被动地融入全球价值链开始变为主动融入全球价值链，从而在全球价值链中通过主动整合全球资源转型升级。当前，中国已经取代美国成为全球最大的海外资产收购国，这些收购很大一部分是中国企业为了获取创新的关键战略要素。例如，2016 年，我国并购类对外投资865 亿美元，占对外投资总额的比重达到 44.1%[1]。中资海外并购的热点行业也由原来的能源、矿产、化工等领域转为互联网、信息技术、生物医药等先进制造业，以及文化、娱乐、酒店等领域，收购技术、人才、品牌并进行研发合作等开放创新大量涌现。再如，海外并购的主导力量从国企转变为民企。尤其是在国家通过终身追责等方式规范国有企业海外投资行为后，民营企业在海外并购的主导地位更加突出。

四、产学研合作成为企业外部研发的重要部分

考虑到本书重点考察的是企业层面的开放创新，因此有必要详细分析企业外部研发的若干特征，为后文以技术合作模式解构企业开放创新提供依据。

在企业外部研发中，产学研占有重要地位。由于产学研合作是企业与高等学校和科研机构共同参与的活动，我们可以从不同主体的角度印证产学研合作的广泛性和重要性。

首先，可以从工业企业的外部 R&D 支出情况考察产学研合作。表 4.2 呈现了我国规模以上工业企业外部 R&D 支出的区域分布情况。从全国来看，2011 年对境内学研机构[2]的 R&D 支出占外部 R&D 总支出的 60% 以上，2015 年仍保持在60% 左右的水平；从东部、中部和西部区域来看[3]，西部地区该比值最高，2011年达到 70% 以上，2015 年降低至 64% 左右，最低的为东北地区，但 2015 年仍

---

① 数据来自 2017 年 10 月 12 日商务部例行发布会。

② 即高等学校和科研机构。

③ 此处的地区划分依据来自国家统计局所公布的划分。东部地区包括北京、天津、河北、辽宁、上海、江苏、浙江、福建、山东、广东、海南；中部地区包括山西、吉林、黑龙江、安徽、江西、河南、湖北、湖南；西部地区包括内蒙古、广西、重庆、四川、贵州、云南、西藏、陕西、甘肃、青海、宁夏、新疆。

超过 50%[①]。表 4.3 给出了规模以上工业企业按企业规模和性质区分情况下外部 R&D 支出情况。从规模来看，2011 年中型企业对学研机构 R&D 支出占比达到 79.81%，高出大型企业 26 个百分点以上，2015 年虽出现一定幅度的下降，但仍保持 66.32% 的高水平；从性质来看，除外商投资企业对境内学研机构 R&D 支出占比略低于 50% 以外，其余类型企业的该比值均高于 50%。为了说明制造业的情形，表 4.4 给出了规模以上工业企业按制造业细分行业划分情况下不同行业对境内学研机构的 R&D 支出占比情况。通过简单的统计分析可以发现，2011 年该比值在不同细分行业的浮动区间为 [0.32，0.98]，在制造业中的该比值的整体均值水平为 71.9%，而该值在工业企业中的均值水平为 62.5%，这说明制造业中产学研合作的平均支出比例高于工业企业的平均水平。2015 年该比值在不同细分行业的浮动区间为 [0.37，0.93]，在制造业中该比值的整体均值水平仍高于工业企业中的均值水平，因此制造业中产学研合作的平均支出比例高于工业企业的平均支出的结论依然成立。

表 4.2　我国规模以上工业企业外部 R&D 支出情况[②]（按区域分）

区域	2011 年		2015 年	
	外部 R&D 支出（万元）	对境内研究机构和高校支出占比	外部 R&D 支出（万元）	对境内研究机构和高校支出占比
全国	3 557 345	62.48%	5 204 630	59.55%
东部地区	2 502 332	59.21%	3 636 615	57.05%
中部地区	626 247	69.82%	649 525	72.66%
西部地区	428 767	70.82%	640 424	64.18%
东北地区	—	—	278 067	50.86%

注：从 2011 年开始，规模以上工业企业的统计口径变更为年主营业务收入在 2000 万元及以上的法人工业企业。

[①]　《2016 中国科技统计年鉴》中，对原有的东部、中部、西部地理划分调整为东部、中部、西部和东北四个地区。

[②]　《2012 中国科技统计年鉴》等现有统计中，并未给出企业外部 R&D 经费中与境外学研机构的合作情况，因此本章无法列出，但这并不影响本章所得出的结论。

表 4.3　我国规模以上工业企业外部 R&D 支出情况（按规模和登记注册类型分）

企业类型	2011 年		2015 年	
	外部 R&D 支出（万元）	对境内研究机构和高校支出占比	外部 R&D 支出（万元）	对境内研究机构和高校支出占比
大型企业	2 339 948	53.18%	3 680 917	55.95%
中型企业	860 119	79.81%	968 425	66.32%
内资企业	2 799 620	65.80%	4 072 595	63.57%
港澳台商投资企业	175 219	70.60%	272 555	51.85%
外商投资企业	582 506	44.07%	859 479	42.92%

注：对规模以上工业企业可以根据企业从业人员数、销售额和资产总额三项指标将企业进一步划分为大型工业企业和中型工业企业。

表 4.4　我国规模以上工业企业外部 R&D 支出情况（按制造业细分行业分）

行业类型	2011 年		2015 年	
	外部 R&D 支出（万元）	对境内研究机构和高校支出占比	外部 R&D 支出（万元）	对境内研究机构和高校支出占比
农副食品加工业	45 076	85.26%	85 764	93.46%
食品制造业	21 823	78.99%	72 404	47.11%
饮料制造业	29 183	81.81%	31 995	83.86%
烟草制品业	45 604	72.62%	27 708	42.12%
纺织业	36 449	77.52%	44 029	70.90%
纺织服装、鞋、帽制造业	17 787	91.75%	17 679	56.63%
皮革、毛皮、羽毛（绒）及其制品业	9677	87.06%	7760	67.22%
木材加工及木、竹、藤、棕、草制品业	4607	97.66%	6989	80.41%
家具制造业	2831	55.67%	8249	59.83%
造纸及纸制品业	9949	68.02%	14 178	81.33%
印刷业和记录媒介的复制	3585	83.51%	3841	55.87%
文教体育用品制造业	2210	81.90%	13 050	67.18%
石油加工、炼焦及核燃料加工业	60 341	79.13%	44 733	65.79%
化学原料及化学制品制造业	225 012	74.13%	214 510	78.05%
医药制造业	452 929	90.64%	528 596	72.74%
化学纤维制造业	9942	89.78%	16 274	62.57%

续表

行业类型	2011 年		2015 年	
	外部 R&D 支出（万元）	对境内研究机构和高校支出占比	外部 R&D 支出（万元）	对境内研究机构和高校支出占比
橡胶制品业	24 822	72.13%	51 199	63.68%
塑料制品业	13 551	68.95%	48 277	66.31%
非金属矿物制品业	25 813	84.66%	113 398	62.27%
黑色金属冶炼及压延加工业	222 323	53.11%	177 524	60.60%
有色金属冶炼及压延加工业	76 529	86.66%	66 760	79.03%
金属制品业	27 156	62.20%	254 038	38.58%
通用设备制造业	190 051	47.49%	108 244	60.66%
专用设备制造业	91 324	69.21%	756 252	37.69%
交通运输设备制造业	831 412	54.75%	745 973	45.21%
电气机械及器材制造业	265 366	41.04%	333 896	50.16%
通信设备、计算机及其他电子设备制造业	351 425	31.53%	932 935	77.40%

其次，可以从学研机构的角度考察产学研合作。表 4.5 和表 4.6 分别给出了高等学校和科研机构外部 R&D 支出情况。对于高等学校而言，对境内企业的 R&D 支出占外部 R&D 支出的比例均较高。其中，西部和东北地区的高等学校对境内企业的支出均高于对其他主体的支出。但对科研机构而言，由于对境内企业支出占比均处于较低水平，故无法得出类似结论。

表 4.5　2015 年高等学校外部 R&D 支出情况（按区域分）　单位：万元

区域	外部 R&D 支出	对境内研究机构支出	对境内高校支出	对境内企业支出	对境外机构支出
全国	672 624	223 019	199 311	220 101	26 018
东部地区	453 925	161 420	128 648	142 888	18 919
中部地区	70 326	20 401	26 385	15 803	6073
西部地区	104 091	28 554	33 564	40 942	663
东北地区	44 282	12 644	10 714	20 469	364

表 4.6　2015 年科研机构外部 R&D 支出情况（按区域分）　　单位：万元

区域	外部 R&D 支出	对境内研究机构支出	对境内高校支出	对境内企业支出	对境外机构支出
全国	681 651	358 241	68 464	132 357	579
东部地区	424 798	207 611	33 283	87 739	341
中部地区	99 065	63 301	15 764	9114	—
西部地区	99 227	58 996	4456	26 496	180
东北地区	58 562	28 333	14 962	9008	58

通过从不同主体的角度进行分析，可以大体得出产学研合作是工业企业和高等学校外部研发的重要内容的结论。但结合企业技术合作模式的划分，需要排除在产学研合作中存在的专利转让部分，并聚焦于产学研项目合作上。因此需要考察在 R&D 项目中，学研机构与企业的合作项目是否仍存在较大比例。表4.7 和表 4.8 分别给出了高等学校和科研机构 R&D 项目合作情况。在高等学校的 R&D 项目中，除了独立完成的项目之外，与企业合作的课题数、投入人员和投入经费均高于其他形式的合作项目，这说明产学研项目合作已经成为高等学校外部合作研发的最主要内容。但对科研机构而言，与国内独立研究机构合作则远高于与企业合作的项目。

表 4.7　2015 年高等学校 R&D 项目情况（按合作关系分）

合作关系	R&D 课题数（个）	投入人员（人年）	投入经费（万元）
与境外机构合作	3319	1514	59 029
与国内高校合作	27 445	13 187	484 429
与国内独立研究机构合作	18 657	9649	451 819
与境内注册的外商独资企业合作	688	189	10 357
与境内注册的其他企业合作	35 446	15 643	600 807
独立完成	740 514	309 271	5 930 864
其他	15 451	5022	119 142

表 4.8   2015 年科研机构 R&D 项目情况（按合作关系分）

合作关系	R&D 课题数 （个）	投入人员 （人年）	投入经费 （万元）
与境外机构合作	1018	1969	60 947
与国内高校合作	3430	12 562	364 968
与国内独立研究机构合作	7918	32 879	1 893 839
与境内注册的外商独资企业合作	36	83	2289
与境内注册的其他企业合作	2919	7667	279 637
独立完成	81 899	281 527	12 148 197
其他	2339	12 013	387 993

由此可以进一步得出结论，产学研项目合作在高等学校的外部 R&D 中占有重要地位。另外，Fiaz（2013）通过对中国部分高技术战略项目的研究也表明，产学研合作对高技术发展非常重要。结合上述分析可以得出如下结论：产学研合作构成企业和高等学校外部研发的重要部分；利用产学研项目合作来集中反映企业技术合作模式中的合作研发是合适的，它具有很好的代表性，不仅能反映合作研发的本质，也符合产学研合作及其中的产学研项目合作在企业和高等学校外部 R&D 中占有较高比例的事实。

五、技术引进依旧在技术购买中占有较大比例

按照企业技术合作模式的划分，有必要选择具有代表性的具体内容来表征企业技术合作模式中的市场交易方式。与上文论证产学研项目合作具有代表性的逻辑相类似，此处说明利用技术引进来反映技术的市场交易是合适的。

企业通过市场交易购买技术可以根据技术来源划分为两类，即技术引进和购买国内技术。根据统计的定义，技术引进专指企业的国外技术购买。表 4.9 给出了按区域划分的规模以上工业企业技术获取情况，可以发现，2011 年企业国外技术购买的费用均为购买国内技术经费支出的数倍（全国范围内为 2.04 倍，东部、中部和西部区域内分别为 2.34 倍、1.53 倍和 1.47 倍），2015 年比例虽有小幅下降，但仍接近 2 倍的水平。表 4.10 呈现了按企业规模和性质划分情况下

的规模以上工业企业技术获取情况，从中可以看出，无论是大型或中型企业，还是港澳台与外资企业，国外技术购买都超过购买国内技术的经费支出。这说明从整体上看，国外技术购买在工业企业的技术购买支出中占有较大比例。

表 4.9　我国规模以上工业企业技术获取情况（按区域分）　　　单位：万元

区域	2011 年			2015 年		
	引进技术经费支出	购买国内技术经费支出	前两列之比	引进技术经费支出	购买国内技术经费支出	前两列之比
全国	4 489 861	2 205 219	2.04	4 140 636	2 299 445	1.80
东部地区	3 314 682	1 417 746	2.34	2 614 641	1 435 597	1.82
中部地区	491 586	321 846	1.53	392 746	270 673	1.45
西部地区	683 593	465 627	1.47	783 245	441 581	1.77
东北地区	—	—	—	350 004	151 595	2.31

表 4.10　我国规模以上工业企业技术获取情况
（按企业规模和性质分）　　　单位：万元

企业类型	2011 年			2015 年		
	引进技术经费支出	购买国内技术经费支出	前两列之比	引进技术经费支出	购买国内技术经费支出	前两列之比
大型企业	3 581 532	1 654 095	2.17	3 506 860	1 814 942	1.93
中型企业	627 696	375 739	1.67	399 004	257 142	1.55
内资企业	2 348 916	1 950 927	1.20	2 040 119	2 094 315	0.97
港澳台商投资企业	422 700	126 425	3.34	316 951	95 715	3.31
外商投资企业	1 718 244	127 867	13.44	1 783 567	109 415	16.30

为了说明国外技术购买在工业企业的技术购买支出中占有较大比例这一结论在制造业中也能总体上成立，表 4.11 和表 4.12 分别给出了 2011 年和 2015 年按照制造业细分行业划分情况下引进技术和购买国内技术的经费支出差异，除农副食品加工业、饮料制造业等若干细分行业中购买国内技术的经费支出超过技术引进外，大部分制造业细分行业都能支持国外技术购买在工业企业的技术购买中占有较大比例的结论。通过计算可以发现，在整个制造业中 2011 年企业

国外技术购买的费用是购买国内技术经费支出的 2.12 倍（高于工业企业的 2.03 倍），2015 年仍未发生根本性变化。由此可以认为用国外技术购买代表企业技术合作模式中的市场交易是合适的，具有相当程度的代表性。

表 4.11 2011 年我国规模以上工业企业技术获取情况
（按制造业细分行业分） 单位：万元

行业类型	引进技术经费支出	购买国内技术经费支出	前两列之比
农副食品加工业	8855	12 779	0.69
食品制造业	31 582	11 458	2.76
饮料制造业	19 734	40 460	0.49
烟草制品业	34 080	22 027	1.55
纺织业	87 680	29 794	2.94
纺织服装、鞋、帽制造业	11 262	5635	2.00
皮革、毛皮、羽毛（绒）及其制品业	4498	1817	2.48
木材加工及木、竹、藤、棕、草制品业	4072	9965	0.41
家具制造业	2431	1039	2.34
造纸及纸制品业	57 166	59 034	0.97
印刷业和记录媒介的复制	25 254	11 427	2.21
文教体育用品制造业	1720	2290	0.75
石油加工、炼焦及核燃料加工业	21 869	43 832	0.50
化学原料及化学制品制造业	489 306	131 691	3.72
医药制造业	61 564	94 827	0.65
化学纤维制造业	26 649	21 125	1.26
橡胶制品业	37 909	9052	4.19
塑料制品业	9418	10 751	0.88
非金属矿物制品业	89 734	23 742	3.78
黑色金属冶炼及压延加工业	564 414	787 272	0.72
有色金属冶炼及压延加工业	174 817	138 766	1.26
金属制品业	38 378	26 844	1.43
通用设备制造业	247 182	78 640	3.14
专用设备制造业	136 406	51 015	2.67
交通运输设备制造业	1 101 571	273 887	4.02
电气机械及器材制造业	357 205	98 228	3.64
通信设备、计算机及其他电子设备制造业	549 137	72 958	7.53

表 4.12 2015 年我国规模以上工业企业技术获取情况

（按制造业细分行业分） 单位：万元

行业类型	引进技术经费支出	购买国内技术经费支出	前两列之比
农副食品加工业	7471	23 917	0.31
食品制造业	38 903	13 710	2.84
饮料制造业	10 994	26 026	0.42
烟草制品业	40 899	94 753	0.43
纺织业	36 443	15 716	2.32
纺织服装、鞋、帽制造业	11 394	12 113	0.94
皮革、毛皮、羽毛（绒）及其制品业	527	3076	0.17
木材加工及木、竹、藤、棕、草制品业	7316	3737	1.96
家具制造业	1157	2210	0.52
造纸及纸制品业	44 837	4952	9.05
印刷业和记录媒介的复制	7149	6893	1.04
文教体育用品制造业	4112	4137	0.99
石油加工、炼焦及核燃料加工业	21 173	63 476	0.33
化学原料及化学制品制造业	263 477	109 253	2.41
医药制造业	59 189	183 832	0.32
化学纤维制造业	38 124	16 037	2.38
橡胶制品业	41 279	34 324	1.20
塑料制品业	35 057	37 063	0.95
非金属矿物制品业	192 397	243 375	0.79
黑色金属冶炼及压延加工业	55 207	63 908	0.86
有色金属冶炼及压延加工业	21 788	15 541	1.40
金属制品业	227 916	50 147	4.54
通用设备制造业	80 153	30 469	2.63
专用设备制造业	1 745 661	267 311	6.53
交通运输设备制造业	104 003	91 332	1.14
电气机械及器材制造业	177 143	85 161	2.08
通信设备、计算机及其他电子设备制造业	577 339	446 329	1.29

第三节　当前中国开放创新的主要问题

一、企业并未真正成为开放创新主体

2016 年，我国企业研发经费投入占国内研发经费投入比重已超过 77%[①]，但这并不能代表企业已经真正成为创新（以及开放创新）的主体。第一，尽管企业的研发投入有所增长，企业研发经费占比远远领先其他主体，但国内企业的研发强度依然很低。统计表明，我国规模以上工业企业研发投入占主营业务收入的比重长期低于 1%，而主要发达国家可以达到 2.5% ～ 4% 的水平。第二，我国基础研究投入占比偏低，导致以应用开发研究为主的企业投入占比过高。我国长期存在基础研究投入不足、应用开发研究占比相对过高的问题。2006 年以来，基础研究在 R&D 经费的占比长期未超过 5%（2016 年这一比例为 5.2%，为近 10 年的高值），但以 R&D 强度比中国稍低的英国为例，其基础研究经费占比达到 15% 左右。另外，美国、韩国、日本等经济体的这一比例都在 20% 左右。第三，企业参与高校科研活动呈现下降趋势。在企业研发投入增速远快于政府属科研机构与高校的情况下，高校科研活动来自企业的资金却呈现下降趋势（图 4.5）。这说明企业 R&D 支出的增长没有更多配置到高校部门，其原因可能与现实中高校与企业之间仍存在很深的"隔阂"和明显的信息不对称有关。一方面是企业搜寻先进技术困难重重，另一方面是科研成果对接市场机会寥寥。各方面科技力量自成体系、分散重复，整体运行效率不高。在产学研活动难以有效衔接两大系统的情况下，我国部分产业的发展受到了极大制约。以工程驱动型产业产品为例，即便是市场份额和研发投资都占据优势的高铁，在专利质量上也存在一定短板（表 4.13）。核心专利（尤其是专利簇）上的缺乏，成为制约产业进一步向前发展的关键障碍。

[①]　国家统计局，科学技术部，财政部 . 2016 年全国科技经费投入统计公报 . 2017-10-10.

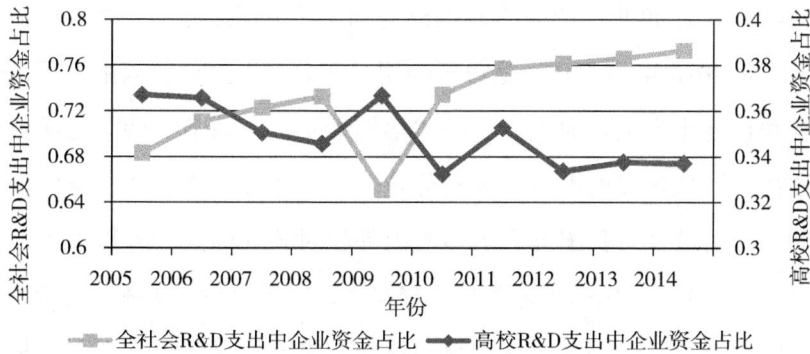

图 4.5　企业资金在全社会与高校 R&D 支出中的占比

数据来源：中经网数据库与历年《全国科技经费投入统计公报》。其中，2009 年数据来自《第二次全国科学研究与试验发展（R&D）资源清查主要数据公报》。

表 4.13　研发与专利对工程驱动型创新的支撑情况

产业 / 产品	市场份额（%）	研发投资	专利质量
电信设备	18	0.9	0.5
高速铁路	41	1.5	0.2
风轮机	20	0.5	0.6
医疗器械	3	0.9	0.1
汽车	8	0.7	0.3

注：市场份额为占全球市场份额；研发投资为中国相关行业领军企业与全球行业领军企业（排除中国企业）的研发强度之比；专利质量为中国相关行业领军企业与全球行业领军企业（排除中国企业）的专利引用率之比。

数据来源：CPAT 数据库、MGI 研究报告。

二、体制机制存在弊端阻碍开放创新

当前，科技成果转化、人才流动、资本市场、扩大开放等方面仍存在诸多体制机制掣肘，阻碍开放创新。一是科技成果转化机制不畅制约开放创新。统计显示，我国有效发明专利维持年限多集中在 3～6 年，仅为国外的一半。通常专利发挥效用往往需要 8～10 年甚至更长的时间，因此我国大量的职务科技成果往往根本没有转化。从具体案例来看，中国科学院全院有效发明专利平均维持时间是 5.2 年，维持 10 年以上的仅占 5.5%；截至 2015 年 7 月，西南交通大学专利申请量 2308 项，有效专利数仅为 961 项，很多专利在学校维持 3 年后便失效了。对 2016 年的专利数据分析表明，在专利失效的原因中，因未缴纳年费导致专利权终止为主要原因。这种"学校维持、个人不维持"的现象充分说明专利往往是用来评奖而没有实现转化。二是人才仍受制于体制身份导致无法自由流动。长久以来，我国形成了体制内外相对独立的人才管理体系，往往导致无法流动。当前，我国的人才管理日趋灵活，但仍存在"从体制内走出容易、从体制外回来困难"的问题，这种单向流动非常不利于开放创新。三是我国资本市场的一些规定仍然制约开放创新。例如，按照国内现行规定，仍然有一些优秀的互联网公司在国内无法上市。另外，新三板存在的流动性不够、转板机制不健全等问题也影响了挂牌企业进一步融资的潜力。四是现有行政管理体制对开放创新不利。以公共数据为例，本可以通过增值开发产生巨大的经济效益，催生一系列新模式、新业态、新产品，但打破信息孤岛、实现数据共享仍然面临诸多制度性瓶颈。

三、营商环境不优削弱开放创新动力

尽管近年来我国营商环境明显优化，但仍存在竞争不充分、知识产权保护力度不足、企业融资难、办事难等问题。一是部分领域市场准入门槛过高，隐性垄断还普遍存在。国家行政学院的评估报告显示[①]，民间资本的进入难主要体现在部分垄断行业开放程度不够、PPP 项目中的不规范，以及部分领域的准入隐性障碍。电力、铁路、银行、油气、电信等垄断行业已逐步向民间资本开放，但能够成功进入这些领域的企业寥寥无几，地方政府部门和企业也反映这些领域的开放环节、对民企的各种过高要求都不足以吸引大量的民间资本进入。由于很难进入，导致相关领域往往被国有企业或政府部门垄断，在缺乏有效竞争的情况下丧失开放创新的动力。二是知识产权保护意识不强，导致许多企业不敢进行开放创新。当前，我国国民的知识产权意识还比较淡薄，侵犯知识产权的案例时有发生。虽然国家

---

① 国家行政学院课题组 . 大力促进民间投资政策措施落实情况第三方评估报告 .2017.

实施了惩罚性赔偿等一系列制度，但知识产权保护较弱的现状短期难以改变，不利于激发创新主体的创新激情。三是国际化水平较低，开放水平有待进一步提升。以国际化人才为例，大量研究表明，人才背景的多样化有利于实现知识互补、激发创新，在文化更多元的区域更容易形成更为开放包容的创业文化，形成有利于开放创新的整体环境。中关村具有全国最优秀的劳动力资源，但与硅谷相比，仍存在非本土雇员比例过低的问题，反映出我国在配置全球人才资源方面存在短板。资料显示，中关村共有约200万创业人员，其中外籍和海归人员占比仅为1.5%。而在美国硅谷，至少有36%的从业人员来自海外。《2015年全球创业生态系统排名》显示，全球主要创业创新生态圈的非本土雇员比例在40%左右，其中伦敦东区最高，硅谷与湾区也达到45%。尽管中关村实施了"海聚工程"等一系列人才计划，但吸引的主要是留学归国人员，而非外籍人士，能留在中国继续深造或工作的外籍留学生也总体偏少。相比之下，硅谷吸纳的是世界各地的精英，大学以上学历非美国籍的人才约有50%，其中印度裔和华裔最多。

第四节　本章小结

本章主要从形成开放创新的"腐蚀性"因素出发，从物质基础、制度保障和环境支撑三个角度简要讨论结构改革对这些因素的长期效应，为理解结构改革与开放创新之间的关系提供一个新思路。分析表明，促成开放创新的因素正发生新变化，如人才流动的范围和速度大幅提升、团组化与网络化特征不断凸显；创业投资不仅得到了政府的大力支持，还初步形成了以并购退出为主要渠道的自我维持机制；技术到外部转化已经成为许多企业创新战略的重要部分；除了制造能力之外，外部供应商的研发能力也大幅增强，使企业不得不转向开放创新；互联网技术加速向全行业和生产端渗透，将进一步提升互联网促使企业广泛利用分布式知识并可以共享更大范围的知识网络的能力。作为基于市场导向并服务于经济增长、收入提升和包容发展的经济制度变革，结构改革释放大量资源要素、移除关键体制障碍、促进市场开放竞争，对上述因素产生了积极作用，从而为开放创新提供了物质基础、制度保障和环境支撑。因此，从长期来看，结构改革对开放创新具有促进作用。

当前，中国的开放创新呈现五大特征。一是开放创新在交易维度的表现优于研发维度；二是三大经济发达地区引领主导我国开放创新；三是企业研发国际化加速并融入全球创新网络；四是产学研合作成为企业外部研发的重要部分；五是技术引进依旧在技术购买中占有较大比例。同时，中国的开放创新也存在三个问题，即企业并未真正成为开放创新主体、体制机制存在弊端阻碍开放创新、营商环境不优削弱开放创新动力。

第五章

开放创新与企业创新绩效：
基于技术合作模式的视角

本章描述的是"双轮驱动创新"中的技术之轮，它强调开放创新这一创新范式可以使企业拥有技术获取上的领先优势，从而提升企业创新绩效。与已有研究不同，本章基于技术合作模式的视角解构企业开放创新，深化了开放创新与企业创新绩效的研究。

尽管我们已经对技术合作模式进行了分类，但直接分析这两种模式对企业创新绩效的影响仍将十分困难，主要原因在于合作研发与市场交易包含的内容较为复杂，很难找到一个恰当的统计指标予以度量。比如，在合作研发中，以合作对象而言，合作研发中不仅涉及企业与学研机构的合作研发，还包括企业与企业之间的合作研发，在每一种合作研发中存在着不同的形式；若以合作关系而言，则需要考虑到企业间的关系（如上下游关系、平行竞争关系等），合作研发还可以分为竞争性合作和非竞争性合作，其中竞争性合作指企业与同行业的直接竞争对手展开合作，而非竞争性合作则包括了与学研机构、上游供应商和客户之间的合作。类似地，市场交易中既包含合同 R&D，也包含专利转让等活动，合同 R&D 也存在对象上的不同，而专利转让除了对象上的不同还可以是地域上的不同。现有研究中的一个常见分类是国内还是国外，因为有研究表明国外技术引进比国内技术购买对企业的创新绩效具有更大的提升效应（Kaforous et al., 2012）。为了简化分析，根据第四章的现状分析，本章从两种技术合作模式中提取出较有代表性的具体方式，实现不同技术合作模式对创新绩效关系的分析。具体而言，将其分为技术的合作研发与市场交易两种类型，分别考察两种类型中的产学研项目合作和国外技术购买对企业创新绩效的影响。

第一节　技术的合作研发与企业创新绩效：以产学研项目合作为例

以产学研项目合作为例讨论合作研发与企业创新绩效的关系，需要分别探讨产学研项目合作可能存在的对企业创新绩效的不同机制（如可能同时存在的正向和负向机制），并根据某一维度来分析这些机制发挥效应的变化，最终给出产学研项目合作与企业创新绩效关系的假设。产学研项目合作是企业与高等学校、科研机构基于特定项目而开展的合作研发。在这一过程中，各主体都投入一定的创新资源，并根据契约的规定对研发成果实行分配。由于双方均参与研发工作，因此在无特殊规定的情况下，最终的研发成果通常由双方共享。需要明确的是，此处的项目合作不包括委托合同 R&D，因为根据概念界定它属于技术合作模式中的市场交易范畴。虽然委托合同项目合作过程中并不一定发生伴随专利转让费的知识产权市场交易行为，仅在事后被委托方转让专利申请权时委托方才会享有优先权，但由于企业并未参与研发过程而仅仅获得最终研发成果的使用权 [①]，因此在以往的研究中均认为它本质上属于技术购买行为（Jones, 2001）。

一、产学研项目合作提升企业创新绩效的机制

产学研项目合作中，企业可以通过三种渠道获得产学研项目合作研发带来的好处。

第一，人力资本要素。大学等科研机构提供了专业劳动力的蓄水池，而这构成了智力人力资本的关键要素（Zucker et al., 1998）。与生产理论类似，创新理论也十分强调劳动力，尤其是具有较高人力资本积累的劳动力对创新的重要意义。较高的人力资本意味着研发活动的实施者具有更多的知识，且具备更强的知识搜索能力、整合能力和发掘能力。根据基于知识的理论，企业所具有的知识实际上附着在企业中的员工个体身上，因此拥有较高人力资本的劳动力对于企业拥有较强的创新能力进而提升创新绩效十分重要。通常情况下，企业所能拥有的研发人员数量受到了研发部门规模的限制，如果不利用外部创新资源中的优质人力资本，企业仅能依靠自己拥有的研发人员进行 R&D 活动。通过开展产学研项目合作，企业还可以利用学研机构中的研发人员来帮助企业完成 R&D 活动。由于双方均会投入研发资源，这使得企业中的 R&D 人员有机会与大学等科研机构中的 R&D 人员交流互动。企业不仅获得了利用外部 R&D 人员服务企业研发的机会，还可以通过人员交流互动提升企业内 R&D 人员的人力资本，从而提升企业的创新绩效。另外，产学研项目合作可以使大学等科研机构与企业之间的联系更加密切，

---

① 如果事前有合同规定也可以享有专利申请权。

从而降低企业对科技人才的搜寻成本（Jaffe, 1989; Cohen et al., 2002）。通过项目合作，大学等科研机构中的 R&D 人员可以了解企业的基本情况和技术能力，企业也能发掘具有研发潜力的优质人才。这种双向联系不仅可以减少企业在招聘人才时的搜寻成本，同时也有助于增加录取人员与企业技术研发的匹配度。因此，企业更有能力开展一些原来遥不可及的 R&D 项目（Romijin et al., 2002）。

第二，前沿的互补性知识。大学等科研机构提供了专业性和前沿性知识的蓄水池，与其进行项目合作可以为企业带来全新的前沿知识。企业的本质属性要求企业必须将很大精力放在技术的商业化上，因为只有技术成功地商业化才能使企业在激烈的竞争中赢得更高绩效并得以生存。同时，企业也逐渐认识到需要增强自身的研究能力，因此才出现了企业内设研究机构的现象。但企业毕竟与大学等科研机构存在属性差别，企业不可能只进行知识生产和专利创造而忽视技术商业化。更为重要的是，一些基础性极强、溢出效应大的项目很难在企业中进行（Yam et al., 2011），因此，对于这些项目产生的知识，企业仅能通过论文、报告等形式获得知识中显性部分的外部溢出，最终能获得多少溢出则取决于企业自身的吸收能力（Cohen et al., 1989）。但即便企业的吸收能力很强，它们对于这些知识中的隐性部分[①]仍然很难直接得到。产学研项目合作为企业获取大学等科研机构所拥有的前沿知识提供了渠道，因此会通过增加企业的知识储备和创新能力，进而提升创新绩效。在委托合同项目中，企业一般不参与创新过程，故通常无法直接获得前沿知识，但在合作合同项目中企业需要参与创新过程，故能更直接地获取和捕捉大学等科研机构中的前沿知识，此时企业还能通过合作互动来学习特定前沿知识中的隐性部分（Cohen et al., 2002）。另外，已有研究表明，大学等科研机构所具有的知识往往与企业所拥有的知识存在互补性（Zheng et al., 2010），它们很容易形成所谓的互补性资产（Cassiman et al., 2006; Hagedoorn et al., 2012）。这种互补性主要体现在企业对市场导向的创新具有敏锐嗅觉，但在基础性研究方面不及学研机构；而学研机构缺少对市

---

① 考虑到隐性知识和沉默知识在已有研究中通用，本文也遵循这一惯例。

场导向的创新的洞察力，它们更多的是以科学理论上的意义和价值为导向，但在基础性研究方面具有独特优势。同时企业在 R&D 中更强调"D（开发）"，学研机构的 R&D 更强调"R（研究）"（Niedergassel et al., 2011）。知识属性上的互补有助于企业通过产学研项目合作搜寻新发明并实现颠覆性创新的能力（Fabrizio, 2009; Todtling et al., 2009）。大量研究表明，这种互补性可以提升企业的创业导向和创新绩效（Stam et al., 2008; Berchicci, 2013）。

第三，互动式学习。通过产学研项目合作中的互动式学习，企业可以持续地培育和更新与创新相关的能力，进而提升创新绩效（Cohen et al., 2002）。通常情况下，获取最终创新成果并非企业与大学等科研机构开展产学研项目合作的唯一目的，企业同时还看重的是从产学研项目合作中获取解决问题方案的方法、知识搜寻和筛选的能力等。因为大学等科研机构不仅是知识生产者，也是技术和企业之间的"创新桥"，它帮助企业更好地吸收外部知识（Wang et al., 2013），提升企业解决问题和整合外部知识进入创新过程的能力（Fabrizio, 2006），并使企业在了解外部环境创新速度和识别发明的重要程度方面获益，进而提升企业的知识搜寻能力（Fabrizio, 2009）。在合作项目中，企业与学研机构共同投入并参与研发的全过程，因此企业不仅可以了解在具体创新过程中遇到问题的解决方法，还能通过归纳如何发现、解决类似问题的方法，使自己具备今后在遇到相关问题时对其予以独立解决的能力。需特别指出的是，尽管大学等科研机构的市场嗅觉并不如企业灵敏，但在有些情况下大学等科研机构可以帮助企业将知识成功转化为商业产品（George et al., 2002; Zucker et al., 2002）。在这种情况下，企业能获得如何调整技术以适应市场的知识，从而有利于企业成功地商业化其他类似相关专利技术和发明。另外，这种互动性学习还呈现出持续性和累积性特征。企业在创新过程中需要持续更新其能力，而产学研项目合作往往存在一个较长的周期，因此产学研项目合作有利于企业渐进地提升其创新能力并发展新技术（Prahbu, 1999; Cooke, 2005）。累积性主要体现在企业与大学等科研机构建立合作项目的关系也常常被看作是一种关系投资（Dyer et al., 1998）。从社会资本角度而言，这种投资可以使企业在今后获得对研发至关重要的资源，与学术界的合作使企业搜寻成本降低，更易与大学等科研机构开展联合研究（Prahbu, 1999; Zucker et al., 2002; Cooke, 2005）。

二、产学研项目合作降低企业创新绩效的机制

产学研项目合作为企业提升技术能力提供了机会，但识别、消化和利用外部知识也伴随着巨大代价（Salge et al., 2013）。目前，越来越多的研究关注到由于各种原因，产学研项目合作本身可能很难取得理想成果。在这种情况下，由于产学研项目合作本身要求双方都投入一定的创新资源，因此企业不仅耗散了宝贵的 R&D 资源，导致企业创新绩效下降，也承担了被耗散 R&D 资源的机会成本。具体而言，下列两种因素可能导致产学研项目合作降低企业创新绩效。

第一，企业与大学等科研机构在价值取向方面 [①] 的差异可能导致产学研项目合作难以取得成果（Doutriaux, 2008; De Fuentes et al., 2012）。例如，大学等科研机构更倾向于学术自由、开放和创造新知识的价值取向，更看重社会认可和学术声誉，而企业则更倾向于保护能给其带来竞争优势的知识，更看重的是知识的商业价值（Partha et al., 1994; Fabrizio, 2006）。这种价值取向上的差异会导致学研机构所采用的知识产权规则往往与企业的知识获取和保护目标相冲突（Partha et al., 1994），由此可能带来与合作相关的问题（Bruneel et al., 2010; Bogers, 2011）。这种冲突可能导致两种后果：一是学研机构更看重自身的价值取向，对产学研合作项目中所产生的部分知识通过会议、论文、报告等公开发表渠道进行了选择性的揭示。因此，只要学研机构更看重自身的价值取向，企业可能因外部性而无法完全占有属于自己的创新收益，由此对企业的创新绩效带来负面影响。二是企业通过事前签订保密协议对产学研项目合作中产生的知识实施严格保护，但这种协议会利用知识产权保护来降低大学等科研机构的学术开放度，并对基础研究的多样性和试验带来限制（Murray et al., 2009）。实证

---

① 亦有文献将这种价值取向差异称之为文化差异，如 Gassol(2007)、Bjerregaard(2010) 等。

表明，这对大学的学术自由和知识传播带来负面影响（Murray et al., 2007）[①]。另外，大学等学术机构现有的文化与结构可能与市场需求的产学研项目合作格格不入，从而使得产学研项目合作难以开展并取得成果（Gassol, 2007）。大学等科研机构之间面临着激烈的竞争，它们之间的排序不仅与教学水平有关，更与研究质量密切相关。对大学等科研机构而言，研究活动的结果一般是通过专业期刊发表来传播知识，通过论文被引用率等相关指标对这些知识进行评价，但这些指标通常局限在特定的学术圈中，因此形成了一个封闭的学术系统。这极易导致大学和研究机构不愿卷入商业活动（Hershberg et al., 2007）或其研究的结果很难满足市场需求（Hall et al., 2001）。

第二，企业与大学等科研机构存在的信息不对称可能导致合作难以取得成果。信息不对称既来自企业与大学等科研机构在知识背景和结构上的差异（叶小青　等，2003），也来自双方管理体制上的差异。其中，知识背景和结构上的差异正来自前文所提及的大学等科研机构与企业在知识上存在的互补性，即企业的 R&D 更强调"开发"，学研机构的 R&D 更强调"研究"（Niedergassel et al., 2011）。虽然知识属性上的互补有助于企业搜寻新发明并获得进行剧烈性创新的动力，但同时它增加了企业和学研机构在知识方面的信息不对称，即增大了认知距离。认知距离过大会降低合作双方的创新绩效（Nooteboom et al., 2007）。两个例子可以很好地说明这种认知距离过大对产学研项目合作带来的不利影响。一是企业与大学等科研机构通常会在什么才是最好的发明的认识上存在分歧（Foray et al., 2010）。由于双方都建立在自己的知识背景基础上做出判断，因此，企业极有可能认为具有商业化前景的发明是"最好的"，它必须迎合市场需求并具备产业化条件，但大学等科研机构则极有可能倾向于具有原始性创新的发明是"最好的"，它应该在科技原理和基础研究方面实现突破。由于双方这种认知上的差异，在合作合同项目中双方可能就最终的创新方向产

[①]　但也有研究表明大学参与商业化活动后其研究绩效有所上升，如 Fabrizio & DiMinin(2008) 和 Thursby & Thursby(2011)。

生分歧，同时，企业也很难搜寻获得符合自己预期的知识。因此，这种认知上的差距会严重削弱产学研项目合作带来的潜在收益。二是企业通常很难客观评价作为知识来源的大学（Howells et al., 2012）。这表现为企业一方面并未将大学等科研机构作为主要的知识来源和潜在合作伙伴，但另一方面学研机构对企业创新绩效的实际价值和影响较大。对学研机构作用的人为低估，可能导致企业在产学研项目合作中更倾向于坚持自己的看法，认为合作方的意见与方法不值得采纳，这会导致企业很难保持平等和开放的心态来接受多元的观点和知识，进而影响产学研项目合作中的互动式学习过程。更进一步，当企业不倾向于开放创新或管理人员只具有"内部思维"的时候，双方的认知距离将会进一步放大。企业与大学等科研机构运行体制的差异也会造成管理方面的信息不对称。这些运行体制包括资金管理、人员聘用、考核评价、职务晋升等[1]。尽管企业在产学研项目合作中能动用外部的学研资源为企业创新服务，但管理方面的信息不对称使得企业无法在整个项目过程中行使企业范围边界内的管理权力，只能在企业边界以内实行对项目的部分管控。在合作合同项目中，企业对合作方的人员无法行使有效的企业内部权力。为了实现最大限度地管控产学研项目，企业不得不承担来自管理、协调和控制方面的额外成本，这有可能抵消产学研项目合作带来的好处（George et al., 2002; Berchicci, 2013）。

三、合作程度变化下的产学研项目合作与企业创新绩效

通过上述分析不难发现，产学研项目合作对企业创新绩效的影响同时存在着多种机制，这也可能是导致目前实证结论不尽一致的重要原因之一。通过对企业产学研项目的合作程度这一维度的分析，本书尝试整合已有对产学研项目合作与企业创新绩效关系存在矛盾结论的实证研究，并给出较为一致性的解释。具体而言，如果用企业在产学研项目合作中的支出占企业当年 R&D 总支出的比

---

[1] 尽管西方国家大量私立学校实行与企业管理相仿的制度，但学术机构的运行体制与企业仍有显著差异。

例来衡量产学研项目的合作程度，本书认为产学研项目合作对企业创新绩效的积极作用（即正的边际效应）将随着企业与大学等学术机构的合作程度不同而发生变化。

当企业的产学研项目合作程度从 0 开始变成正值且处于较低水平时，产学研项目合作的正效应将会非常显著。产学研项目合作有助于企业利用外部的学研资源服务企业创新，与仅依靠企业内部研发资源来完成创新活动相比，利用外部资源来加速创新具有更大优势（Chesbrough, 2003a），如外部的资金投入帮助企业节约创新成本，外部的人才投入则帮助企业应对更为复杂的技术研发活动。企业作为一个知识集合体，往往需要多样化的知识来激发创新，这种多样化既包括知识本身的多样化（如跨学科知识），也包括来源的多样化（如来自商业模式、销售渠道、顾客偏好方面的知识），尤其是来源的多样化需要从不同主体获取新信息来实现。研究表明，知识来源的多样性有助于企业提升创新绩效（Laursen et al., 2006）。与企业既有的创新方式相比，产学研项目合作从无到有能为企业提供具有全新来源的知识，根据前文分析这些知识与企业本身所拥有的知识存在一定互补性，因此产学研项目合作会提升企业创新绩效。由于产学研合作从无到有，企业可以从产学研项目中获得互补性知识，知识属性上的互补有助于企业搜寻新发明并获得剧烈性创新的动力（Fabrizio, 2009; Todtling et al., 2009）。

当企业的产学研项目合作程度超过一定值且处于较高水平时，产学研项目合作的正效应将会大幅降低。这种正效应的降低来源于如下三个方面：首先是当企业的产学研项目合作支出占据企业 R&D 支出的较大比例时，有可能出现项目数量过多或项目规模过于庞大等问题，这些无疑会带来巨大的项目治理、协调和管理成本（George et al., 2002）。由于企业也需要承担更多的项目或项目的规模不断扩大，企业管理者也需要对这些项目给予一定的关注。但因为创新需要花费大量的管理时间和制订精确的计划，管理者需要将其努力和精力集中于有限的任务中（Ocasio, 1997），来自外部源过量的信息流注入企业组织内部流程可能使得管理者信息过载。在合作程度过高时，高额成本和管理者信息过载问题可能会超过其带来的好处，从而抵消产学研项目合作带来的正效应。其次是当企业的产学研项目合作支出占据企业 R&D 支出的较大比例时，企业必须分配更多有限的 R&D 资源到项目合作中。在企业的 R&D 资源一定的前提下，企业与大学等科研机构的过度紧密合作将迫使企业减少内部 R&D 支出。但企业利用外部知识的能力是企业内部 R&D 的副产品（Cassiman et al., 2002; Zahra et al., 2002），因此，当企业产学研项目合作支出占据 R&D 支出的较大比例时，企业消化吸收外部产学研项目合作知识的能力就会被削弱，它会显著降低企业的吸收能力，从而降低企业创新绩效。一个极端情况是当企业的产学研项目合作程度为 1 时，此时企业的整个 R&D 活动都属于产学研项目合作，企业不存在任何的内部 R&D 支出，因此企业的吸收能力将受到极大的抑制，这会导致企业无法有效识别、消化和整合产学研项目合作中的外部知识进入企业内部（Cohen et al., 1989），从而降低企业创新绩效。同时，过分关注外部知识源可能导致无法有效利用已有内部知识（Levinthal et al., 2006）。内部的 R&D 人员可能认为自己对企业的重要性降低，使企业内部排斥外部想法，从而不利于创新绩效提升[①]。最后，过度的产学研项目合作会使企业的知识来源趋向单一化，从而降低企业创新绩效。随着产学研项目合作程度逐渐增加，企业能从合作中获得更多知识，但当产学研项目合作占据企业 R&D 活动的较大比例时，企业的知识多样性有可能受 R&D 资源有限的制约反而减少。例如，企业的外部合作研发对象可能只存在学研机构，这会对企业创新绩效带来负面影响。另一个极端情况是当企业的 R&D 支出全部为产学研项目支出时，企业的知识来源会完全单一化。

　　同时也需要关注企业与大学等科研机构的价值取向差异和信息不对称带来的负效应，它们从产学研项目合作一开始就一直存在，通常情况下这种价值差异本身的程度不会发生变化[②]，但有理由认为这种由价值取向差异带来的负效应在产

---

① 一个典型的例子是"非此处发明症"(NIH)。

② 已有研究表明，产学研项目合作投入可以成为一种关系投资 (Dyer & Singh, 1998)。但这种先前的成功经历并不代表合作双方的价值差异会缩小，它只是使企业在今后获得对研发至关重要的资源，与学术界的合作使企业搜寻成本降低，更易与大学等科研机构开展联合研究 (Prahbu, 1999; Zucker et al., 2002; Cooke, 2005)。因此，本文认为这种价值差异程度在产学研项目合作的全过程中不变是合理的。

学研项目合作程度较低时可能较小。在产学研项目合作中，企业通常需要披露关于其竞争优势、运营、R&D 和产品线的专有信息和问题，从而在与大学等科研机构的合作中诊断和分析这些问题（McEvily et al., 1999）。但因企业与大学等科研机构的价值取向差异，企业也必须面临这些知识外溢的风险。当产学研项目合作程度非常低时，企业在产学研项目合作的深度和广度上都受到限制，因此，所受到的价值差异和信息不对称带来的负面作用将可能非常小，加上此时企业受到的产学研项目合作带来的正效应非常大，有可能大于价值差异和信息不对称等对企业创新绩效带来的负效应，从而导致企业创新绩效的提升。如果产学研项目合作程度非常高，此时企业的产学研项目合作的广度和深度都会显著提升，尽管价值差异本身的程度不会变化，但由于产学研项目合作支出占企业 R&D 总支出的比例非常大，说明企业已经非常依赖通过产学研项目合作来完成企业自身的 R&D 活动，产学研项目合作的深度或广度可能大幅提升，企业不得不披露更多关于其竞争优势、运营、R&D 和产品线的专有信息和问题，此时双方价值取向差异带来的风险可能会非常显著，使得产学研项目合作对创新绩效的负效应可能会非常显著，加上此时企业受到的产学研项目合作带来的正效应迅速降低，有可能小于价值差异和信息不对称等对企业创新绩效带来的负效应，从而降低企业创新绩效。

以上分析表明，在产学研项目合作程度较低的时候，产学研项目合作的正效应会非常显著，且所受到的负效应由于产学研项目合作的广度和深度都较小而较低，因此产学研项目合作会提升企业创新绩效；而当产学研项目合作程度较高的时候，产学研项目合作的正效应会受到极大削弱，且所受到的负效应由于产学研项目合作的广度和深度都较大而较高，因此产学研项目合作会降低企业创新绩效。已有的开放创新研究表明，超过一定临界值，开放创新会对企业的创新绩效变得不利（Laursen et al., 2006; Grimpe et al., 2010; Berchicci, 2013）。考虑到产学研合作也属于开放创新中的内容，并结合上述讨论，本书认为当与产学研项目的合作程度较低或适度时，产学研项目合作对企业创新绩效有正效应，而过高的合作程度会使产学研项目合作对企业创新绩效有负效应。因此有假设 1。

假设 1: 产学研项目合作和企业创新绩效之间存在倒 U 型关系。即产学研项目的合作程度达到一定临界值之前,产学研项目合作能提升企业创新绩效;而当超过这一临界值时,产学研项目合作将不利于企业创新绩效提升。

第二节 技术的市场交易与企业创新绩效:
以国外技术购买为例

以国外技术购买为例讨论市场交易与企业创新绩效的关系,需要分别探讨国外技术购买可能存在的对企业创新绩效的不同机制(如可能同时存在正向和负向机制),并根据某一维度来分析这些机制效应的不同变化,最终给出国外技术购买与企业创新绩效关系的总假设。以国外技术购买为例来分析市场交易与企业创新绩效的关系,需要注意到除了限定技术合作模式外,它还限定了技术的来源,即属于国外技术 [①]。因此,从对象上看它包括向国外企业、国外学研机构等组织的技术购买,从内容上看包括技术设备引进、专利权转让等。

一、国外技术购买提升企业创新绩效的机制

国外技术购买能通过如下两条渠道提升企业创新绩效。

第一,国外技术购买使企业直接获得了使用先进技术的机会,同时避免了研发中的不确定性和巨额研发成本(Zahra et al., 2005)。对于技术落后国家的企业而言,由于其与发达国家的企业存在技术差距,因此,可以利用技术模仿、技术引进等技术后发优势来实现技术追赶。在知识产权保护日趋严格的情况下,技术模仿会受到一定程度的限制,所以技术引进就成为后发国家企业获取一些关键性技术的捷径。这些技术对后发国家而言通常属于相对先进的技术,但在

[①] 这与上一节的情况稍有不同:产学研项目合作除了限定技术合作模式外,它也限定了技术的来源。只不过这个来源的对象是学研机构,而非地区上的划分。

发达国家这些技术已经较为成熟，并且可以通过相关设备实现商业化，只要企业具备一定的吸收能力就可以直接将其应用于市场。因此，它为技术追赶者提供了不用内部研发就获得新产品的替代方法，并提升了企业对市场的探索和利用（Atuahene-Gima, 1992）。除了获得试用先进技术的机会，技术引进的一个更大好处在于它使企业避免了研发中的不确定性和巨额开发成本。技术研发的高度不确定性是创新活动的重要特征。尤其对于技术创新能力还相对较弱的后发国家中的企业，自身较低的技术创新水平可能进一步加剧了研发风险，失败的研发活动通常会给企业带来巨大的沉没成本。因此，技术引进弥补了企业因较弱的研发能力导致的在创新方面的缺陷，通过新技术的使用企业可以获得创新绩效提升。

第二，国外技术购买中的专利转让允许购买者通过"引进中学"（Learning-by-licensing）提高创新能力（Wang et al., 2013）。例如，以前的技术引进经验可能对企业当前的创新绩效有正效应（Johnson, 2002）；不断使用这些引进技术，使企业可以对已有产品进行持续性的改进，并从"干中学"中实现消化吸收再创新，获得"学习曲线效应"。一般情况下，企业的技术引进不会完全独立于相关业务，而是与其自身的研发活动或销售活动存在紧密联系，通常它能帮助企业解决研发过程中的某一特定难题或实现对某些具有特殊要求的产品、部件的制造和生产。在吸收和消化引进技术的过程中，企业通常需要从研发部门调动更多资源来解构这些技术，这一方面有助于企业掌握解决特定问题的方法，提升应对类似问题的能力；另一方面，可能从客观上促使企业增加研发活动，提升企业的创新能力和吸收能力（Tsai et al., 2009）。除了使用和消化这些技术，企业通常希望在这些技术的基础上形成二次创新。这就要求企业首先要整合这些外部技术进入企业内部，再将内部知识与外部知识进行全新的组合。另外，与产学研项目合作具有持续性和累积性相似，技术引进也呈现关系性投资的特点。由于技术引进不是"一锤子买卖"，受让方在转让合同期内都能与转让方进行技术沟通（Wang et al., 2013）。这种后续性的"技术引进"对企业提升对引进技术的使用效率非常有效。因此，通过"引进中学"企业能提高创新能力，从而获得创新绩效提升。

二、国外技术购买降低企业创新绩效的机制

已有研究也指出国外技术购买会带来路径依赖、消化不良等一系列问题，这些问题极有可能导致引进技术难以发挥作用，并对企业的 R&D 活动带来不利影响，从而降低企业创新绩效。

技术引进易导致企业技术依赖、核心资源分散和技术消化不良是使得国外技术购买降低企业创新绩效的主要原因。一方面，国外技术购买使企业直接获得了使用先进技术的机会，同时避免了研发中的不确定性和巨额研发成本，尤其是许多引进的技术已经在发达国家的创新实践中取得了成功，这使得企业倾向于加快对引进技术的使用。另一方面，尽管企业引进的技术通常与自身的经营目标或内部 R&D 相关，但由于技术研发中仍存在研究路径等方面的差异，短期内企业较难实现外部技术的内部化整合或实现技术引进基础上的二次创新，而只能依靠引进技术。随着引进的技术从生命周期中的成熟期走向衰退期，如果企业还不能在这一阶段实现消化吸收再创新，企业极有可能需要再次进行技术引进，否则依靠原有引进技术获得的竞争优势将不再存在，此时企业极易陷入对外部技术的依赖。在陷入技术依赖后，企业可能更加忽视内部 R&D，从而影响企业的吸收能力。这一循环过程具有正反馈的自我加强机制，最终使得企业丧失创新能力。另外，在对引进技术进行消化和吸收的过程中，企业必须投入一定量的创新资源（如研发人员、研发资金）来予以支撑，从而使内部 R&D 在一定程度上有所分散（Grimpe et al., 2010）。若此时企业未妥当处理外部技术消化与内部研发的关系，则可能盲目投入过多资源在对外部引进技术的消化和吸收上，从而对内部 R&D 造成严重影响（Jones, 2001）。因此，以上两种情况将导致企业内部 R&D 受到影响，从而制约企业的创新绩效提升。企业对国外技术引进可能产生的消化不良体现在两个维度：一是由于吸收能力有限无法实现对引进技术的使用、整合和再创新。尽管部分企业会通过加大内部 R&D 和提升对引进技术的消化吸收来尽力整合外部知识进入企业内部，但当技术转让方和

受让方之间存在的技术差距特别大且引进技术非常前沿时，受让方仍会存在吸收方面的困难。二是由于先进技术与后发国家的市场需求可能存在不匹配问题，导致引进的技术并不适合后发国家的经济和社会情况（Fu et al., 2011）。由于国外技术引进的消化不良会使引进技术无法发挥应有作用，并耗散了企业的 R&D 资源，因此会降低企业创新绩效。

三、交易程度变化下的国外技术购买与企业创新绩效

如果用企业的技术引进支出与 R&D 支出的比例衡量企业国外技术购买的交易程度[①]，本书认为适度的国外技术购买有助于企业利用外部已有技术服务企业创新，但过度的国外技术购买会使企业吸收能力难以满足消化吸收这些技术，并将其整合进企业创新过程的要求，由此可能带来创新绩效的下降。需要注意到，足够的吸收能力对实施技术引进的企业尤为重要。因为大量研究表明，只有具有足够的吸收能力，企业才能有效利用、消化和整合所引进的技术，形成内部 R&D 与外部技术引进的互补性（Kafours et al., 2012）。吸收能力不足使得新兴市场的企业很难从一个整体性的内部过程中抽离，并在开放创新中调和外部知识和内部知识，以及应对过度搜寻和过度开放带来的挑战（Grönlund et al., 2010）。类似的结论在国家层面也是适用的（Fu et al., 2011）。

当企业国外技术购买的交易程度较低时，企业 R&D 支出与技术引进支出的比值处于相对较高的水平上。此时有如下两种情况：第一，企业 R&D 支出非常高，但技术引进支出很低。第二，企业的 R&D 支出和技术引进支出都很高或都很低，但两者的比值仍处于相对较高的水平上。对于第一种情况，企业一方面有较为充足的 R&D 支出来支持企业足够的研发活动，因此能保有较高的吸收能力[②]；另一方面，企业不会面临过重的整合外部购买技术知识进入企业内部创新

---

① 此处用两者的比例衡量交易程度，主要是为了在消除规模因素的同时，体现企业在 R&D 活动和技术引进上的支出比重。同时这种度量也与产学研项目合作的度量具有一致性。
② 此处假定企业的总 R&D 也与吸收能力有关。一方面是因为 R&D 支出本身包括内部 R&D，另一方面也是为了与前述消除规模因素所使用的总 R&D 一致。

活动的任务，这有助于企业充分利用所购买的技术并利用"引进中学"的方式来提升创新能力，进而提升企业创新绩效。在第二种情况下，尽管企业的吸收能力取决于内部 R&D 支出的绝对值有所不同，但由于企业 R&D 支出与技术引进支出的比值仍能处于相对较高的水平上，因此，可以认为由于企业保有一定规模的 R&D 活动，使得其仍具备相当水平的吸收能力来吸收和整合所购买的相关国外技术，此时国外技术购买会促进企业创新绩效。

当企业国外技术购买的交易程度极高时，企业 R&D 支出与技术引进支出的比值处于相对很低的水平上。此时也有如下两种情况：第一，企业 R&D 支出非常低，但技术引进支出很高。第二，企业的 R&D 支出和技术引进支出都很高或都很低，但两者的比值仍处于相对很低的水平上。对于第一种情况，企业较低 R&D 支出无法支持企业足够的研发活动，因此企业的吸收能力会受到极大的限制，很容易造成对购买技术的消化不良，导致技术无法有效利用。同时，通常情况下高昂的技术引进费用中存在多种可能，如引进技术的项目很多使得费用较高，或者引进技术的项目很少，但因知识有相当的复杂性或原创性使得费用较高[1]。在上述两种可能中，企业可能面临过重的整合外部购买技术知识进入企业内部创新活动的任务，这种"过重"既可能体现在任务的庞大数量上，也可能体现在任务的复杂程度上。在第二种情况下，尽管企业的吸收能力取决于内部 R&D 支出的绝对值有所不同，但由于企业 R&D 支出与技术引进支出的比值处于相对很低的水平上，因此可以认为企业并不具备相应水平下的吸收能力来吸收和整合所购买的相关国外技术。除吸收能力不足和整合外部技术进入企业内部难度增大外，上述两种情况中的国外技术购买还会给企业创新绩效带来如下负面影响：企业过分关注外部知识源可能导致无法有效利用已有内部知识（Levinthal et al., 2006）；内部的 R&D 人员可能认为自己对企业的重要性降低（Wallin et al., 2010），使企业内部排斥外部想法，从而不利于创新绩效提升；过度技术购买会导致企业用来发展内部关键知识的资源受到限制，从而降低企

---

① 其他可能存在的情况如引进的设备本身价格较高。

业提升技术核心能力的可能性（Lichtenthaler, 2010）。此时国外技术购买会降低企业创新绩效。

由于技术购买也属于开放创新，根据上述分析并结合 Rothaermel & Alexandre（2009）和 Wang 等（2013）的研究，可以认为国外技术购买与企业创新绩效之间也可能会存在着和产学研项目合作与企业创新绩效之间类似的倒 U 型关系。因此有假设 2。

假设 2： 国外技术购买和企业创新绩效之间存在倒 U 型关系。即国外技术购买的交易程度达到一定临界值之前，国外技术购买能提升企业创新绩效；而当超过这一临界值时，国外技术购买将不利于企业创新绩效提升。

第三节　数据、变量与模型

一、数据来源

本章和后续章节研究中所使用的企业数据均来源于"创新型企业数据库"。这些企业可以被认为是创新活跃企业，该数据每年由国家科学技术部采集，采集覆盖 400 余家企业并伴随认定进程不断扩大。企业的创新水平从五个维度进行度量，即 R&D 强度、每千名 R&D 人员专利授权量、新产品销售收入占比、总生产率、组织创新及管理创新。根据科技部对创新型企业的相关要求，如达到最低的 R&D 强度门槛且过去 3 年中有专利和新产品、新工艺或新服务等，企业通过申报、推荐和评审、公示等程序可以获得国家的创新型企业认定，达到要求且通过认定的企业将在每年完成调查和考评的前提下获得政府各种形式的优惠补贴。

使用中国的企业层面数据对本章的假设进行实证是合适和必要的。首先，这有利于反映新兴经济体中企业的创新活动。与发达经济体不同，新兴经济体中的企业普遍存在国际化程度较低、技术创新能力较弱等问题，加之外部制度环境的不成熟，使得以往以发达经济体为研究对象的结论极有可能不适用。中国是世界上最大的新兴经济体国家，且中国的转型过程相对其他新兴经济体国家都更为艰难①。其次，中国企业的创新活动在近几年尤为活跃，我们需要对新兴经济体的创新活跃企业展开深入考察。目前，中国企业的 R&D 支出已经占到全社会 R&D 经费支出的 77% 左右，在改革开放的浪潮中企业不仅重视"走出去"，同时也更加重视提升自身技术能力来加速实现创新。尤其是产学研合作和国外技术引进已经被中国企业广泛应用，"引进吸收消化再创新"和"产学研协同创新"已经成为中国企业提升创新绩效的主要途径。

使用该数据集有三点好处。一是该数据集是中国创新调查中内容较为详细的数据集之一。这些数据除了一般的企业绩效和规模等信息外，还包括企业的 R&D 组织、活动、投入和政府资助等详细内容，尤其是其中的部分指标设计和定义与 Oslo Manual 是基本一致的②，这使得本书的结果与现有的研究结果具有可比性，增强了研究的科学性。二是该数据在形式上由各个企业独立管理和呈报，但需要面对国家政府部门的管理和审核，这增加了数据的可信度。目前，数据的可信赖程度严重影响了研究结果的可信度。例如，在问卷调查中面临着选择的主观性和随意性较强的问题，这些问题在问卷题干表述模糊和受访者理解能力较低的情况下尤为突出。二手数据采集的重要特点是相关指标的明确性，即相关的数据指标具有清晰的界定和范围。由于企业需要面临国家相关部门的行政审查和核对，因此企业往往倾向于申报较为真实的数据，这有利于分析较为真实和客观的情况。三是与已有数据集不同，"创新型企业数据库"排除了一些非创新企业，从而使得可以对创新活动十分典型的企业进行跨行业比较和分析。考虑到我国大部分企业规模整体较小，创新活动水平较低，如果选取行业内的全部企业样本，将极有可能得出创新活动本身并不显著的结论，这会导

---

① 这主要因为我国特有的政治、经济和文化等方面的制度性因素。
② 这些企业都属于 Oslo Manual 中所定义的"创新活跃企业"。

致本书的分析本身不具有可行性。

同时也需承认，使用这一数据集存在若干局限，制约了结论的一般性。比如，相对于我国企业的庞大数量，400 余家企业只占有极小的比例①；企业的行业分布并不均匀，这反映了我国三次产业中创新活动的非均衡分布。考虑到这些局限，本书一方面在下结论时注意到了这些结果的适用性，并做了一定说明；另一方面，也采取若干措施来避免这些局限因素。首先，尽管 400 余家企业只占我国所有企业数量的一个极小比例，但需要注意到这 400 余家企业在产值规模和行业地位方面具有显著代表性②。其次，企业创新活动呈现出产业间的非均衡分布，这其中有我国产业结构自身的原因，但也有创新在不同行业中本身存在系统性差异的原因（Christensen et al., 2005; Malerba, 2005）。为了克服这些问题，本书排除了农业、采矿业、热水和电力的生产和供应业和服务行业的企业，最终集中于制造业企业。更具体而言，根据 2011 年 4 月公布的《国民经济行业分类》（GB/T4754—2011），制造业行业包括 C 类制造业二位代码从 13（农副食品加工业）到 43（金属制品、机械和设备修理业）共 31 个细分行业。由此对使用这一数据集带来的若干局限进行了相应处理。

在进行了行业上的相对集中后，需要排除掉若干异常值企业，这些异常值情况包括：重要数据缺失的样本、连续年份数据差别极端异常且无法合理解释的样本、存在明显数据重复统计的样本等。在排除掉若干异常值企业后，最后样本包括 375 家创新型企业。为了尽可能地扩大整个样本的观测值，并兼顾某些数据指标的可得性③，最终确定样本年限区间为 2008—2011 年④。表 5.1 从行

① 以中国工业企业数据库为例，创新型企业数据库的企业样本数仅占其比例不到 1%。
② 具体名单可参照国家科学技术部网站"创新型企业名录"相关信息。统计表明，样本占行业的产值份额明显高于其占行业的企业数量份额，进一步印证了其代表性。
③ 部分指标如国外技术购买，仅在 2009 年后才开始统计。
④ 这已经是该数据库可以获得的最新的年份。另外，考虑到中国的结构改革进程和企业的开放创新很早就已开始，因此本书认为没有必要刻意追求一定是最近几年的数据。需要说明的是，由于国外技术购买变量在 2009 年之后才开始有观测值，因此与其相关的估计仅有 750 个观测值。

业、所有制和分布地区三个方面呈现了企业的初步统计分布。其中，行业分布方面，制造业下的 5 个 2 位数行业企业占了整个企业样本数的 60% 左右，因此通过控制着 5 个行业来控制行业效应[①]；从所有制来看，样本企业的所有制结构是较为对称的，这表明国有企业和民营企业在该样本集中均有较好的代表性，并不存在对国有和民营企业特定的选择性倾向；从地区分布来看[②]，东部地区的企业较多，但总体上东部和中西部地区企业数量基本持平，这也意味着样本中企业存在较好的总体地理平均分布，这为后续分析跨区域的制度差异对不同技术合作模式与企业创新绩效关系的调节效应创造了条件。

表 5.1 样本企业的描述性统计（样本总数 =375）

	数量	占比（%）
产业类别		
C27 医药制造业	54	14.4
C35 通用设备制造业	36	9.6
C36 专用设备制造业	46	12.2
C39 电气机械及器材制造业	34	9.1
C40 通信设备、计算机及其他电子设备制造业	48	12.8
企业所有制结构		
民营企业	185	49.3
国有企业	190	50.7
地区分布		
东部地区	196	52.3
中部地区	87	23.2
西部地区	92	24.5

二、变量设置

被解释变量，企业创新绩效。该变量用新产品销售收入占企业当年主营业

---

① 也可以对所有细分行业进行控制，但这会造成模型变量冗余，并不经济。
② 此处选择的是通用的东部、中部和西部的划分，这一划分在地理分布、经济发展水平等方面均具有意义。

务总收入的比例度量，其中新产品包括对企业而言是新产品、对国内市场而言是新产品和对国际市场而言是新产品三种情况。这种度量与 Oslo Manual 完全一致且与之类似的度量在已有研究中被广泛应用（Berchicci, 2013; Laursen et al., 2006; OECD, 2005）。尽管数据中有专利数量指标且在一些类似研究中被选用，但本书基于如下两点原因未选用专利指标：首先，专利只能反映创新的部分内容。专利更侧重的是反映知识的创造成果，而非创新的最终成果，从知识的创造到最终的创新还需要技术和产品的商业化过程。事实表明，在很多情况下这种转化存在着巨大鸿沟，这也是开放创新理论中强调企业内部所生产的知识可以通过出售和转让的方式予以转化的重要原因之一。其次，并非所有创新都需要专利，在不同产业中专利申请的倾向也差异巨大（Griliches, 1990）。尽管本书排除了农业、服务业和工业中的非制造业行业，但不同制造业对专利的需求也不同，如食品制造业和医药制造业就对专利申请具有显著的倾向差异，这使得使用专利数量作为被解释变量有可能导致估计偏倚。

解释变量，产学研项目合作与国外技术购买。其中，用企业对产学研项目合作的 R&D 投入占总 R&D 支出的比例度量企业产学研项目合作程度 [1]。这些项目合作是在契约关系的基础上，企业与高等学校、科研院所在风险共担、互惠互利、优势互补、共同发展的机制下开展的合作创新 [2]。国外技术购买用企业当年购买国外技术支出与总 R&D 支出的比例度量，它反映出企业国外技术购买的交易程度，且总体上可以反映企业从国外引进的技术支出与企业研发活动的比例情况。需要说明的是，上述两个变量均采用了相对值形式，但两者的取值范围并不相同：产学研项目合作变量在 [0, 1] 的区间内，而国外技术购买变量的

---

① 仍需说明的是，这一变量也存在少量局限，例如，限于数据可得性，变量本身虽可以体现企业产学研项目合作的程度特征但无法反映合作范围的广度和相应广度下的深度。但相较其他离散变量，如企业是否参与产学研项目合作和企业参与的产学研项目合作个数等，该连续变量仍拥有一些优良性质。

② 取自"创新型企业数据库"产学研项目合作的统计定义。

取值范围在 [0, + ∞)。这种取值范围的差异是由统计口径本身所导致的[1]。

控制变量，遵循以往的研究，本书控制了一系列企业的异质性。企业规模和年龄是两个通用的重要控制变量，用企业人数的对数表示企业规模，企业年龄自企业成立的年份计算起。为了缓解可能的内生性问题，需要进一步控制企业 R&D 资源和创新能力的相关方面[2]。本书用三个与 R&D 相关的变量予以控制企业在当期吸收、研发国际化和技术累积方面的能力。第一，R&D 强度用企业人均 R&D 支出度量；第二，海外 R&D 用虚拟变量控制，如果该企业当年在海外设立 R&D 中心或相关机构从事研发活动则取值为 1，否则为 0；第三，技术能力累积用当年企业拥有专利总数的对数来度量。另外，还需要注意到企业本身的战略决策可能导致的内生性[3]。本书用三个与战略相关的变量控制企业战略决策带来的异质性。第一，用企业的资产回报率衡量其盈利水平；第二，用虚拟变量控制企业的多元化战略决策，如果该企业在当年的主营业务收入横跨至少 2 个制造业代码则取值为 1，否则为 0；第三，考虑到企业上市会影响企业吸引资本的能力，同样用虚拟变量予以控制，如果该企业在当年属于上市企业则取值为 1，否则为 0。另外，企业的所有制结构也影响企业的创新绩效，因此设置虚拟变量，如果该企业国有股份占比超过 50% 则取值为 1，否则为 0。最后，对时间和行业效应分别用时间虚拟变量和行业虚拟变量予以控制。其中，对行业异质性的控制遵循 Laursen & Salter（2006）和 Berchicci（2013）的方法，控制了占样本总数超过 50% 的 5 个行业（表 5.1）。为节约篇幅，本章的所有变量和第七章的变量定义合并在表 7.1 中。

---

[1]　根据我国统计规定，技术引进费纳入其他技术活动经费支出，而后者与企业 R&D 费用都属于企业科技活动经费，故技术引进费和企业 R&D 支出并不存在包含或被包含的关系，故该比例的取值范围为 [0, + ∞)。

[2]　这种内生性来源于高 R&D 资源和能力导致的解释变量与被解释变量之间的循环加强关系。

[3]　这种内生性来源于企业决策导致的技术合作模式的变化，从而引致变量之间的相互决定关系。

三、模型设置

根据研究目的，本书设置了如下 3 个计量经济学模型[①] 来考察不同技术合作模式与企业创新绩效的关系。

$$\text{Innovation performance}_{it} = \alpha_0 + \alpha_1 CIU_{it-1} + \alpha_2 CIU_{it-1}^2 + \Omega Control_{it-1} + \varepsilon_{it} \quad （模型 1）$$

$$\text{Innovation performance}_{it} = \beta_0 + \beta_1 ITL_{it-1} + \beta_2 ITL_{it-1}^2 + WControl_{it-1} + v_{it} \quad （模型 2）$$

$$\text{Innovation performance}_{it}$$
$$= \gamma_0 + \gamma_1 CIU_{it-1} + \gamma_2 CIU_{it-1}^2 + \gamma_3 ITL_{it-1} + \gamma_4 ITL_{it-1}^2 + \quad （模型 3）$$
$$\Phi Control_{it-1} + u_{it}$$

模型中，Innovation performance 代表企业创新绩效，CIU（Collaboration with Institute and University）代表产学研项目合作，ITL（Inward Technology Licensing）代表国外技术购买。Control 代表控制变量矩阵，包括企业规模、企业年龄、R&D 强度、海外 R&D、专利存量、多元化经营、盈利能力、企业上市、所有制结构、行业与时间控制变量，而 Ω、W 和 Φ 代表控制变量前的系数矩阵，其余字母分别为相应模型的截距项和残差项。模型 1 考察的是产学研项目合作与企业创新绩效的关系；模型 2 考察的是国外技术购买与企业创新绩效的关系；模型 3 是将两种技术合作模式放在一起，考察不同技术合作模式与企业创新绩效的关系。

被解释变量的取值在 0 ～ 1。0 意味着企业在相应年份并没有报告任何新产品销售收入；1 则代表企业当年的所有主营业务收入都是新产品销售收入。被解释变量取值在一个特定闭区间说明其不满足计量经济学的经典假设。为了避免违反经典的计量经济假设和使用 OLS 可能带来的估计偏倚，根据已有研究和

---

① 对模型 3 的设置需要做如下说明：部分研究指出产学研合作可能会对企业的技术引进和创新绩效产生正向调节效应，因此从理论上应该增加产学研合作与国外技术购买的交互项。但基于如下理由，在模型 3 中并未设置该项：第一，本书只探讨了产学研项目合作而非产学研合作的全部内容，因此这种调节效应的机制可能会受到制约；第二，只有在实证中表明交互项具有显著性时，才能认为交互项缺失会导致估计偏误，但在实际操作中本文也考虑到增加交互项的情况，发现交互项并不显著。因此，本文未加入交互项。

计量经济学理论（Gujarati, 1995; Laursen et al., 2006; Wooldridge, 2002; Berchicci, 2013），本书使用 Tobit 模型。同时根据计量经济学理论，在截断并不违背经典假设时，使用一般的面板估计模型（OLS）将会得到与 Tobit 估计一致的结果，因此，本书也使用了 OLS 估计程序，并根据标准的稳健 Hausman 估计结果选择固定效应或随机效应模型。但需要解决的一个关键问题是 Tobit 模型要求模型的残差服从 iid 分布，而在现实估计中很难满足这一要求[①]。为了避免这一问题，本书对被解释变量进行了对数化处理，因为相关研究表明经过这一处理之后模型的残差会近似服从 iid 分布且在可以接受的范围之内（Laursen et al., 2006; Berchicci, 2013）。考虑到投入与产出在创新过程中往往有一部分不是当年立即实现的，同时为了减轻技术合作模式和企业创新绩效之间潜在的同时性问题，本书对方程式所有右边的变量均滞后 1 期。另外，在 Tobit 面板模型估计中由于客观技术原因无法直接使用固定效应估计，因此本书只能采取随机效应估计。但在后续的稳健性检验中，仍然采取变通方法考察了混合效应是否更优于随机效应。

第四节　结果与分析

表 5.2 报告了变量的描述性统计，除了国外技术购买变量因客观原因仅有 750 个观测值外，其余变量都有 1125 个观测值。除了表 5.2 列出的基本统计指标外，还需要考察变量之间的相关系数。

表 5.2　变量的统计性描述

变量	观测值	均值	标准差
创新绩效	1125	3.585	1.006
企业规模	1125	7.847	1.651
企业年龄	1125	14.048	9.319

---

① 事实上 OLS 估计也有这一要求，但在现实中这一条件较为容易满足。

变量	观测值	均值	标准差
R&D 强度	1125	4.377	7.909
海外 R&D	1125	0.107	0.309
专利存量	1125	4.410	1.657
跨行业经营	1125	0.196	0.397
盈利能力	1125	0.080	0.098
企业上市	1125	0.498	0.500
所有制结构	1125	0.507	0.500
产学研项目合作	1125	0.110	0.156
国外技术购买	750	0.095	0.345

表 5.3 和表 5.4 给出了所有变量的相关系数矩阵。表 5.3 仅含产学研项目合作变量，其相关系数是基于 1125 个观测值计算得到；表 5.4 同时含有产学研项目合作和国外技术购买，其相关系数是基于 750 个观测值计算得到。矩阵表明所有除了企业规模、专利存量和企业上市三个控制变量之间的相关系数略高，其余大部分变量之间的相关性十分低。这说明规模较大的企业往往企业年龄较高，企业拥有的专利存量也较高。尽管绝大多数相关系数均低于 0.5，但仍需要通过膨胀因子（VIF）来判断是否存在不可接受的多重共线性问题。以模型 3 为例，VIF 值介于 1～2.53，而 VIF 均值仅为 1.32[①]，均低于不可接受水平 10（Gujarati，1995; Ryan, 1997）。这说明多重共线性问题并不严重，处于可以接受范围之内。

表 5.3　相关系数矩阵（1）

	1	2	3	4	5	6	7	8	9	10
1 创新绩效	1.000									
2 企业规模	−0.009	1.000								
3 企业年龄	0.007	0.303	1.000							
4 R&D 强度	0.031	0.007	−0.03	1.000						
5 海外 R&D	0.054	0.194	0.110	−0.001	1.000					
6 专利存量	0.127	0.676	0.275	0.025	0.188	1.000				

---

① 此处的 VIF 值是针对模型 3 的，模型 1 与模型 2 的 VIF 均值分别为 1.34 和 1.35。

续表

		1	2	3	4	5	6	7	8	9	10
7	跨行业经营	−0.084	0.211	0.097	0.039	0.033	0.094	1.000			
8	盈利能力	0.023	−0.206	−0.026	0.016	0.030	−0.214	−0.026	1.000		
9	企业上市	−0.034	0.483	0.207	−0.047	0.151	0.321	0.065	−0.108	1.000	
10	所有制结构	−0.091	0.320	−0.007	−0.005	−0.051	0.211	−0.056	−0.306	0.157	1.000
11	产学研项目合作	−0.057	−0.184	−0.110	−0.056	−0.081	−0.181	−0.049	0.091	−0.075	0.079

表 5.4　相关系数矩阵（2）

		1	2	3	4	5	6	7	8	9	10	11
1	创新绩效	1.000										
2	企业规模	0.015	1.000									
3	企业年龄	0.014	0.296	1.000								
4	R&D 强度	0.065	−0.006	−0.003	1.000							
5	海外 R&D	0.073	0.199	0.106	0.012	1.000						
6	专利存量	0.156	0.683	0.271	0.029	0.193	1.000					
7	跨行业经营	−0.082	0.199	0.067	−0.004	0.036	0.089	1.000				
8	盈利能力	0.059	−0.204	0.001	0.072	0.094	−0.182	−0.008	1.000			
9	企业上市	0.008	0.481	0.202	−0.055	0.155	0.321	0.052	−0.083	1.000		
10	所有制结构	−0.088	0.318	−0.007	−0.022	−0.052	0.214	−0.064	−0.314	0.149	1.000	
11	产学研项目合作	−0.029	−0.122	−0.054	−0.050	−0.067	−0.105	−0.027	0.020	−0.056	−0.063	1.000
12	国外技术购买	−0.019	0.095	0.004	0.036	0.040	0.015	0.052	−0.020	0.038	0.029	0.021

表 5.5 和表 5.6 分别报告了模型 1 和模型 2 的回归结果。其中，表 5.5 中的模型 1–1、模型 1–2 和模型 1–3，表 5.6 中的模型 2–1、模型 2–2 和模型 2–3 分别展现了基于 OLS 的面板估计方法得到的估计结果，其余的模型均是相应情况下用 Tobit 方法估计得到的结果。在每一种情况下，解释变量都是层级式加入，分别用来表明控制变量的解释力度、解释变量的线性项的解释力度和加入二次项后模型的解释程度。从表中可以分别看出系数的显著性和符号，并通过模型的整体解释力度来判断变量加入的合理性。通过分析，不难得到如下结论。

第一，不论使用哪种方法，控制变量的解释力度都得到证实。尽管在不同的模型中，所加入的解释变量不同，控制变量中具有显著性的变量也不尽相同，但从模型的整体显著水平来看，模型 1–1 和模型 2–1 都达到了一定水平。但需要注意到模型 2–2 的整体显著性水平较低，一个可能的解释是样本观测值过少导致控制变量的解释力度降低[①]。

第二，不论使用哪种方法，解释变量和被解释变量之间的倒 U 型关系都得到证实。尤其重要的是，在加入相应解释变量的二次项后，原有模型要么从不显著变得更为显著，要么提升了已有模型的显著性水平。以产学研项目合作为例，如果仅认为其与企业创新绩效的关系是单调的，就会得到产学研项目合作对企业创新绩效产生负作用的结论。但加入二次项后，不仅一次项的系数变为正，二次项的系数为负，还提升了模型整体显著水平。以国外技术购买为例，如果仅认为其与企业创新绩效的关系是单调的，那么将会得到国外技术购买对企业创新绩效影响并不显著的结论，而且模型整体并不显著（模型 2–2 和模型 2–5）。但加入二次项后，不仅一次项的显著为正，二次项显著为负，模型的显著水平也大幅提升（模型 2–3）。

第三，Tobit 方法所得结果与 OLS 方法所得结果呈现出差异。以产学研项目合作为例，OLS 方法下的一次项和二次项系数分别为 1.029 和 –2.877，且分别在 5% 和 1% 的水平上显著，而 Tobit 方法下的一次项和二次项系数分别为 1.383 和 –3.283，且均在 1% 的水平上显著。类似的情况也可以在对国外技术购买的分析中发现。根据计量经济学理论，我们应该以 Tobit 模型的估计结论为准，因为本研究的样本中确实存在着被解释变量被截断的情况。在 1125 个项目观测值中，被左截断和右截断的观测值分别达到 29 个和 30 个。尽管在数量上其占比不高，但估计结果的显著差异表明，使用 Tobit 估计是必要的。

第四，倒 U 型的证实说明了从大样本上确实存在企业利用不同技术合作模

[①]　因为同样的控制变量在增加样本观测值后（从 750 扩充到 1125）非常显著。另一个可能的解释是缺少了关键的解释变量，后续的检验使得模型的显著性明显提升也证实了这一可能性确实存在。

式的"最优点"。这个最优点说明，企业利用以产学研项目合作和国外技术购买为代表的两种技术合作模式存在一个临界值，在这个临界值以前（具体而言，根据模型 1-6，对产学研项目合作是 0.211；根据模型 2-6，国外技术购买是 0.906），产学研项目合作和国外技术购买都会对企业创新绩效带来正效应。但超过这个临界值后，这两种技术合作模式都会对企业的创新绩效带来负效应。但在解释和使用这个"最优点"时我们必须非常小心，因为这个"最优点"并不具备单个企业的意义，它仅仅是一个总体性的估计。在具体实践中，每个企业还需要注意到其所能用的"最优点"还取决于其外部环境[1]。另外，考虑到不同行业的异质性，从理论上应该会影响属于不同行业的企业的"最优开放度"，这在本书中并未予以深入讨论[2]。

表 5.5　模型估计结果[3]（1）

被解释变量	创新绩效					
	模型 1-1	模型 1-2	模型 1-3	模型 1-4	模型 1-5	模型 1-6
估计方法	OLS			Tobit		
控制变量						
企业规模	0.183**	0.201***	0.200***	−0.019	−0.024	−0.026
	(0.102)	(0.101)	(0.100)	(0.038)	(0.038)	(0.038)

[1]　这也是后文分析区域制度差异对这种倒 U 型关系调节的必要性所在。除了外部环境，已有研究也指出"最优点"受到企业诸多异质性的影响，如 R&D 强度 (Berchicci, 2013)，但本文仅考虑区域层面的变量。

[2]　原因有二：第一，行业差异本身并非本书的关注焦点，本书仅遵循已有研究通过加入控制变量控制异质性 (Laursen et al., 2006; Grimpe et al., 2010; Berchicci, 2013)；第二，若要考虑行业差异，需要在行业分组样本中估计或者以行业变量为调节变量估计，本书样本难以达到前者要求，而后者的分析将影响后续分析的可操作性。因此，本书估计出的"最优点"中忽略了行业异质性的差异（同样也忽视了企业规模、企业所有制结构等其他因素），但在总体性估计中考虑了这些因素的异质性。

[3]　通常情况下结果要求通过 10% 的显著性水平检验，但本书仍给出了 15% ～ 1% 的显著性水平。一方面是因为本文后续提供了很严格的稳健性检验，清晰地标明有助于判断模型的显著性变化；另一方面是因为 0.85 一般被认为是可以接受的下限，即 P 值若大于 0.15 则可以认为其不显著。根据稳健的 Hausman 检验，OLS 估计中使用的是固定效应，故所有制结构变量不予估计。

续表

被解释变量	创新绩效					
	模型 1–1	模型 1–2	模型 1–3	模型 1–4	模型 1–5	模型 1–6
估计方法	OLS			Tobit		
企业年龄	−0.093****	−0.125****	−0.121****	3.97E10–4	−1.64E10–4	1.69E10–4
	(0.031)	(0.032)	(0.032)	(0.005)	(0.005)	(0.005)
R&D 强度	0.002	0.001	0.001	0.003	0.002	0.003
	(0.004)	(0.004)	(0.004)	(0.003)	(0.003)	(0.003)
海外 R&D	−0.142	−0.133	−0.155	0.104	0.090	0.093
	(0.253)	(0.251)	(0.248)	(0.129)	(0.129)	(0.128)
专利存量	0.004	0.002	0.009	0.082***	0.080***	0.084***
	(0.072)	(0.071)	(0.070)	(0.034)	(0.034)	(0.033)
跨行业经营	−0.125	−0.103	−0.125	−0.202***	−0.197***	−0.214***
	(0.138)	(0.136)	(0.135)	(0.092)	(0.092)	(0.090)
盈利能力	0.637**	0.570*	0.581*	0.483*	0.474*	0.490*
	(0.379)	(0.376)	(0.372)	(0.327)	(0.326)	(0.323)
企业上市	0.192	0.189	0.159	−0.040	−0.038	−0.040
	(0.191)	(0.189)	(0.187)	(0.091)	(0.091)	(0.089)
所有制结构	—	—	—	−0.264****	−0.269****	−0.255****
	—	—	—	(0.094)	(0.094)	(0.093)
解释变量						
产学研项目合作		−0.735****	1.029***		−0.572****	1.383****
		(0.190)	(0.449)		(0.184)	(0.426)
产学研项目合作（平方项）			−2.887****			−3.283****
			(0.668)			(0.649)
常数项	3.605****	4.031****	3.847****	3.331****	3.453****	3.334****
	（0.849）	(0.848)	(0.839)	(0.240)	(0.244)	(0.243)
观测值	1125	1125	1125	1125	1125	1125
行业控制变量	Yes	Yes	Yes	Yes	Yes	Yes
时间控制变量	Yes	Yes	Yes	Yes	Yes	Yes
F 检验	1.89***	2.79****	3.85****	—	—	—
混合估计的 F 检验	3.89****	3.99****	4.02****	—	—	—
Wald 检验	—	—	—	68.65****	78.54****	105.59****
似然函数对数值	—	—	—	−1468	−1464	−1451

续表

被解释变量	创新绩效					
	模型 1–1	模型 1–2	模型 1–3	模型 1–4	模型 1–5	模型 1–6
估计方法	OLS			Tobit		
混合 Tobit 的 F 检验	—	—	—	246.72****	253.37****	257.44****
Rho 值	0.776	0.827	0.822	0.500	0.508	0.511

注：括号中为标准差；$^*p < 0.15$，$^{**}p < 0.1$，$^{***}p < 0.05$，$^{****}p < 0.01$。

表 5.6 模型估计结果（2）

被解释变量	创新绩效					
	模型 2–1	模型 2–2	模型 2–3	模型 2–4	模型 2–5	模型 2–6
估计方法	OLS			Tobit		
控制变量						
企业规模	0.183**	0.163	0.153	−0.019	0.007	0.003
	(0.102)	(0.122)	(0.121)	(0.038)	(0.043)	(0.043)
企业年龄	−0.093****	−0.012	0.017	3.97E10−4	5.26E10−4	−0.001
	(0.031)	(0.045)	(0.046)	(0.005)	(0.005)	(0.006)
R&D 强度	0.002	0.012**	0.009*	0.003	0.013***	0.012***
	(0.004)	(0.007)	(0.006)	(0.003)	(0.006)	(0.006)
海外 R&D	−0.142	−0.161	−0.160	0.104	0.112	0.124
	(0.253)	(0.231)	(0.228)	(0.129)	(0.136)	(0.136)
专利存量	0.004	−0.068	−0.084	0.082***	0.063**	0.061*
	(0.072)	(0.082)	(0.081)	(0.034)	(0.037)	(0.038)
跨行业经营	−0.125	−0.180	−0.170	−0.202***	−0.226***	−0.219***
	(0.138)	(0.148)	(0.146)	(0.092)	(0.100)	(0.100)
盈利能力	0.637**	−0.354	−0.584	0.483*	0.373	0.293
	(0.379)	(0.602)	(0.599)	(0.327)	(0.458)	(0.458)
企业上市	0.192	0.048	0.036	−0.040	−0.005	−0.003
	(0.191)	(0.176)	(0.173)	(0.091)	(0.097)	(0.096)
所有制结构	—	—	—	−0.264****	−0.304****	−0.313****
	—	—	—	(0.094)	(0.106)	(0.106)
解释变量						
国外技术购买		0.057	0.668****		0.049	0.453****
		(0.092)	(0.210)		(0.084)	(0.188)
国外技术购买（平方项）			−0.184****			−0.125****
			(0.057)			(0.052)

被解释变量	创新绩效					
	模型 2–1	模型 2–2	模型 2–3	模型 2–4	模型 2–5	模型 2–6
估计方法	OLS			Tobit		
常数项	3.605****	2.704***	2.419***	3.331****	2.838****	2.876****
	（0.849）	(1.065)	(1.055)	(0.240)	(0.294)	(0.296)
观测值	1125	750	750	1125	750	750
行业控制变量	Yes	Yes	Yes	Yes	Yes	Yes
时间控制变量	Yes	Yes	Yes	Yes	Yes	Yes
F 检验	1.89***	0.76	1.58**	—	—	—
混合估计的 F 检验	3.89****	5.31****	5.47****	—	—	—
Wald 检验	—	—	—	68.65****	56.70****	62.16****
似然函数对数值	—	—	—	–1468	–942	–940
混合 Tobit 的 F 检验	—	—	—	246.72****	238.59****	243.76****
Rho 值	0.776	0.770	0.784	0.500	0.697	0.705

注：括号中为标准差；$^*p< 0.15$，$^{**}p< 0.1$，$^{***}p< 0.05$，$^{****}p< 0.01$。

第五节　稳健性检验

对模型 3 的估计需要建立在模型 1 和模型 2 成立的基础上，因此在进行模型 3 的估计前需要对模型 1 和模型 2 进行更多的稳健性检验。本章的稳健性检验从替换被解释变量、使用稳健标准差、替换变量的稳健标准差和选取不同积分点四方面展开，同时讨论潜在的内生性问题。另外，本书还在上述讨论的基础上给出模型 3 的估计[①]，并给出其可视化图。

---

① 事实上，对模型 3 的估计也可以看作是对模型 1 和模型 2 的更强的稳健性检验。因为模型 1 是建立在 1125 个观测值的基础上，而模型 2 只建立在 750 个观测值上，模型 3 将强制模型 1 建立在 750 个观测值上的同时，还要求两个变量之间不存在很强的干扰，否则极有可能导致其中一个变量的倒 U 型关系不存在。

　　第一，替换被解释变量。由于创新对企业的生产率会有更大贡献 (Hall et al., 2009)，于是使用人均新产品收入作为被解释变量的替代变量进行验证，以考察上述结论是否在具有相同意义的变量情况下仍成立 [①]。从表 5.7 和表 5.8 不难看出，倒 U 型关系再次得到了证实。以 OLS 估计的产学研项目合作为例，模型 1-2 中产学研项目合作的一次项显著为负，但模型整体并不显著，加入产学研项目合作的二次项后，不仅解释变量的显著性得到保证，而且模型的显著性大幅提升。

表 5.7　稳健性检验：替换被解释变量（1）

被解释变量	创新绩效			
	模型 1-2	模型 1-3	模型 1-5	模型 1-6
估计方法	OLS		Tobit	
解释变量				
产学研项目合作	-1.002^{****}	1.868^{***}	-0.890^{****}	2.122^{***}
	(0.303)	(0.715)	(0.284)	(0.474)
产学研项目合作（平方项）		-4.698^{****}		-5.037^{****}
		(1.064)		(1.031)
常数项	7.110^{****}	6.811^{****}	6.853^{****}	6.322^{****}
	(1.351)	(1.336)	(0.404)	(0.438)
观测值	1125	1125	1125	1125
行业控制变量	Yes	Yes	Yes	Yes
时间控制变量	Yes	Yes	Yes	Yes
F 检验	1.35	2.52^{****}	—	—
混合估计的 F 检验	4.68^{****}	4.75^{****}	—	—
Wald 检验	—	—	79.55^{****}	105.11^{****}
似然函数对数值	—	—	-1995	-1983
混合 Tobit 的 F 检验	—	—	317.12^{****}	323.75^{****}
Rho 值	0.672	0.669	0.556	0.561

注：括号中为标准差；限于篇幅，控制变量前的系数并未报告；$^{*}p<0.15$，$^{**}p<0.1$，$^{***}p<0.05$，$^{****}p<0.01$。

[①]　类似研究也利用过该指标，如 Frenz & letto-Gillies(2009) 等，它也是被广泛运用的对企业创新绩效的一个规范的度量。

表 5.8　稳健性检验：替换被解释变量（2）

被解释变量	创新绩效			
	模型 2-2	模型 2-3	模型 2-5	模型 2-6
估计方法	OLS		Tobit	
解释变量				
国外技术购买	0.026	1.087***	0.033	0.743***
	(0.150)	(0.340)	(0.135)	(0.305)
国外技术购买（平方项）		−0.321****		−0.219****
		(0.093)		(0.085)
常数项	4.612****	4.118***	6.012****	6.079****
	(1.752)	(1.706)	(0.437)	(0.495)
观测值	750	750	750	750
行业控制变量	Yes	Yes	Yes	Yes
时间控制变量	Yes	Yes	Yes	Yes
F 检验	1.02	1.09***	—	—
混合估计的 F 检验	5.91****	6.12****	—	—
Wald 检验	—	—	69.65****	76.07****
似然函数对数值	—	—	−1314	−1310
混合 Tobit 的 F 检验	—	—	262.29****	268.38****
Rho 值	0.828	0.868	0.721	0.730

注：括号中为标准差；限于篇幅，控制变量前的系数并未报告；$^{*}p < 0.15$，$^{**}p < 0.1$，$^{***}p < 0.05$，$^{****}p < 0.01$。

第二，使用稳健标准差。在面板数据中通常都不同程度地存在异方差和自相关问题。虽然样本时间跨度较短允许在一定程度上忽视自相关问题，但考虑到本书样本截面较多，异方差问题仍需克服。同时，Tobit 估计本身提供了自相关的一个系数参照，从表 5.5 到表 5.8 的估计来看自相关问题仍存在。因此，异方差和自相关问题仍不可忽视。根据计量经济学理论，这两个问题不会导致系数的估计有偏，但可能导致原有估计的标准差可能存在比真实标准差偏小的问题，这极可能导致一些系数的显著性被"人为"提升。为解决上述问题同时进一步验证本书结论的稳健性，本书采取了估计稳健型标准差的方法。对 OLS 估计采取的办法是使用 White 稳健标准差，运用该方法估计出的稳健性标准差的结果呈现在表 5.9 和表 5.10 的模型 1-2、模型 1-3 和模型 2-2、模型 2-3 中。但在 Tobit 模型中无法使用传统稳健标准差所采取的 White 检验方法，在此情况下只有使用

Bootstrap 方法（Cameron et al., 2010），运用该方法估计出的稳健性标准差的结果呈现在表 5.9 和表 5.10 的模型 1-5、模型 1-6 和模型 2-5、模型 2-6 中。可以看出，关键变量的系数符号没有发生任何变化；系数的显著性稍有降低，但仍处于统计意义上的显著水平。

表 5.9　稳健性检验：稳健标准差（1）

被解释变量	创新绩效			
	模型 1-2	模型 1-3	模型 1-5	模型 1-6
估计方法	OLS		Tobit	
解释变量				
产学研项目合作	−0.735***	1.029*	−0.572***	1.383***
	(0.289)	(0.642)	(0.285)	(0.623)
产学研项目合作（平方项）		−2.887***		−3.283****
		(1.166)		(1.146)
常数项	4.031****	3.847****	3.453****	3.334****
	(0.985)	(0.984)	(0.271)	(0.270)
观测值	1125	1125	1125	1125
行业控制变量	Yes	Yes	Yes	Yes
时间控制变量	Yes	Yes	Yes	Yes
Wald 检验	—	—	89.82****	97.53****
似然函数对数值	—	—	−1464	−1451
混合 Tobit 的 F 检验	—	—	253.37****	257.44****
Rho 值	0.827	0.829	0.508	0.511

注：括号中为稳健标准差，其中固定效应用组群稳健标准差，Tobit 估计用 Bootstrap 标准差；限于篇幅，控制变量前的系数并未报告；*$p<0.15$，**$p<0.1$，***$p<0.05$，****$p<0.01$。

表 5.10　稳健性检验：稳健标准差（2）

被解释变量	创新绩效			
	模型 2-2	模型 2-3	模型 2-5	模型 2-6
估计方法	OLS		Tobit	
解释变量				
国外技术购买	0.057	0.668****	0.049	0.453***
	(0.093)	(0.237)	(0.117)	(0.212)

续表

被解释变量	创新绩效			
	模型 2-2	模型 2-3	模型 2-5	模型 2-6
估计方法	OLS		Tobit	
国外技术购买（平方项）		-0.184^{***}		-0.125^{*}
		(0.074)		(0.078)
常数项	2.704^{****}	2.419^{***}	2.838^{****}	2.876^{****}
	(0.989)	(0.972)	(0.357)	(0.346)
观测值	750	750	750	750
行业控制变量	Yes	Yes	Yes	Yes
时间控制变量	Yes	Yes	Yes	Yes
Wald 检验	—	—	44.82^{****}	82.77^{****}
似然函数对数值	—	—	−942	−940
混合 Tobit 的 F 检验	—	—	238.59^{****}	243.76^{****}
Rho 值	0770	0.784	0.697	0.705

注：括号中为稳健标准差，其中固定效应用组群稳健标准差，Tobit 估计用 Bootstrap 标准差；限于篇幅，控制变量前的系数并未报告；$^{*}p<0.15$，$^{**}p<0.1$，$^{***}p<0.05$，$^{****}p<0.01$。

第三，替换被解释变量的稳健标准差。为了尽可能地展现本书的结果能在多大程度的灵活性上保持成立，沿着相同的思路，本章对替换被解释变量的估计采取稳健标准差的方法。表 5.11 和表 5.12 给出了估计结果。结果显示，产学研项目合作的倒 U 型关系继续得到了证实，但国外技术购买在 Tobit 估计中不再成立，其中仅一次项继续显著为正，但二次项仅在方向性为负，并不显著。尽管如此，在其余估计中的显著性仍能表明估计结果相当程度的稳健性。

表 5.11 稳健性检验：替换被解释变量的稳健标准差（1）

被解释变量	创新绩效			
	模型 1-2	模型 1-3	模型 1-5	模型 1-6
估计方法	OLS		Tobit	
解释变量				
产学研项目合作	-1.002^{***}	1.868^{*}	-0.890^{**}	2.122^{***}
	(0.500)	(1.236)	(0.535)	(1.013)

续表

被解释变量	创新绩效			
	模型 1–2	模型 1–3	模型 1–5	模型 1–6
估计方法	OLS		Tobit	
产学研项目合作（平方项）		−4.698***		−5.037****
		(2.299)		(1.829)
常数项	7.110****	6.811****	6.853****	6.322****
	(1.441)	(1.424)	(0.462)	(0.469)
观测值	1125	1125	1125	1125
行业控制变量	Yes	Yes	Yes	Yes
时间控制变量	Yes	Yes	Yes	Yes
Wald 检验	—	—	73.01****	91.99****
似然函数对数值	—	—	−1995	−1451
混合 Tobit 的 F 检验	—	—	317.12****	323.75****
Rho 值	0.672	0.669	0.556	0.561

注：括号中为稳健标准差，其中固定效应用组群稳健标准差，Tobit 估计用 Bootstrap 标准差；限于篇幅，控制变量前的系数并未报告；*$p < 0.15$, **$p < 0.1$, ***$p < 0.05$, ****$p < 0.01$。

表 5.12　稳健性检验：替换被解释变量的稳健标准差（2）

被解释变量	创新绩效			
	模型 2–2	模型 2–3	模型 2–5	模型 2–6
估计方法	OLS		Tobit	
解释变量				
国外技术购买	0.026	1.087***	0.033	0.743**
	(0.182)	(0.441)	(0.205)	(0.449)
国外技术购买（平方项）		−0.321****		−0.219
		(0.165)		(0.240)
常数项	4.612****	4.118***	6.012****	6.079****
	(1.443)	(1.358)	(0.521)	(0.591)
观测值	750	750	750	750
行业控制变量	Yes	Yes	Yes	Yes
时间控制变量	Yes	Yes	Yes	Yes
Wald 检验	—	—	87.24****	101.01****
似然函数对数值	—	—	−1314	−1311
混合 Tobit 的 F 检验	—	—	262.29****	268.38****
Rho 值	0.828	0.868	0.721	0.730

注：括号中为稳健标准差，其中固定效应用组群稳健标准差，Tobit 估计用 Bootstrap 标准差；限于篇幅，控制变量前的系数并未报告；*$p < 0.15$, **$p < 0.1$, ***$p < 0.05$, ****$p < 0.01$。

第四，选取不同积分点。根据前文所述，在 Tobit 的面板估计中固定效应不可实现，因此只有进行随机效应估计。但随机效应估计部分依赖于计算中所设置的积分点（Cameron et al., 2010），因此不同的积分点可能对结果产生不同的影响。为了减少由于人为设置积分点而导致结果偏倚的风险，除了使用了积分点为默认值 12 情况下的估计[①]，还考察了当积分点设置为 8 和 16 情况下的估计。为节约篇幅，此处只呈现模型 1–6 和模型 2–6 用 Tobit 估计情况下变换积分点设置的稳健性结果。表 5.13 和表 5.14 给出了重新估计的结果对比，发现与早前估计的结果完全一致。

表 5.13 稳健性检验：变换积分点（1）

模型 1–6	默认积分点值 12	积分点值 8	积分点值 16
对数似然函数值	−1451.0345	−1451.0345	−1451.0345
差值 (Difference)		−4.22E−06	3.06E−08
相对差值 (Relative Difference)		2.91E−09	−2.11E−11
产学研项目合作	1.383365	1.383365	1.383365
差值 (Difference)		2.89E−08	−1.30E−12
相对差值 (Relative Difference)		2.09E−08	−9.36E−13
产学研项目合作（平方项）	−3.2838343	−3.2838343	−3.2838343
差值 (Difference)		−2.33E−08	1.23E−12
相对差值 (Relative Difference)		7.09E−09	−3.75E−13

表 5.14 稳健性检验：变换积分点（2）

模型 2–6	默认积分点值 12	积分点值 8	积分点值 16
对数似然函数值	−939.50914	−939.50919	−939.50914
差值 (Difference)		−0.00005091	9.705E−07
相对差值 (Relative Difference)		5.418E−08	−1.033E−09
国外技术购买	0.45251173	0.45251123	0.45251175
差值 (Difference)		−5.00E−07	2.05E−08
相对差值 (Relative Difference)		−1.11E−06	4.54E−08
国外技术购买（平方项）	−0.12478393	−0.12478379	−0.12478393
差值 (Difference)		1.34E−07	−5.65E−09
相对差值 (Relative Difference)		−1.07E−06	4.52E−08

---

① 即表 5.5 至表 5.12 中的 Tobit 估计。

最后，需要讨论内生性问题。本章所有估计都依赖于解释变量对模型是外生的这一假设。为尽量确保变量的外生性，通过多种途径尝试减轻和避免内生性问题。首先，兼顾数据可得性和理论上的耦合性，在控制变量选取上纳入了尽可能多的变量来控制企业异质性，这些异质性囊括了企业在 R&D 资源和能力，以及战略和所有制方面的特殊性，从而避免了核心解释变量吸收这些非核心解释变量的解释力。其次，在模型设置中对模型的所有解释变量都采取了滞后 1 期的方法，这避免了导致时间上的前后因果引致的同时性。一般而言，企业不可能根据当期的创新绩效来进行去年的 R&D 决策；企业也不可能通过预测明年的创新绩效来决定当年的 R&D 投入。尽管从变量设计和时间考量上都避免了内生性问题，但仍可能存在一些其他因素导致的内生性，如数据集中不包含的指标但现实中仍可能引致内生性，由此必须通过固定效应估计来解决。但正如前文所述，Tobit 面板估计中固定效应不可实现，为此本书采取变通的方法，对上述所有模型进行了基于混合效应估计的 Tobit 估计（Cameron et al.，2010）。但混合效应是否优于随机效应则需要根据 F 检验来判断。表5.5～表5.12中的所有 Tobit 估计均给出了该检验的 F 值，可以看到所有的 F 检验均拒绝了混合 Tobit 估计，从而支持了随机效应。基于上述多种方法，有理由相信内生性问题并不会对模型估计产生显著性的影响。

基于上述模型的稳健性，可以尝试对模型 3 进行估计。表 5.15 给出了将两种技术合作模式联立起来的估计结果，同样给出了替换被解释变量和稳健性标准差的稳健性检验。其中模型 3-1 为用原始创新绩效变量；模型 3-2 为稳健标准差下的估计；模型 3-3 为替换被解释变量下的估计。由于 Tobit 方法更具科学性，此处不再列出 OLS 估计结果。从中不难看到，替换被解释变量后产学研项目合作变量均不再显著，只是呈现出与前述估计相一致的方向性影响，有鉴于此未再进行稳健性标准差的检验。模型 3-1 和模型 3-2 的估计一方面证明了前述估计的稳健性；另一方面也间接证明两种技术方式对创新绩效的共同作用。

表 5.15　稳健性检验：两种技术合作模式的联合估计

被解释变量	创新绩效		
	模型 3-1	模型 3-2	模型 3-3
估计方法	Tobit		
解释变量			
产学研项目合作	1.463***	1.463***	0.801
	(0.706)	(0.667)	(1.138)
产学研项目合作（平方项）	−3.244***	−3.244***	−1.887
	(1.486)	(1.479)	(2.391)
国外技术购买	0.418***	0.418***	0.725***
	(0.190)	(0.213)	(0.307)
国外技术购买（平方项）	−0.117***	−0.117*	−0.215***
	(0.053)	(0.080)	(0.085)
常数项	2.800****	2.800***	6.42****
	(0.298)	(1.358)	(0.503)
观测值	750	750	750
行业控制变量	Yes	Yes	Yes
时间控制变量	Yes	Yes	Yes
Wald 检验	67.74****	112.07****	76.90****
似然函数对数值	−937	−937	−1310
混合 Tobit 的 F 检验	231.14****	231.14****	262.30****
Rho 值	0.698	0.698	0.728

注：限于篇幅，控制变量前的系数并未报告；$^{*}p < 0.15$，$^{**}p < 0.1$，$^{***}p < 0.05$，$^{****}p < 0.01$。

为了更为清晰地理解上述分析所得出的结论，一个很好的方法是将这些结果可视化，借助函数模拟来展现不同的技术合作模式与企业创新绩效的关系。图 5.1 可视化了模型 1，图 5.2 可视化了模型 2，图 5.3 可视化了模型 3。

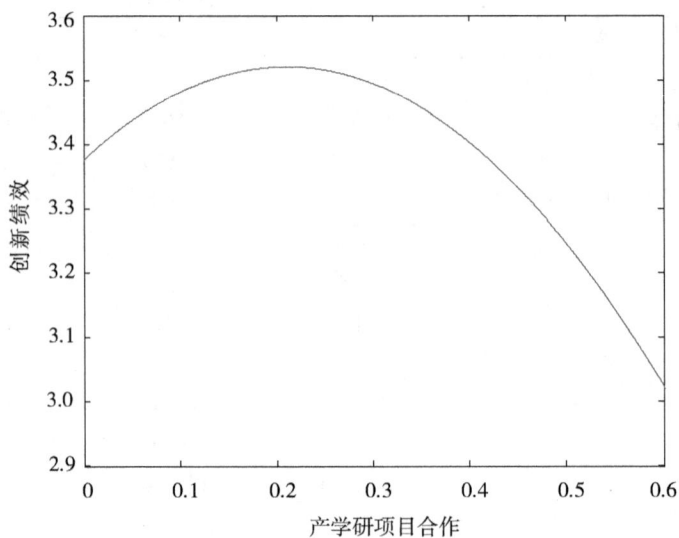

图 5.1　产学研项目合作与企业创新绩效的关系

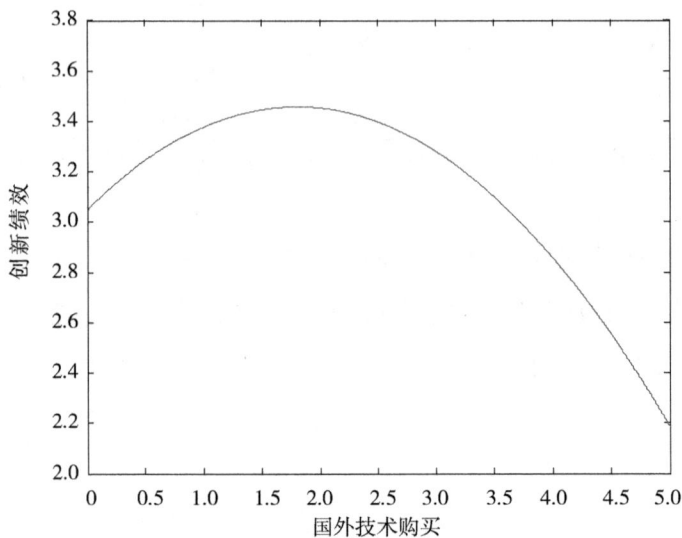

图 5.2　国外技术购买与企业创新绩效的关系

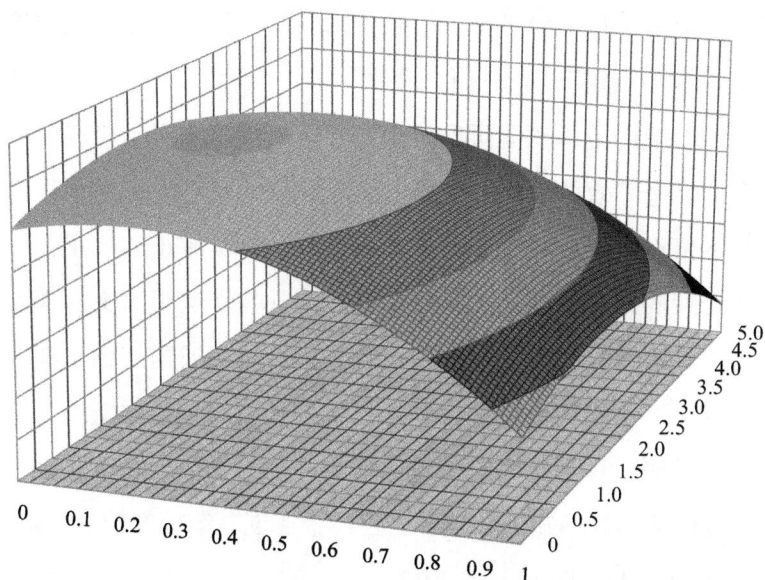

图 5.3　企业技术合作模式与企业创新绩效的关系

注：左边的横轴为产学研项目合作，右边的横轴为国外技术购买，纵轴为企业创新绩效。横轴上的数据代表的是产学研项目的合作程度和国外技术购买的交易程度。

第六节　本章小结

以产学研项目合作和国外技术购买代表合作研发和市场交易，本书实现了以技术合作模式解构开放创新，并以此为切入点分析了开放创新与企业创新绩效的关系。研究发现，产学研项目合作和国外技术购买对企业创新绩效都有复杂的影响机制。对产学研项目合作而言，借助大学等科研机构提供了专业劳动力和专业知识的蓄水池，以及产学研项目合作中的互动式学习，企业可以获得更多的创新资源并提升创新能力，进而提升创新绩效；但由于价值取向、文化方面的差异，以及由知识背景差异和管理体制差异带来的信息不对称，可能导致合作难以取得成果，耗散了宝贵的 R&D 资源，导致企业创新绩效下降。对国外技术购买而言，通过获得使用先进技术的机会，避免研发中的不确定性和巨额研发成本，以及利用"引进中学"提高创新能力，企业可以借助国外技术购买提升创新绩效；但由于技术引进可能导致技术依赖、核心资源分散和消化不良等情况的发生，它也可能降低企业创新绩效。

本章的一个关键结论是以产学研项目合作和国外技术购买为代表的两种技术合作模式对企业创新绩效的影响，分别与企业采取两种不同技术合作模式的合作程度和交易程度有关。两种方式对企业创新绩效都具有正向作用，但这一正向作用仅限于企业的产学研项目的合作程度和国外技术购买的交易程度较低或处在合适水平上的时候。当企业的产学研合作程度较高或国外技术购买的交易程度较高的时候，产学研项目合作和国外技术购买会对企业创新绩效产生负向的边际效应。产学研项目合作和国外技术购买分别与企业创新绩效存在倒 U 型关系，支持了过度使用外部知识和技术会阻碍企业创新绩效的观点（Katila et al., 2002; Laursen et al., 2006; Berchicci, 2013）。

第六章

影响开放创新与创新绩效关系的
制度因素及其跨区域差异

本章描述的是"双轮驱动创新"中的制度之轮，它强调制度会影响开放创新与绩效之间关系的作用机制，从而影响企业创新绩效。第五章的结论表明，开放创新对企业创新绩效可能存在一个"最大值"并对应着"最优点"。那么，制度环境的变动是否会影响这个"最大值"和"最优点"。本章立足区域制度差异，从一般性机制上给出了肯定性的回答。

结构改革是经济体制的调整，必然涉及制度性因素。本章从结构改革具有的制度特征出发，分析制度因素对开放创新与创新绩效关系的影响。技术创新活动本身涉及多个方面，组织利用制度去增加其合法性，获得资源和促进自身成功（Meyer et al., 1977）。考虑到从技术合作模式解构企业开放创新，产学研项目合作和国外技术购买具有正式关联性质，因此本章将主要聚焦于正式制度。因为通常而言，相较于非正式制度，正式制度对正式关联起到更加决定性的作用。另外，在特定国家内（尤其是新兴经济体），正式制度的差异往往可能更显著于非正式制度，且正式制度的变化明显快于非正式制度。

为了在技术合作模式的视角下讨论影响开放创新与企业创新绩效关系的制度内容及其所呈现的跨区域差异，本章重点讨论了三个问题。第一个问题是如何界定"区域"，这是后续分析制度存在区域差异的基本前提。基于国家主权和地理边界的划分很清晰地呈现了国家创新系统的边界，因此国家层面的创新系统和制度相对容易界定。相较之下，区域的界定则需要进一步明确。第二个问题是制度在区域层面的差异影响特定的技术合作模式与企业创新绩效之间关系的一般性机制是什么。借助制度理论和创新系统理论，本章将分析这种潜在调节作用的一般性机制，以明确哪些正式的、特殊的制度会影响特定的技术合作模式与企业创新绩效的关系。第三个问题是对这些具体制度的深入剖析。针对每一项具体制度，需要分析的问题包括：该项制度的主要内容是什么？它与创新有何联系？它是否存在区域差异？如果存在跨区域差异，这些差异又是如何造成的？

第一节　"区域"的界定

一、现有研究对"区域"的界定

对"区域"的界定将直接影响到区域创新系统整个概念的适用和后续分析

中判断的对象。对于"区域"而言，有很多可供选择的分析单位，如 Cooke 等（1997）认为可供选择的区域划分包括主要城市地区、高技术地区、服务业地区、高绩效工程地区、重工业地区，以及乡村地区、农业地区或周边地区，当然基于行政区划的区域划分也很普遍，这其中包括根据州、市等行政区域的划分；Cooke（2002）集中考察了知识密集产业集群区域；Tödtling & Trippl（2005）在探讨是否存在适合不同区域的"最佳实践模型"（Best Practice Models）时关注了区域创新系统较弱的区域，将区域分为外围区域、老产业区域和大都市区域；Doloreux & Parto（2005）总结了研究中已出现的区域选择，如城市、局部区域[①]、NUTSII[②]、跨地区区域[③]。

二、本书界定"区域"的原则

要选择合适的"区域"，首先需要明确在创新系统的概念下开展区域分析的必要性。根据理论基础和文献综述，不难归纳出如下三点理由：第一，知识溢出具有空间界限。由于黏性知识、区域学习能力差异和知识溢出随空间距离递增而递减的存在，知识在传播过程中不能无限制地进行溢出（Asheim et al., 2002; Asheim et al., 2005; Maggioni et al., 2011）。第二，隐性知识的交换需要地理和文化等方面的邻近。尽管网络科技和通信技术的进步已经极大地降低了知识传播中的障碍，网络等先进通信固然可以迅捷地传递知识，但那仅仅是显性知识部分，隐性知识的交换往往需要基于信任的人员接触，而这种信任和直接接触时常与地理上的邻近相关（Malmberg et al., 2006）。第三，区域制度只服务于特定区域内的创新主体（Cooke, 2002）。尽管制度学习逐渐在许多转型经济中普遍采用（Lundvall et al., 2006），但现实中许多区域性制度具有明显的地理界线，这导致即便是对创新有益的制度也无法很轻易地溢出到其他地理空间中。

---

① 原文为 the local，指城市中的某一部分区域。
② 由 Eurostat 提出并加以发展，具体在欧洲共同体调查 (CIS) 中得到广泛使用。
③ 指跨行政区域且在特定国家内的某些区域，这些区域因历史或文化原因具有紧密联系，如英国的苏格兰地区、比利时的弗莱明地区。

这说明本书所选取的"区域"需满足这些基本限制条件，因为它们是区域分析的根本价值所在，否则基于区域层面的分析就并无必要。

其次是回归到区域创新系统提出时所采用的区域定义。Cooke 等（1997）认为通过政治、文化和经济动力的组合，区域会沿着不同的轨迹进化。他将"区域"定义为比国家小一些的地域，这些地域拥有显著的超本地管制能力（Supralocal Governance Capacity）和凝聚力，而这种凝聚力将它们与国家和其他区域区别开来（Cooke et al., 1997）。Cooke & Morgan （1998）进一步认为那些在一个制度环境中拥有大量创新组织集合，且创新主体之间的系统性关联和互动交流十分标准的区域能称为区域创新系统。Asheim & Gertler （2005）侧重制度支持角度，认为区域创新系统中的"区域"应被理解为拥有支持创新的制度基础的空间。本书认为区域制度是通过作用区域创新系统进而影响企业创新的，所以所选取的"区域"也应该尽量与上述定义保持一致。

三、本书对"区域"的界定

根据上述讨论，本书选择基于政治版图的省级行政区划作为区域的基本分析单位。这种选择能较大程度地满足上述分析中的条件，同时它还具有一些其他方面的好处。首先，省级行政区的边界是十分清晰的。清晰的边界避免了区域之间的重叠现象，可以使区域创新系统相对独立出来。其次，基于省级行政区划的划分符合隐性知识的传递要求，即地理和文化上的相对邻近。尽管本书不对非正式制度予以分析，但我国传统的文化与人际关系大多是以省为基础单位形成的，这包括人们常说的"老乡""故土"等地域文化和乡土情结。在这种情况下，一方面省级行政区划使得地理上邻近，另一方面也使人们更加具备基于信任和合作的文化基础。再次，省级区域的制度确实主要为区域内的创新主体服务，这主要是因为我国的各省级政府在制度制定方面有一定的自主权。最后，这种选择也一定程度上符合 Cooke 等（1997）的定义，因为省级区域中包含的区域面积往往较大且内含较多低一层级的其他区域，因历史因素凝聚成的独特区域文化也使得各省具有很强的凝聚力。除了满足上述要求和定义之外，选择省级行政区划作为区域的划分还有一些其他好处。例如，各省级区域的区域创新系统是相对完整的，我国的行政管理体制决定了各省级区域能反映出显著的区域制度差异，这种划分为后续的变量测度提供了极大的方便。

第二节　制度的区域差异具有调节作用的一般性机制

大量研究都强调了制度对经济增长的重要性。其中 IMF 的报告将制度看作是经济发展的原动力；World Bank 的报告将制度的目的归纳为三个，即建立信息渠道、规定和实施产权与合同、使竞争规范化。但并非所有促进经济增长的制度都与企业创新或与不同技术合作模式与企业创新绩效的关系有关。为了给予后续分析以理论基础，有必要从调节效应的本质出发，先讨论制度调节不同技术合作模式与企业创新绩效的含义，再根据该含义辨析制度调节两者关系应该满足的一般性机制，从而根据这些机制判断并找出相关制度，为分析制度的区域差异如何调节不同技术合作模式与企业创新绩效关系提供依据。

一、区域制度差异具有调节作用的含义

理论上，调节效应是调节变量对自变量和因变量的关系产生影响的一种体现。它并非解释自变量和因变量的内部机制[①]，也并非是调节变量对自变量的直接作用或对因变量的直接作用，而是突出原有的自变量和因变量关系以调节变量为条件。具体到本书的研究情境上，区域制度调节开放创新与企业创新绩效的含义是在不同的区域制度环境下，不同技术合作模式的开放创新对企业创新绩效的影响呈现差异。换言之，不同技术合作模式的开放创新与企业创新绩效的关系在一定程度上以区域制度特征为条件。如上所述，区域制度的调节效应并不涉及如下两种影响：一是区域制度对自变量的影响。这反映在本书中是区

---

① 但是会对这种内部机制的实现产生影响。

域制度对企业技术合作模式的选择影响。换言之，即讨论调节效应时都是基于既定的技术合作模式出发，而不讨论区域制度可能对企业技术合作模式选择本身带来的影响[1]。二是区域制度对企业创新绩效的直接影响。调节效应模型中要求包括这种主效应估计，并通过层级模型来验证调节效应的存在，但主效应本身不是调节效应。

调节效应为现有的理论划出限制条件和适用范围（罗胜强 等，2008）。如果研究结论支持区域制度调节不同技术合作模式的开放创新与企业创新绩效的关系，那原有理论中的关于地区间同质的暗含假设将会受到挑战，从而给予本书以发展和完善现有理论的机会。为了支持区域制度调节不同技术合作模式与企业创新绩效的关系，就需要所选取的区域制度能帮助企业从既定的技术合作模式中获取更大的创新绩效提升，下文的分析将这种潜在作用称为区域制度差异影响企业利用既定技术合作模式的有效性。

二、区域制度差异影响企业利用既定技术合作模式的有效性

利用既定技术合作模式的有效性指在给定企业使用某种技术合作模式（如技术的合作研发和技术的市场交易）的前提下，企业能否从相同程度的该种技术合作模式水平中获得更多的企业创新绩效提升，使得利用这种技术合作模式对创新绩效的贡献度更大。同时，有效性也暗含另一层含义，即企业是否能更多地利用某种技术合作模式带来的创新绩效提升[2]。对于技术的合作研发模式而言，如果区域制度能增强利用产学研项目合作的有效性，那意味着特定的区域制度能使处于该区域的企业更容易地找到合作研发伙伴，同时能增强双方的合作研发意愿，从技术的合作研发中获得更多知识（尤其是隐性知识）分享、溢出和获取，或者能促使合作双方形成更高水平、更持续性的合作研发，通过产学研项目合作实现更高创新绩效的目标。类似地，对于技术的市场交易模式而言，如果区域制度能

---

[1]　尽管对这一问题的讨论不在本书探讨范围之内，但仍具有潜在意义。本书最后在研究展望部分对此问题进行了更深入的讨论。

[2]　从后文的分析中将看到，这两层含义分别对应着可视化图形中倒 U 型曲线的上移和右移。

增强利用国外技术购买的有效性，那意味着特定的区域制度能使处于该区域的企业更容易获得技术购买的机会，同时能增强技术转让企业的技术交易意愿，从技术购买中获取更多的知识（尤其是隐性知识）分享和溢出，通过国外技术购买实现更高创新绩效的目标。

考虑到本书以产学研项目合作和国外技术购买为例，讨论两种不同技术合作模式对企业创新绩效的影响，因此，需要从两种具体方式出发，讨论哪些制度会影响不同技术合作模式的有效性。对产学研项目合作而言，这取决于哪些区域制度会使处于该区域的企业更容易找到学研机构作为合作伙伴，或提升双方的合作研发意愿，通过更多的知识分享来提升双方的技术创新能力，从而达到更高的创新绩效。对国外技术购买而言，这取决于哪些区域制度会使处于该区域的企业更容易获得购买国外技术的机会，或提升技术转移方的技术知识转移意愿，通过更多的知识分享来提升受让方的技术创新能力，从而达到更高的创新绩效。从产学研项目合作和国外技术购买的过程和结果来看，区域层面经济和法律两方面的制度会节约企业利用特定技术合作模式的交易成本，并通过有效的产权保护来激发技术合作意愿和成效，从而提升了企业利用不同技术合作模式的有效性。

对于产学研项目合作，在较为开放的地区，企业有可能在获得更多知识溢出的同时也能形成当地学研机构与外资的互动，这有助于提升学研机构的研究水平和技术能力，从而可能使本土企业从学研机构的合作中获得更多的前沿知识，因此与高校等科研机构的合作研发更富有成果。总之，区域经济制度中的地区开放水平会影响产学研项目合作的有效性。在法律执行较为严格的地区，知识产权保护可以有力保障企业对技术专利的产权，通过明晰的产权界定防止私人收益低于社会收益而导致的创新投入不足问题，确保了企业对专利的排他性收益权，也为知识产权交易的健康发展奠定了基础，有助于企业和学研机构合作研发意愿的加强。更为重要的是，良好的知识产权保护还能确保双方在知识交流上更有效，这大大提升了产学研项目合作的有效性。

对于国外技术购买，经济制度中的地区开放水平和法律制度中的知识产权保护可能会影响企业利用产学研项目合作的有效性。当地区的开放水平较高时，以获取技术为目的而与其他企业建立的联系就会加强（Mowery et al., 1996），这可能会大大提升该地区企业获得技术引进的机会，同时更为强烈的外资竞争效应可能迫使处于这一区域的企业在技术引进的基础上进一步加大研发力度，加速消化吸收再创新，从而使引进的技术发挥更大作用，提升国外技术购买的有效性。另外，当东道国政府提供一定的知识产权保护时，这不仅可以增加当地 FDI 的流入量，而且可以引进较为先进的技术（杨全发 等，2006）。当区域的知识产权保护水平较高时，国际性的技术转移活动将明显增多（Branstetter et al., 2006），处于此区域内的企业会更加容易获取外部技术（Jones et al., 2001）。较强的地区知识产权保护力度能有效增大其他企业对特定技术进行模仿创新的难度，并能有效避免技术剽窃等行为使技术引进企业受到的损失（汪和平 等，2006），从而推动企业从技术引进的产品创新中更多的获益，提升国外技术购买的有效性。

第三节 "制度"的内容、变迁与区域差异

根据上述讨论并基于制度的视角，本书选择了经济和法律两方面的制度[①]。为了表述的清晰，在对每一种制度的阐述中，都按照"制度内容—制度变迁—制度影响—区域制度差异"的逻辑展开，以全面体现分析的"制度"特征和"区域制度差异"。

---

① 制度与体制是两个密切联系且存在区别的概念，制度决定体制，同时体制又对制度起到巩固和发展的作用。本书所用"制度"一词来源于制度经济学，即制度范畴，而制度、体制和机制均属于制度范畴，因此本书并未严格明确制度与体制的界限。在分析中认为体制性的改革和制度本身的演化都属于制度变迁范畴。

一、区域层面的经济开放水平

自新中国成立起，我国建立了以"公有制为主体"为特征的基本经济制度。由于照搬苏联的计划经济模式，我国长期以来都实行高度集中的计划经济。1978 年起实施的改革开放是对创新活动产生重大影响的制度性变革。改革开放的基本内容是对内改革和对外开放，其中改革又包括经济体制改革和政治体制改革，开放则主要强调经济发展需要与国外互融互通，同时也兼顾对内开放[①]。其中，经济体制改革的主要内容是建立和完善社会主义市场经济体制，坚持以市场为导向，利用国内和国外两个市场、两种资源来实现经济发展。改革开放使得我国经济制度发生变化，从单一的全民所有制和集体所有制开始转变为"以公有制为主体，多种所有制共同发展"。在确定改革开放的基本国策后，中央政府和地方政府都开始不断完善已有法规和政策。比如，制定法律赋予非公有制经济合法地位，健全法规鼓励境外资本在我国投资和与我国本土企业合资经营，完善政策鼓励企业增加出口并根据我国切实需要增加进口。尤其突出的是许多工业都开始以"利用外资、扩大出口、以外促内"为基本方针实施发展[②]。我国先后开始实施出口退税和招商引资政策，其中 1979 年制定了《中外合资经营企业法》，1986 年国务院制定了《关于鼓励外商投资的规定》，对产品出口型企业和先进技术型企业的外资给予特别优惠。

经济开放政策从制定、提出到贯彻落实，经历了一个自我丰富和不断完善的制度变迁过程。考虑到 1992 年"邓小平南方讲话"的重要影响和十四大召开提出建设经济体制改革的重大命题，我国于 2001 年正式加入世界贸易组织，一般研究都将 1992 年和 2001 年看作改革开放进程中的两个重要节点。此处以利用外资政策为例，分析经济开放政策的演进。1978—1991 年为改革开放的提出

---

① 近年也有不少研究指出改革开放也应作"对内开放对外改革"的解读，这种解读本身是有益的。

② 如我国的电子工业发展在 1978 年后发生转折，在 1980 年成立中国电子进出口总公司，并在后来的 15 年中利用外资 400 余亿元，占全部投资的近 70%。

和初步实施，在这一时期先后建立了深圳、珠海、厦门等经济特区，赋予经济特区政府在对外经济方面较大的自主权限，尤其是在招商引资方面给予土地、财税优惠等特殊政策，同时确立了"扩大开放、利用外资、引进技术"的战略方针。这一阶段的主要特点是思想观念上的转变，即从单纯的排斥外资转向主动的吸引外资。但对外资的积极主动很快演变成"哄抢"，由于开放初期利用外资对当地经济的促进作用十分显著，部分地区出现了不求经济长远效益的短期行为，于是国家逐步调整引进外资政策。1992年后，我国谋求"以市场换技术"，希望利用潜在的巨大市场吸引跨国企业进行技术转移，以使我国本土企业利用后发优势实现技术追赶。与此同时，伴随引进外资规模的扩大，外资对我国本土企业的竞争效应开始显现，外资和外企呈现向某些产业和区位集中流入的趋势，凭借特殊待遇和强大实力占据大量市场份额。为了应对这种局面，国家开始对招商引资政策进行战略性调整，包括更科学地引导外资在产业和区域布局，为本土企业和外资企业营造更加公平的竞争环境，鼓励外资进行技术转移或与本土企业合作研发。2001年，我国正式加入世界贸易组织，利用外资政策发生新变化，主要体现在一些法律法规进行了重新修订，以确保其与WTO的相关法律相一致，继续鼓励外资企业在我国设立研发中心等。

改革开放政策改变了我国经济活动中的主体和行为规则。从活动主体来看，从单一的国有企业独大演变为国有企业、民营企业、合资企业和境外独资企业并存的竞争格局；从行为规则上看，由于体制性束缚被逐步破除，行政计划被市场规则所取代，以市场导向配置资源成为企业竞争的基本规则。经济开放对创新的影响途径主要来源于FDI和进出口贸易两方面。由于FDI带来的往往不仅是新的产品，更重要的作用是带来知识，而知识与一般产品的重要区别在于知识具有更为显著的溢出效应。这种溢出效应具体包括学习效应、示范效应（Filatotchev et al., 2011）及竞争效应（Meyer, 2004; García et al., 2013）。这种发生在东道国的溢出效应将有助于知识的创造。在贸易方面，进出口活动与企业创新之间也存在着密切关系。一个企业如果进行出口贸易活动，则其会从中进行学习，进而提升其创新绩效。这与仅从对内贸易中学习的不同之处在于，出口企业可以接触到本土市场中难以获得的知识来源，从而帮助它们"出口中学"（Alvarez et al., 2004）。这些知识包括新技术、新材料、新市场、国外购买者（包括企业和消费者）所提供的定制需求、设计建议和技术支持等。大量研究表明，出口和创新往往是一对互补性策略（Ito et al., 2010; Golovko et al., 2011）。

尽管改革开放政策已经实施 35 年有余，但我国不同区域的经济开放水平仍然差距较大，位于不同区域的企业仍面临着经济开放程度具有显著差异的制度环境。中国曾长期实施的非均衡发展战略，力图让一部分人先富起来，因此中央政府对许多地区实施的超常规政策支持，加上政府在政策执行过程中本身存在的不平衡和政府之间存在的博弈，导致经济方面的区域制度存在显著差异。政策执行过程中的不平衡主要体现在政策实行初期的非均衡开放，如早期的改革开放政策就是借助鼓励出口和双向 FDI 政策对东部沿海地区实行优先发展战略（Wright et al., 2005）。经过数年的开放过程后，类似的开放政策才被复制到相关的内陆城市。在这一过程中，部分东南沿海城市借助早期的政策优势和独特的地理区位优势吸引了大量的 FDI，并在进出口贸易方面占得先机。尽管后来国家开始向内陆地区推进经济开放政策，但由于 FDI 的集聚往往具有相对集中性，进出口贸易活动又需要依靠一定的地理条件，我国仍呈现较大的地区间开放水平差异。除了沿海地区和内陆地区的区域开放水平差异显著外，内陆地区之间的这种差异也较为明显，这主要与地方政府自身推进改革的力度不同及地方政府与中央政府的政策博弈有关。在经济开放初期，由于内陆省份往往很难获得中央政府的政策倾斜，因此，它们往往考虑的是"自下而上"的改革路径，即率先突破政策软约束，通过与具有政策优势的省份的合作或承接其产业转移等方式逐步获得更高水平的区域开放度，当这一举措被证明"有效"时再被赋予正式的合法性并在更多内陆地区予以推广[①]。国内开放政策的差异造成中国区域的国际化开放程度"结构上和空间上的不均衡"。例如，2010 年上海市进出

---

① 这种路径与我国产权改革中的路径是颇为相似的，它们都反映出我国的改革往往同时依靠"自下而上"和"自上而下"两条路径。

口总额占当地的 GDP 比重高达 1.35，位居全国第一，而全国范围内该比值最低的地区为青海省，仅为 0.036，前者是后者的 37.5 倍。如果用 FDI 的相关指标度量，也可以看出中国不同地区开放水平的差异十分显著。仍以上述两地为例，2010年上海市 FDI 存量占 GDP 的比例为 0.60，仍位居全国第一，但这一比例在青海省仍只有 0.025，前者是后者的 24 倍（中国统计年鉴，2011）。总之，经济开放的制度差异在区域层面显著存在。

二、区域层面的知识产权保护

在法律体系中，对创新具有重要影响的是基于专利制度的知识产权保护。知识产权主要包括专利权、版权和商标权三大类，知识产权保护的法律制度指关于保护专利权、版权和商标权的一系列相关法律法规。根据我国现有的知识产权保护法律体系，它至少可以分成四大类。第一类是国际性条例。由于我国加入了国际有关协议条约，因此，对我国的整体知识产权保护也产生影响，如《保护工业产权巴黎公约》《与贸易有关的知识产权协议》等。第二类是国家级的法律和行政法规。这些法规是由国家最高权力机关制定并公布，在全国范围内有强制性，如《中华人民共和国专利法》（以下简称《专利法》）、《中华人民共和国商标法》《中华人民共和国著作权法》《信息网络传播保护条例》《计算机软件保护条例》《中华人民共和国知识产权海关保护条例》等。第三类是部门性规章。这些规章由国家知识产权局单独或联合其他相关行政管理部门公布，一般是针对国家级知识产权法规的实施细则、指南和条例，同样在全国范围内强制执行，如《专利审查指南（2010）》《专利行政执法办法》等。第四类是地方政府规章。它由省级地方政府根据自身情况制定，其内容仍需与前述三类保持根本性一致，其执行只在本省行政区划内有效。除了一些更为具体的强制性措施外，这些规章中也包含引导性、扶持性政策，专利保护和促进性质的条例，以及规范、促进专利转化办法等。

我国的知识产权保护法律体系经历了漫长的制度变迁过程。以《专利法》的诞生和先后 3 次修正为例，1984 年我国诞生了第 1 部《专利法》，并于同年加入《保护工业产权的巴黎公约》（以下简称《巴黎公约》）。在这一时期，中国的《专利法》主要是受到《巴黎公约》的约束（文礼朋，2010）。但由于《巴黎公约》本身只需要满足"国民待遇原则"即可，因此，这一段时期我国的知识产权保护无论从保护范围还是专利有效时限而言，总体保护相对较弱。1992年，为了在乌拉圭回合谈判中加入关贸总协定①，为恢复关贸总协定缔约国地位创造条件，同时也为了履行我国在《中美知识产权谅解备忘录》中做出的承诺②，我国对《专利法》进行了重大修改，主要体现为扩大了对专利权的保护范围，不同程度地延长了专利权的有效保护期限。遗憾的是乌拉圭回合谈判并未实现加入GATT的目标。2000年我国对《专利法》进行了第2次修改，这次修改仍然是为了实现加入WTO的目标，修改的过程参考了WTO三大支柱之一的《与贸易相关的知识产权协议》（以下简称TRIPs）。相较于1992年的版本，专利保护的范围进一步扩大，保护强度也进一步提高，我国《专利法》与TRIPs的差距不断缩小，其中较为突出的是取消国家知识产权局专利复审委员会对实用新型和外观设计的终局决定权，为实用新型、外观设计的行政终局决定提供了司法审查机会，同时取消了一直被视为计划经济产物的"计划许可"。与前两次外部因素对知识产权保护制度变迁的直接外在冲击稍有差别，2008年我国实行的对《专利法》的第3次修改则更多是基于外部技术创新竞争情形下的内生动力，即运用专利保护制度来实施国家知识产权战略、建设创新型国家。其中一个重要变化就是明确强调"保护专利权人的合法权益"，以"提高创新能力"来"促进经济社会发展"。2014年全国人大常委会开展了《专利法》执法检查工作，指出《专利法》实施中存在一些突出问题，包括专利质量总体上还处在较低水平，不能适应经济和社会发展的需要；侵权行为时有发生，专利保护实际效果与创新主体的期待存在较大差距；专利运用能力不足，专利的市场价值没有得到充分体现；专利公共和社会服务能力不强，与快速增长的社会需求之间还存在较

---

① 即现在的世界贸易组织（WTO），当时为关贸总协定（GATT）。

② 国家知识产权局网站，http://www.sipo.gov.cn/zxft/zlfdscxg/bjzl/200804/t20080419_383845. html.

大的差距。为此，我国于 2015 年启动了相关程序，从提高专利质量、加大执法力度、加强专利保护、促进专利运用等方面对《中华人民共和国专利法》进行第 4 次全面修改。

通常而言，知识产权制度主要有三个基本功能。第一，它规定了知识产权的明确归属。它赋予了知识产权所有者享有对创新成果的独占、使用、收益和处分的权利，任何人未经其许可不得使用其成果，否则将会构成侵权。第二，它有利于鼓励研发。对创新成果的独占会使得创新者获得对创新的垄断性收益，这种收益远远高于其他收益，从而吸引潜在创新者加大创新投入。第三，它有助于成果的商业化，对知识产权进行法律保护，意味着专利所有者和专利需求者之间可以进行交易，并减少由于信息不对称带来的道德风险等问题，这同时也有助于提升知识的新颖性和原创性。但这种观点正受到日益增多的挑战，尤其是对具有技术后发优势的国家而言，实施更为柔性的知识产权保护战略可能不是一个坏选择。Stiglitz & Greenwald（2014）指出，产权制度包括知识产权制度也应根据国家的不同情况做出不同设计，重要的是权利和责任的对应[①]。事实上，一些理论已经为知识产权制度可能的负面效应做了解释。例如，专利竞赛理论认为，在社会上具有多个创新主体进行竞争的情形下，只要获取的创新收益不低于创新成本，企业就会持续进行研发投入，因此，通过加强知识产权来避免创新投入的减少就没有必要。累积性创新理论指出创新本身是个不断累积的过程，加强知识产权保护本意上是为了创新者的创新投入，但却不可避免地增加了后来创新者的成本，这极有可能阻碍科技的进一步创新。还有研究从法律层面指出，"专利制度变革纵容法律操控和阻碍了创新……解决方案是了解这些违背我们意愿的激励措施的作用机制，并且修改专利程序和政策"[②]。

---

① 2007 年 3 月 8 日 Stiglitz 教授在北京大学中国经济研究中心做了题为《从知识产权角度看中国创新体系的机制设计》的演讲，明确提出对于中国这样的发展中国家，在创新机制上最大的挑战是减小与发达国家的知识差距，而这个差距现在已经较大，西方的创新机制有激励效果较好的优点，但具有高度扭曲性。

② Jaffe, Lerner. 创新及其不满：专利体系对创新与进步的危害与对策. 罗建平，兰花，译. 北京：中国人民大学出版社，2007，6.

由于知识产权保护的相关强制性法律制度由国家制定，因此，从立法层面而言，总体上并不存在区域制度差异（Li，2009）。但从执法层面而言，我国地区间的知识产权保护执法力度存在显著差异，这种差异有理论和现实两个层面的解释。从理论上看，尽管区域并不具有类似国家层面专利立法方面的权限，但地区政府有动机采取非一致的行动来弱化或强化现有法律法规。如宋伟、闫超（2010）在研究区域知识产权保护力度与创新能力耦合度时发现，不同区域的政府可能在不断微调知识产权保护力度，以使得区域创新能力不断提升。之所以存在微调，主要是因为随着当地知识产权保护政策的完善，区域的创新能力也随之提高，但是达到一个临界点时，区域的创新能力会随着区域知识产权保护政策的完善而降低。在我国这一结论已经有了实证支持（张杰 等，2012）。从现实层面上而言，我国不同地方对专利保护的程度确实存在差异。已有研究也针对知识产权保护力度的衡量进行了有益探索，指出我国区域间存在知识产权保护执法力度的差异[①]。例如，樊纲等（2011）所公布的"市场化指数"中，2009 年浙江的知识产权保护得分高达 53.51，而青海得分仅为 1.16，前者是后者的 46 倍；根据姚利民、饶艳（2009）测算的 2001—2005 年全国各地区知识产权"执行效果"平均值，北京的 IPR 指数为 3.93，而西藏仅有 1.15，前者是后者的 3.4 倍。总之，知识产权保护力度的区域差异显著存在，它影响了该区域内的企业对外部技术的利用方式和成本，对企业创新绩效产生影响。

第四节　本章小结

本章主要分析了与企业技术合作模式和创新绩效相关的区域制度及其差异。首先，选取了基于政治版图的省级行政区划作为区域的基本分析单位，明确了"区域"的界定。其次，分析了区域制度差异影响特定的技术合作模式与企业

---

① 具体的度量方法和指标选取将在本书的实证部分予以具体讨论。

创新绩效之间关系的一般性机制。分析表明，区域制度能影响利用既定技术合作模式的有效性——在给定企业使用某种技术合作模式的前提下，企业是否能从相同程度的该种技术合作模式水平中获得更多的企业创新绩效提升，使得利用这种技术合作模式对创新绩效的贡献度更大。经济和法律方面的地区经济开放水平和地区知识产权保护力度会通过影响交易费用和产权来影响企业利用既定技术合作模式的有效性，从而形成区域制度对不同技术合作模式与企业创新绩效关系的调节。最后，探讨了"制度"的内容、变迁和区域差异。经济开放对创新的影响途径主要来源于 FDI 和进出口贸易两方面。由于 FDI 带来的往往不仅是新的产品，更重要的作用是带来知识的学习效应、示范效应（Filatotchev et al., 2011）及竞争效应（Meyer, 2004; García et al., 2013）。处于开放水平较高的地区有助于企业参与出口活动，并实现"出口中学"（Alvarez et al., 2004）。现实中，政府在政策执行过程中本身存在的不平衡和政府之间存在的博弈是导致经济方面区域制度差异的主要原因，因此，经济制度在区域层面的差异主要反映在我国不同区域的经济开放水平仍然差距较大。知识产权制度对激活企业创新具有重要意义。其中，明确产权归属有助于使产权所有者享有对创新成果的独占、使用、收益和处分的权利；对创新成果的独占会使得创新者获得对创新的垄断性收益，这种收益会吸引潜在创新者增加研发投入；对技术交易进行保护有助于成果的商业化，并提升知识的新颖性和原创性。由于知识产权保护的相关强制性法律制度由国家制定，因此，从立法层面而言，总体上并不存在区域制度差异（Li, 2009）。但从执法层面而言，我国地区间的知识产权保护执法力度存在显著差异。

第七章

区域制度差异对开放创新与
企业创新绩效关系的影响

本章利用制度存在区域性差异这一特点，证实了制度因素调节开放创新与绩效之间关系的作用机制。具体而言，考察了地区经济开放和知识产权保护对开放创新与企业创新绩效的调节机制，证实企业战略和特定的区域制度在利用开放创新提升创新绩效方面存在互补效应。至此，全书完成了技术与制度"双轮驱动"创新绩效提升的全景呈现。

第一节 区域制度差异对产学研项目合作与
企业创新绩效关系的调节

当前，跨区域的产学研合作越来越多，在学研资源较少的地区这种趋势更为明显。另外，一个企业可能同时与多个大学等科研机构展开基于多个项目的合作[①]。因此，本书并未假设产学研项目合作一定是区域内的，但在分析中所涉及的区域制度差异是基于企业所在区域划分的。后面的分析将力图证明，无论产学研合作项目是区域内的还是跨区域的，企业所在区域的制度差异（包括经济制度中地区开放程度和法律制度中知识产权保护）都会对产学研项目合作和创新绩效之间的关系带来影响。

一、地区开放水平的调节

通过贸易和 FDI 促进开放是新兴经济体的一项重要政策，但由于不同地区的地理区位不同，加上中央政府规划中有所侧重、地方政府推动开放的力度不一等原因，导致一些地区比另一些地区开放程度更高。开放使企业和大学等科研机构具有获得更多外来知识及与境外创新主体紧密互动的机会。这些机会使境内企业和大学等科研机构在增强创新能力方面受益，有助于提升企业产学研项目合作双方的技术水平，同时在创新的竞争效应和政府的推动效应下，境内企业、大学等科研机构和境外企业的三方合作趋多，从而增强产学研项目合作对企业创新绩效的正向作用。因此，无论产学研项目是区域内还是跨区域，企业所在区域的经济方面制度差异——经济开放水平——仍能对产学研项目合作和企业创新绩效产生调节。

相对于处在开放水平较低地区的企业，处在开放水平较高地区的企业可以

[①] 一个最新趋势是在政府主导下建立的产业技术合作联盟，其中的产学研项目合作就存在多个企业和多个科研院所同时参加的情况。

从较高的地区 FDI 存量和更频繁的贸易活动中受益。FDI 和贸易活动给特定区域的企业带来了溢出效应、学习效应和示范效应（Cheung et al., 2004; Filatotchev et al., 2011），这些效应往往能促使企业获得外部知识、提升创新能力，从而提升创新绩效。更高水平的经济开放可以推动地方经济并加速技术追赶和组织学习（Todtling et al., 2005）。高水平开放还能引入竞争，为新产品创造新市场和新需求（Chung et al., 2002; Kim et al., 2012）。来自中国的证据表明，FDI 与境内企业的新产品销售和专利研发呈正相关关系（Cheung et al., 2004）。现有研究还表明，新的 FDI 往往发生在 FDI 存量较高的地方，会加强 FDI 的集聚效应（Meyer et al., 2005）。区域内频繁的贸易活动与企业创新之间也存在着密切关系。进行进出口贸易活动也会使企业从中进行学习，进而提升其创新绩效。这种学习与其他仅进行对内贸易的企业的学习不同之处在于，出口活动企业可以接触到本土市场中难以获得的知识，包括新技术、新材料、新市场，以及国外购买者（包括企业和消费者）所提供的定制需求、设计建议和技术支持等，在"出口中学"的效应下出口与创新的互补性不断增强（Alvarez et al., 2004; Ito et al., 2010; Golovko et al., 2011）。即便对于一些处于贸易活动频繁区域但并不参与出口的企业而言，它们也能通过各种正式或非正式关联分享上述知识。相较于处于经济开放水平较低区域内的企业，处于经济开放水平较高区域的企业必须应对外资和外企的竞争，它们往往还必须巩固和扩大自身在国际市场中的竞争优势。这使得这些企业在获得"出口中学"效应后有较强的积极性将这些信息带入产学研项目合作，从而可能使产学研项目对企业的创新绩效有更大的促进效应。

更高的经济开放水平也使处于这些区域的高校等科研机构受益。在开放水平较高的地区，会存在着较多的外资与外企，这些跨国公司和境外资本通过绿地投资、跨国并购等各种方式进入新兴市场。之后，它们会与东道国的高校等科研机构建立联系，谋求降低交易成本、了解当地市场和东道国相关的技术实力（McEvily et al., 1999; Chan et al., 2010）。另外，它们也有可能与学术机构展开跨区域的合作，进一步研发技术以实现原有技术的升级或本土化，消除自有技术对东道国市场可能存在的不适应性（Fu et al., 2011）。例如，IBM、西门子、摩托罗拉、日立集团及日本电气等跨国企业在进入中国后，都不约而同地与清华大学开展了持续而深入的合作，不仅搜集和传播了相关研发信息，还建立了 R&D 和培训中心，最终形成了规模较为庞大的知识网络（Liu et al., 2001）；思科在中国设立研发中心后，也与清华大学、成都电子科技大学、重庆邮电大学分别设立科技联合研究实验室进行研究合作，同时还共同培养人才。这些互动，既满足了跨国企业在进入东道国后的现实需要，也使高校等科研院所洞悉跨国企业在技术开发方面的先进知识，了解企业技术和管理实践方面的内容（Kim et al., 2012; McEvily et al., 1999）。这些外部知识通常与国内学研机构自身的知识具有很强的互补性，从而能提升学研机构的技术研发水平和商业化水平。由于地区的 FDI 水平与该地区研究型大学的数量（Asheim et al., 2005）和科技人才的数量（Chung et al., 2002）高度相关，FDI 与大学等科研机构之间的互动会加强跨国企业和大学共存区域的知识存量。因此，当跨国企业与大学等科研机构的互动提升了后者的技术能力时，大学等科研机构有可能成为国外前沿技术在国内知识池中传播的桥梁。例如，推动外国知识和更高级的技术在大学等科研机构与国内企业开展产学研项目合作中进行一定程度的转移。因此，外部知识的扩散除了外资企业对境内企业的直接溢出外（如直接通过从业人员从外资企业向内资企业流动进行扩散），境内企业还可能通过与外资机构有良好合作关系的大学等科研机构开展产学研项目合作获得更多溢出。从这个角度而言，企业会更有积极性与有类似经历的大学等科研机构互动，也能从产学研项目合作中获得更多具有价值的知识，从而提升产学研项目合作对企业创新绩效的正向作用。

在开放水平较高的地区，较高的 FDI 存量也会带来显著的竞争效应（Meyer, 2004; García et al., 2013）。由于外资的技术实力和市场经验通常更胜一筹，因此为了应付创新方面的竞争，处在开放水平较高地区的企业可能会寻求更多的外部合作研发来提升创新能力以应对挑战。新兴经济体中的政府往往也会倾向采取积极措施，利用外资的竞争效应增强本土企业和大学等科研机构的创新能力。现实中，我国许多高校院所在资源较为丰富的地区设立了大量"创新示范园区""创新产业园"等平台，设立创新项目来培育本土企业、外资企业和大学等科研机构之间的协同（Hu, 2007）。例如，政府的"863计划""火炬计划"项目就在具有高质量科研机构的区域设立技术和科学园区，以此吸引FDI并通过本土企业、外资企业和大学等科研机构之间的合作来促进创新（Hu, 2007）。同时，政府还对外资较为集中的区域专门设立"高新技术产业园区"，有意识地将本土优秀企业、具有较强研发实力的大学等科研机构采取一定方式实现空间集聚。因此，FDI水平越高的区域，在创新的竞争效应和政府的推动效应下，境内企业、大学等科研机构和境外企业的三方合作趋多，越有可能产生企业与大学间富有成果的合作。

由上述讨论可以得出，较高的地区开放水平能够使企业获得更多的知识溢出，也使大学等科研机构获得更多外部知识，在创新的竞争效应和政府的推动效应下，产学研之间的协同合作也会增多。根据创新搜寻理论，如果能获得与更好的知识资源（尤其是科学知识）相联系的机会，那么企业可以进行更有效的搜寻，进而获得更好的问题解决方案或新的发明（Fabrizio, 2009）。因此有理由认为，相较于处于开放程度较低地区的企业，处于开放程度较高地区的企业能从产学研项目合作中获得更多创新绩效提升，故可以提出如下假设。

假设3：企业所在区域的开放水平正向调节产学研项目合作和企业创新绩效的关系。即在企业的产学研项目合作程度一定的前提下，与处于开放水平较低地区的企业相比，处于开放水平较高地区的企业能从产学研项目合作中获得更高的创新绩效。

二、知识产权保护的调节

知识产权制度的三个基本功能——明确产权归属、增加研发投入和保障技术交易——对激活企业创新具有重要意义。其中，明确产权归属有助于使产权所有者享有对创新成果的独占、使用、收益和处分的权利；对创新成果的独占会使得创新者获得对创新的垄断性收益，吸引潜在创新者增加研发投入；对技术交易进行保护有助于成果的商业化，并提升知识的新颖性和原创性。同时，已有的国内外研究也表明，过强的知识产权保护可能增加发展中国家的研发成本和难度，亦对发展中国家实现技术赶超不利（Schneider, 2005; 余长林 等，2009; 蔡玲，2009）。但以上均为知识产权保护对企业（或国家层面）创新绩效的直接效应分析。由于较强的知识产权保护有助于弱化企业和大学等科研机构在知识产权方面潜在的冲突，因此在产学研项目合作呈现区域内和跨区域并存的情况下，企业所在区域的法律方面制度差异——知识产权保护——仍能对产学研项目合作和企业创新绩效产生调节。一方面，较强的知识产权保护有利于在事前降低知识产权因素对产学研合作形成的阻碍，从而增强处于该区域内的企业和大学等科研机构在产学研合作方面的意愿；另一方面，较强的知识产权保护也有助于在事后降低产学研合作成果的非合意性知识外溢，有利于区域内的合作双方根据契约规定实现对产学研项目合作成果的占有。因此，当区域的知识产权保护力度较高时，会增强企业产学研项目合作对企业创新绩效的正向作用。

从事前角度来看，较强的知识产权保护力度有助于增加企业与大学等科研机构进行项目合作的意愿，而较高的合作意愿也能促进合作本身的有效性。知识产权上的冲突是制约企业和大学等科研机构开展产学研合作的主要障碍之一（Hall et al., 2001），这使得知识产权保护力度较高的区域比知识产权保护力度较弱的区域拥有更多产学研项目合作的机会。从企业方面而言，较强的知识产权保护有助于保障企业在产学研项目合作中的权益。尤其是在产学研项目合作属于合作合同而非委托合同的情况下，由于双方往往都参与了研发过程，因此知识产权的归属往往无法像委托合同中一样明确注明由哪一方独占，现实中通常是由企业与大学等科研机构共有。从大学等科研机构方面而言，这种较强的知识产权保护力度在理论上可能带来不同的影响：一方面，它们可能因过多合作限制知识传播的顾忌而放弃产学研项目合作；另一方面，由于大学等科研机构希望能通过产学研项目合作来创造更多有价值的专利，这有助于今后更多地从专利许可和出售等活动中受益，因此较强的知识产权保护又有助于调动它们的积极性进行产学研项目合作。现实中后一种情况占据了主导，在知识产权保护加强的情况下，大学等科研机构越来越多地参与产业创新[①]，在与企业的合作中，大学等科研机构在管理产学研项目合作中表现得越来越主动（Bruneel et al.，2010）。对处于知识产权保护力度较高地区的企业而言，它们会更加重视知识产权问题并更倾向于在事前明确关于知识产权的相关事项，大学等科研机构出于保护自身知识产权角度出发更愿意与知识产权意识较强的企业进行合作。由此不难推出，相较于处于知识产权保护力度较低地区的企业，处于知识产权保护力度较高地区的企业会更容易找到产学研项目合作伙伴。从创新搜寻理论而言（Fabrizio，2009），这无疑会提升搜寻活动（此处为项目合作）的有效性。

从事后角度来看，较强的知识产权保护力度有助于弱化产学研项目合作降低企业创新绩效的机制。根据第五章的分析，产学研项目合作降低企业创新绩效的机制中的一个重要来源，是价值取向方面的差异会导致学研机构采用的知识产权规则往往与企业的知识获取和保护目标相冲突（Partha et al.，1994），由此可能带来与合作相关的问题（Bruneel et al.，2010; Bogers，2011）。这种冲突可能导致的一种后果是学研机构更看重自身的价值取向，对产学研合作项目中所产生的部分知识通过会议、论文、报告等公开发表渠道进行了选择性的揭示。在产学研项目合作中，尽管项目的研发成果往往受到合同的保密政策保护，但作为研发活动的重要一方，由于知识传播属性和学术评价体系的影响，大学等科研机构仍有通过项目申报、文章发表等方式传播研发成果知识的积极性。即便这些知识只是研发过程中的片段或一些边缘性或次要性知识，仍会对企业造成知识的非合意性外溢。因此，只要学研机构更看重自身的价值取向，企业都无法完全占有属于自己的创新收益，由此对企业的创新绩效带来负面影响。在知识产权保护力度较强的地区，这种情况将有所弱化。因为处于这些地区的企业通常具有较高的知识产权保护意识，企业更可能采取明确和细化的条款和合同来约束大学等科研机构对合作项目内容的揭示，以及对项目合作成果的分享。在这种情况下，大学等科研机构也能

---

① 这种倾向在任何国家都是普遍趋势，因为社会上也普遍认为大学等科研机构应该更加投入产业界的创新活动，政府采取的相关专利法案和倾斜政策也促使大学等科研机构可以更为灵活地参与产业创新。

明确保护属于自己的知识产权，并有利于大学等科研机构今后的专利许可和转让活动（Hall et al, 2001; Bruneel et al., 2010）。由于较高水平的知识产权保护力度对创新成果的分享或独占有了更为清晰的界定和保护，产学研项目知识的非合意性外溢将会减少，有助于参与产学研项目合作的企业从中获取相关技术知识带来的"垄断租金"。因此，较高的地区知识产权保护水平将提升产学研项目合作对处于该区域内企业创新绩效的促进作用。

由上述讨论可以得出，较高的地区知识产权保护力度能够弱化企业和大学等科研机构在知识产权方面潜在的冲突，使企业和大学等科研机构在事前就增加进行产学研项目合作的意愿，因此，处于该区域内企业实施产学研项目之间的协同合作机会将会增多。同时，较高的知识产权保护力度还会在事后降低产学研合作成果的非合意性知识外溢，有助于合作双方根据契约规定实现对产学研项目合作成果的占有。因此有理由认为，相较于处于知识产权保护力度较低地区的企业，处于知识产权保护力度较高地区的企业能从产学研项目合作中获得更多创新绩效提升，故可以提出如下假设。

假设4： 企业所在区域的知识产权保护力度正向调节产学研项目合作和企业创新绩效的关系。即在企业的产学研项目合作程度一定的前提下，与处于知识产权保护力度较低地区的企业相比，处于知识产权保护力度较高地区的企业能从产学研项目合作中获得更高的创新绩效。

第二节 区域制度差异对国外技术购买与企业创新绩效关系的调节

一、地区开放水平的调节

区域的开放水平不仅会影响区域内企业进行技术引进的机会，还会影响区域内企业与外资竞争和参与出口市场的程度。分析表明，外资竞争和参与出口市场的程度会提升区域内企业利用国外技术购买这种技术合作模式的有效性。因此，企业所在区域的经济开放水平会调节企业国外技术购买与创新绩效之间的关系。

较高的地区开放程度使得处于该区域内的企业有更多的与外资企业进行互动并参与贸易活动的机会，FDI 和贸易活动给特定区域的企业带来了溢出效应、学习效应和示范效应（Cheung et al., 2004; Filatotchev et al., 2011）。在这种情况下，以获取技术为目的而与其他企业建立的联系就会加强（Mowery et al., 1996），使企业有可能与更多国外创新主体建立联系，获得更多技术引进的渠道。因此，处于经济开放水平较高地区的企业有可能更多地利用国外技术购买这种技术合作模式，从国外技术购买中获得更高的创新绩效。除了对国外技术购买这种模式的直接影响，处于开放水平较高地区的企业可以从较高的地区 FDI 存量和更频繁的贸易活动中受益，较高的地区开放程度使得企业有更多机会接触到外部知识，通常情况下这些知识会提升企业对技术的搜寻和鉴别能力，使企业在进行国外技术购买中更有针对性，提升国外技术购买对创新绩效提升的有效性，从而有助于企业从国外技术购买中获得更高的创新绩效。

处于开放程度较高地区的企业会面临着更为激烈的外资竞争和更多参与出口市场的机会，这会迫使处于这一区域的企业在技术引进的基础上进一步加大研发力度，来加速消化吸收再创新，并可能从"出口中学"中获取"学习曲线"效应（Alvarez et al., 2004），从而使引进的技术发挥更大作用，使企业从技术引进中获取更高的创新绩效。较高的地区开放程度通常意味着特定区域内较高的 FDI 存量，因此，处于这一区域的企业也面临着更为激烈的外资竞争（Meyer, 2004; García et al., 2013）。虽然引进的技术具有一定的创新性，可以为境内企业提供直接使用先进技术的可能，但这些技术毕竟来自国外。通常情况下，境外的跨国企业也会通过 FDI 等方式进入类似中国这样具有巨大潜力的新兴市场。尽管技术引进有助于缩小境内外企业的技术差距，但由于跨国企业往往在技术上更为领先，境内企业在成功进行国外技术购买的情况下仍面临着技术上的劣势。为了应对这些挑战，处于开放水平较高地区的企业只有在技术引进的基础上，通过内部研发或外部合作研发活动来加速消化吸收再创新，以此实现技术上的加速追赶。处于较高开放程度的区域还意味着该区域内的企业有更多参与出口市场的机会。虽然企业通过国外技术购买所引进的技术在技术发达国家可能并非前沿性的技术，但对于本国技术更为落后的国家而言，这些技术仍属于"前沿性"技术。研究表明，国外技术购买也会促进企业出口，而且比国内技术购买对出口具有更显著的正效应（Wang et al., 2013）。这就使企业可以通过在出口中的"干中学"来进一步获取"学习曲线"效应（Alvarez et al., 2004），从而增强国外技术购买带来的企业创新绩效提升。

由上述分析可以得出，较高的区域开放程度能够增加企业与外资企业进行互动并参与贸易活动的机会，这些机会使得企业有可能与更多国外创新主体建立联系，获得更多技术引进的渠道，从而使企业能拥有更多技术引进的机会。同时，较高的地区开放程度还使位于该区域内的企业面临着更为激烈的外资竞争和更多参与出口市场的机会，迫使这些企业在技术引进的基础上进一步加大研发力度来加速消化吸收再创新，从而使引进的技术发挥更大作用，或通过出口中的"干中学"来进一步获取技术引进带来的创新绩效提升。因此，有理由认为，相较于处于开放水平较低地区的企业，处于开放水平较高地区的企业能从国外技术购买中获得更多创新绩效提升，故可以提出如下假设。

假设 5：企业所在区域的开放水平正向调节国外技术购买和企业创新绩效的关系。即在企业国外技术购买的交易程度一定的前提下，与处于开放水平较低地区的企业相比，处于开放水平较高地区的企业能从国外技术购买中获得更高的创新绩效。

二、知识产权保护的调节

区域的知识产权保护水平不仅会影响区域内企业进行国外技术购买的机会，还会影响进行国外技术购买的企业能否借助所购买的技术来获得更高的创新绩效。因此，企业所在区域的知识产权保护力度会调节企业国外技术购买与创新绩效之间的关系。

较强的地区知识产权保护力度有助于处在该区域内的企业得到更多获取外部技术的机会，这其中也包括对国外的技术购买。对东道国政府而言，提供适度且有效率的知识产权保护环境，不仅可以更好地吸引 FDI，而且可以引进较为先进的技术（杨全发 等，2006）。通过技术引进，企业可以在创新和生产活动中加以应用来不断改进产品质量，加速企业对市场的探索和利用（Atuahene-Gima，1992）。一般而言，技术专利转让从开始到完成需要一个周期。在这个周期内，企业可以通过人员交流、技术咨询等方式获取对所购买技术的较为完整的信息。企业在进行技术引进时，除了希望获得关于这些技术的显性知识（如具体设备、操作方法）外，也希望尽力获得其隐性知识（如解决这些问题的思路）。因为隐性知识中蕴含更多关于技术转让企业研发能力的信息，这些信息对企业提升自身技术能力是极为重要的。但从技术转让方的角度而言，外部环境是否具有较高的知识产权保护水平是影响其是否进行技术转让的关键因素。如果一个地区的知识产权保护水平较低，则转让方会担心被转让的技术会被更多人得到并加以利用，从而损害了转让方的直接利益。同时，由于担心自己的隐性知识被技术受让方获得，因此它们会非常关注保护自己的核心技术和能力，尤其是嵌入资源中的隐性知识部分（Hamel et al.，1989）。在这种情况下，考虑到自己的技术能力很容易被更多潜在的竞争对手所利用，国外企业可能不愿意进行技术转移或专利转让。比如，Zhao（2006）的研究表明，由于知识产权保护和技术交易方面的制度存在缺陷，跨国企业在中国境内所研发的技术通常是在母企业内部被使用，以防止非合意的知识外溢。当区域的知识产权保护水平较高时，国际性的技术转移活动将明显增多（Branstetter et al.，2006），处于此区域内的企业会更加容易获取外部技术（Jones et al.，2001）。

较强的地区知识产权保护力度能有效增大其他企业对特定技术进行模仿创新的难度，从而允许进行国外技术购买的企业更多地从利用引进技术生产的创新产品中获益，因此有助于处于该区域的企业从国外技术购买中获得更高的创新绩效。对后发国家的企业而言，模仿可能是短期内加速技术创新的一个有效途径。模仿具有许多优点，如它是通过对现成技术加以模仿来实现的，因此研发成本较低；它通常不涉及重大的技术突破，往往只是"简单照搬"或"稍加改变"，因此技术要求不高；由于被模仿的对象往往具有稳定的市场前景和良好预期，因此模仿创新的不确定性很低。除了上述因素外，技术实力整体较为落后的国家更倾向于采取柔性的知识产权保护策略，以此为本国企业加速提升创新能力提供"时间窗口"（文礼朋，2010）。正是由于模仿的存在，进行技术引进的企业可能无法独占其技术引进后带来的好处。尤其是知识产权保护的缺失可能引发技术剽窃等行为，从而使技术引进企业受到损失（汪和平 等，2006）。因此，区域间知识产权保护力度上的差异可能对模仿创新带来不同程度的影响。在知识产权保护力度较强的区域，区域内的其他企业实行模仿创新会面临更高的成本——"简单照搬"式的模仿创新很可能被视为侵权行为而面临高额的惩罚性赔偿，而"稍加改变"式的模仿则意味着企业可能需要对技术本身有足够的了解，并在此基础上实施一定程度的创新，这对模仿提出了更高要求。同时，区域外企业的模仿也会受到限制，由于地理邻近性条件很难满足，它们将很难获得地理邻近带来的知识溢出，而仅能通过"看中学"或逆向工程来探索产品中所蕴含的技术等显性知识。此时技术引进的企业能够更多地从利用引进技术生产的创新产品中获得持续性的独占收益，因此，较高的区域知识产权保护有助于企业从国外技术购买中获得更高的创新绩效。

由上述分析可以得出，较高的区域知识产权保护力度能够增加国外企业进行国际技术转移的意愿，因此，在这一区域的企业可以获得更多的技术引进机会。同时，较高的区域知识产权保护力度还能有效增大其他企业对特定技术进行模仿创新的难度，从而使技术引进方能更多地从利用引进技术中获益，有助于企业从国外技术购买中获得更高的创新绩效。因此，有理由认为，相较于处于知识产权保护力度较低地区的企业，处于知识产权保护力度较高地区的企业能从国外技术购买中获得更多创新绩效提升，故可以提出如下假设。

假设6：企业所在区域的知识产权保护力度正向调节国外技术购买和企业创

新绩效的关系。即在企业国外技术购买的交易程度一定的前提下，与处于知识产权保护力度较低地区的企业相比，处于知识产权保护力度较高地区的企业能从国外技术购买中获得更高的创新绩效。

第三节　变量、数据与模型

一、数据来源

探讨区域制度差异对开放创新与企业创新绩效关系的调节，中国是一个非常适合的背景。在全面深化改革进程中，各地呈现出显著的区域制度性差异。许多研究也认为，中国从计划经济向市场经济的转型是在不同地区非均衡展开的，这造成不同区域的制度在设立和发展过程中也存在巨大差异（Meyer et al., 2005; Wright et al., 2005）。另外，中国的国家创新系统是基于学术机构建立的，政府以拥有世界领先的科技实力为目标（Zhang et al., 2013）。上述特征不仅使得以中国作为检验本书理论框架并考察特定区域制度异质性对企业技术合作模式和创新绩效的影响非常合适，也暗含现有理论中隐含的以发达国家为研究对象的结论会受到挑战。与第五章的数据来源类似，本章的样本数据仍然来自"创新型企业数据库"。为了避免创新的行业差异等问题，本章一致性地采取了剔除异常值样本，排除了农业、采矿业、热水和电力的生产和供应业及服务行业的企业等步骤。最后仍集中于制造业企业，包括375家创新型企业样本，样本年限区间为2008—2011年。

根据第六章对"区域"的定义，本章的区域层面的数据以行政区划中的省级区域为单位。数据来自相应年份的《中国统计年鉴》《中国区域经济统计年鉴》《中国科技统计年鉴》《中国知识产权年鉴》《中国基本单位统计年鉴》《全国科技经费投入统计公报》。为了确保数据的一致性和准确性，在操作过程中还与国家统计局、科技部、商务部网站所公布的数据进行了核对。与知识产权保护相关的数据还来自国家知识产权局网站公布的《国家知识产权局统计年报》。另外，针对贸易和 FDI 的相关统计数据，在剔除其规模因素时用到了汇率换算，其汇率采用的是中国人民银行公布的汇率年平均中间价。由于涉及的时间范围很短，对所有货币性指标并未进行价格平减。

二、变量设置

本章所使用的被解释变量和控制变量与第五章完全一致，不再赘述。需要说明的是对各种区域制度变量的度量方法。对制度的衡量历来是研究中的一个难点，本书中的制度度量更为困难，主要原因有二：一是制度本身具有多维性，如经济开放既可以用 FDI 度量，也可以用贸易数据度量，但两者本身也具有一定的差异，其侧重点仍有所不同（Cuadros et al., 2004）；二是本书需要度量的是区域性的制度差异，在很多情况下，这种区域性制度差异本身没有国家层面的差异那么显著。以知识产权保护为例，国家层面的度量可以从立法、参与条约和公约个数、执法机构数等度量，但区域层面的制度差异无法在上述三个方面予以全部呈现。因此，本章在设置区域制度变量过程中，一方面参照了现有研究的相关变量设计，以使得研究具有可比性；另一方面，并未采取用综合指数来度量某一制度的方法，因为综合指数中的权重确定往往存在相当的主观性，而是采取了对同一个制度变量进行多维度度量的策略，以此展现制度差异的多面性和模型结论的稳健性。

地区开放水平。现有研究中通常用 FDI 和贸易指标来反映地区的开放水平。本章直接同时使用这两个指标来反映地区的开放水平。同时，为了剔除地区的规模因素，本书利用了地区生产总值数据，即用地区 FDI 存量占地区生产总值比例和地区出口总额占地区生产总值比例分别反映地区开放水平。其中樊纲等（2011）提供了符合上述定义的 FDI 的一个合适度量，本书直接予以引用[1]。尽

---

[1] 樊纲等(2011)的数据只提供到 2009 年，考虑到年份之间的区域差异趋势不会出现骤变，故用滞后 1 期值代替。类似情况如知识产权服务机构配套，因《中国基本单位统计年鉴》2009 年缺失，故使用当期值。

管两个指标均能度量地区开放水平，但仍有差异（Cuadros et al., 2004），如 FDI 往往是多因素的结果，既有国内政策因素，也具有外资的选择性因素，而出口更多的是国内企业的因素，也包含港澳台资和外资企业的出口因素。需要说明的是，两个指标也都存在同一个缺陷，即无法剥离地理因素的影响[①]。

知识产权保护。目前对知识产权保护力度的度量方法和标准并不一致。国际上通常采用的是 R-R 指数和 G-P 指数，我国学者立足中国的现实情况进行了深入探索。例如，许春明、单晓光（2008）从纳入司法保护、行政保护、经济发展、公众意识和国际监督五方面的内容考察知识产权保护执法强度；董学兵等（2012）在许春明、单晓光（2008）的基础上用标准化方法进行了改进；姚利民、饶艳（2009）也认为知识产权保护的地区执行效果存在显著差异，并从社会法制化程度、政府的执法态度、相关服务机构配备和社会知识产权保护意识四方面予以度量；宋伟、闫超（2010）将区域知识产权保护力度划分为趋于司法保护水平、行政保护及管理水平、区域公众保护意识三方面；樊纲等（2011）的"市场化指数"中也包括对知识产权保护的度量；张杰、芦哲（2012）就利用了樊纲等（2011）的"市场化指数"中对中国各地区知识产权保护程度的测度指标体系；还有一些研究选取了区域市场技术规模来度量知识产权保护。上述研究都为本章测量知识产权保护力度提供了有益的借鉴，但也不同程度地存在一些客观原因导致的缺陷。例如，R-R 指数和 G-P 指数是以国别为基础的知识产权保护强度度量，对本书并不适用；指标体系中所衡量的方面非常重要，但在权重确定方面仍存在主观性较强的问题，尤其是对于各方面的权重赋值无法给出一个满足理论和现实的依据，因此仅用一个综合性指数也并不科学；单指标的测定也容易受到质疑，因为知识产权保护本身属于制度，而对制度的度量本身就极具挑战性。

为了尽量克服上述缺陷，本书立足于已有研究的相关维度，对知识产权保护进行多维度测量，逐个进入模型，这既能反映知识产权保护水平，又能作为

---

① 已有关于开放程度的变量大都存在这一问题，这也是本书的局限之一。

模型的稳健性检验。具体而言，本章所使用的指标包括政府执法力度、公众保护意识和知识产权服务机构配套三方面[①]。政府执法力度用各地区管理专利工作的部门专利执法的累计结案率度量[②]。但现实中专利的侵权种类繁多，对每一类案件的审理周期不一致，因此该指标能反映区域知识产权保护差异的前提是专利案件的类别在区域之间具有相似性。为此，本书分析了2006—2010年5年间我国各省专利案件的类型分布，并计算了专利案件类型的均值。从分析结果看，各省的专利案件以实用新型为主的省份有26个[③]，所有省份的专利案件都以实用新型和外观设计为主。因此，可以认为专利案件的类别分布在区域之间具有相似性。另外，由于当年的结案与当年的立案可能不是同一案件，因此，用当年的结案率并不妥当，而采用的是累计结案率。公众的保护意识用区域内科技人员人均专利申请数和专利批准数的组合度量。其中的科技人员人均专利申请指标也被许多研究直接用来度量公众保护意识，但这忽略了专利批准因素，而后者是反映专利质量的重要指标。因此本书直接使用的是樊纲等（2011）的"市场化指数"中的"知识产权保护"部分的测量结果，它的好处在于同时考虑了专利申请和批准两个维度，且该指标能一定程度上反映区域内技术市场的活跃程度，弥补了本书由于变量度量重叠而未纳入地区技术市场规模因素的不足。该比例越高，一方面反映了该地区科技人员的知识生产水平越高；另一方面也反映出科技人员知识产权保护的意识较强。知识产权服务机构配套用每万人知识产权服务机构数量度量，其中知识产权服务机构数为细分行业下企业法人单

---

① 未纳入技术市场规模指标是因为企业技术合作模式中包括国外技术购买，这可能引致变量之间存在包含问题。同时，本文对公众保护意识的度量采取的是樊纲等(2011)的指标，这些指标在一定程度上也体现了区域技术市场的活跃程度(樊纲 等，2011)。

② 这其中包括侵权纠纷、其他纠纷和查处假冒专利案件。但内蒙古的统计显示其结案数多于立案数，后文的估计仍直接使用该数据。事实上，将其剔除或进行主观调整并不影响全文的主要结论。

③ 不符合的5个省(自治区)为广东、广西、青海、宁夏和海南省,除广东省外,其余4个省(自治区)案件基数都很小。

位数 ①。仅包括知识产权服务的企业法人单位，而未包括法律服务的企业法人单位，是因为法律服务范围本身非常宽泛，且通常情况下民事和刑事诉讼占比较高，区域间不同性质的法律案件的构成比例差异很大。

为了更为清晰地展示模型的变量设置，表 7.1 呈现了所有变量的定义。

表 7.1　模型变量的设置与定义一览

变量名称	定义与度量
创新绩效	新产品销售收入占企业当年主营业务收入比例
创新绩效（稳健性）	新产品销售收入与企业员工总数的比值
企业规模	企业员工总数的对数值
企业年龄	自企业成立算起至今的年份数
R&D 强度	R&D 支出与企业员工总数的比值
海外 R&D	虚拟变量，如果该企业当年在海外设立 R&D 中心或相关机构从事研发活动则取值为 1，否则为 0
专利存量	当年企业拥有专利总数的对数
跨行业经营	用虚拟变量控制企业的多元化战略决策，如果该企业在当年的主营业务收入横跨至少 2 个制造业代码则取值为 1，否则为 0
盈利能力	企业当年的资产回报率（ROA）
企业上市	虚拟变量，如果该企业在当年属于上市企业或拥有上市子公司则取值为 1，否则为 0
所有制结构	虚拟变量，如果该企业国有股份占比超过 50% 则取值为 1，否则为 0
产学研项目合作	企业对产学研项目合作的 R&D 投入占总 R&D 支出的比例
国外技术购买	企业当年购买国外技术支出与总 R&D 支出的比例
地区开放程度 a	区域 FDI 存量与区域 GDP 的比值
地区开放程度 b	区域出口总额与区域 GDP 的比值
知识产权保护 a	区域管理专利工作的部门专利执法的累计结案率
知识产权保护 b	区域科研人员人均专利申请数和专利批准数加权
知识产权保护 c	区域内每万人知识产权服务机构（企业法人单位数）数量

① 亦可使用全部法人单位数，两者本身的差异很小且区域间的排序基本一致。由于《中国基本单位统计年鉴》缺少 2009 年，故产学研项目合作的估计中使用当期值，而国外技术购买使用的仍是滞后 1 期值。

三、模型设置

由于本章主要考察区域制度差异对企业技术合作模式和创新绩效关系的调节，模型中必须使用带有调节效应的计量经济学模型，借鉴 Wiklund & Shepherd（2003）和 Jansen 等（2006）的研究方法，可以设置如下模型。

$$\text{Innovation performance}_{it} = \delta_0 + \delta_1 \text{CIU}_{it-1} + \delta_2 \text{CIU}^2_{it-1} + \delta_3 \text{Moderator}_{it-1} + \delta_4 \text{Moderator}_{it-1} * \text{CIU}_{it-1} + F\text{Control}_{it-1} + \eta_{it} \quad \text{（模型 4）}$$

$$\text{Innovation performance}_{it} = \theta_0 + \theta_1 \text{ITL}_{it-1} + \theta_2 \text{ITL}^2_{it-1} + \theta_3 \text{Moderator}_{it-1} + \theta_4 \text{Moderator}_{it-1} * \text{ITL}_{it-1} + \psi \text{Control}_{it-1} + \sigma_{it} \quad \text{（模型 5）}$$

模型中，CIU 和 ITL 的含义仍与第五章完全一致。Moderator 代表分析框架中的区域制度变量，即区域开放水平和知识产权保护。Control 代表的控制变量矩阵与第五章完全相同，即企业规模、企业年龄、R&D 强度、海外 R&D、专利、多元化经营、盈利能力、企业上市、所有制结构和行业与时间控制变量，而 F、ψ 代表控制变量前的系数矩阵。使控制变量完全相同的一个主要好处在于使实证分析框架具有统一性，由此本章的实证分析结果与第五章的结果具有可比性。需要补充说明的是，模型中并未包含调节变量与二次项的交互，主要原因是过多的交互项将导致共线性问题难以克服，二次项交互本身的经济含义难以解释，已有的大量研究也并未包括这种交互项[1]。

由于变量的同构现象，交互项的出现人为地提高了多重共线性。尽管它不会影响结果的无偏性，但却可能导致估计标准差小于真实标准差。为此本书从两方面予以克服：首先是采取稳健标准差，类似的步骤已经在第五章的稳健性检验部分采用；其次是对构成交互项变量进行中心化处理（即减去变量相应的均值，即总体均值化），它可以从技术上降低多重共线性，并使系数能更容易得到合理的解释（Aiken et al., 1991）。考虑到在第五章中已经证实了由于样本

---

[1]　例如 Grimpe & Kaiser (2010) 和 Berchicci (2013) 等均未包括二次项的交互。

中的截断情形影响了估计结果，本章不再使用 OLS 估计，所有估计均采用 Tobit 模型方法。类似地，为了减轻技术合作模式和企业创新绩效之间潜在的内生性和同时性问题，本书对方程式右边所有的变量均滞后 1 期。另外，由于在 Tobit 面板模型估计中无法使用固定效应估计，因此本书只能采取随机效应估计。

第四节　结果与分析

表 7.2 和表 7.3 报告了全部变量的相关系数 [①]。表中存在若干变量的相关系数略高于 0.8 的情形，但这并不影响模型的估计，因为这些变量不会同时出现在同一模型中。值得注意的是，一些不同制度具有较高的相关性，如出口较多的地区也拥有较高的知识产权公众保护意识，这实际上是我国情况的客观反映。与此同时，若干度量相同制度的变量之间的相关系数非常低，主要体现在地区开放程度和知识产权保护的各自度量中。相关系数较低，一方面，是因为这些变量度量的方面差异较大，本身就是为了捕捉不同维度的信息；另一方面，也间接表明这些变量具有内在差异性，因此能很好地反映制度的不同侧面，从而达到了多维度度量的目的。

表 7.2　相关系数矩阵

		1	2	3	4	5	6	7	8
1	创新绩效	1.000							
2	企业规模	0.015	1.000						
3	企业年龄	0.014	0.296	1.000					
4	R&D 强度	0.065	−0.006	−0.003	1.000				
5	海外 R&D	0.073	0.199	0.106	0.012	1.000			
6	专利存量	0.156	0.683	0.271	0.029	0.193	1.000		

① 为节约篇幅，仅给出全部变量之间的相关系数，而模型的 VIF 值单独给出。相关系数矩阵中，变量的不同维度度量用 a、b 和 c 标明，其顺序与变量设置中的说明顺序完全一致。在后文的模型估计中亦按此顺序。

续表

		1	2	3	4	5	6	7	8
7	跨行业经营	−0.082	0.199	0.067	−0.004	0.036	0.089	1.000	
8	盈利能力	0.059	−0.204	0.001	0.072	0.094	−0.182	−0.008	1.000
9	企业上市	0.008	0.481	0.202	−0.055	0.155	0.321	0.052	−0.083
10	所有制结构	−0.088	0.318	−0.007	−0.022	−0.052	0.214	−0.064	−0.314
11	产学研项目合作	−0.029	−0.122	−0.054	−0.050	−0.067	−0.105	−0.027	0.020
12	国外技术购买	−0.019	0.095	0.004	0.036	0.040	0.015	0.052	−0.020
13	地区开放程度 a	0.031	−0.012	0.066	0.031	−0.005	0.116	0.097	−0.003
14	地区开放程度 b	0.101	0.083	0.076	0.056	−0.004	0.205	0.046	0.018
15	知识产权保护 a	−0.202	0.084	−0.023	0.047	0.023	0.089	0.010	−0.061
16	知识产权保护 b	0.083	0.164	0.151	0.029	0.042	0.279	0.056	−0.006
17	知识产权保护 c	−0.029	0.231	0.053	0.037	0.026	0.298	0.071	−0.152

表 7.3 相关系数矩阵（续）

		9	10	11	12	13	14	15	16
9	企业上市	1.000							
10	所有制结构	0.149	1.000						
11	产学研项目合作	−0.056	−0.063	1.000					
12	国外技术购买	0.038	0.029	0.021	1.000				
13	地区开放程度 a	−0.036	−0.052	−0.076	−0.049	1.000			
14	地区开放程度 b	0.021	−0.105	−0.065	−0.026	0.482	1.000		
15	知识产权保护 a	−0.045	0.031	0.041	−0.023	0.098	0.010	1.000	
16	知识产权保护 b	0.051	−0.076	−0.057	−0.004	0.463	0.828	0.081	1.000
17	知识产权保护 c	0.077	0.165	−0.034	−0.004	0.228	0.289	0.246	0.558

模型 4–1、模型 4–2 和模型 5–1、模型 5–2 的调节变量为地区开放程度，模型 4–3 到模型 4–5 和模型 5–3 到模型 5–5 的调节变量为知识产权保护。表 7.4 给出了不同模型下模型中涉及的变量 1 ～ 17 的 VIF 均值和变量的 VIF 极值。从表 7.4 中看出，模型 5 中变量的膨胀因子普遍高于模型 4，主要原因是模型 5 的样本观测值比模型 4 少了 375 个。但所有模型的 VIF 值均低于可接受水平 10 （Gujarati, 1995; Ryan, 1997）。加上估计中进行了均值化处理，可以认为多重共线性问题仍在可容忍的范围之内。

表 7.4　各模型膨胀因子的均值和极值

模型代码	VIF_average	VIF_min	VIF_max
4–1	1.53	1.03	3.25
4–2	1.43	1.03	2.71
4–3	1.52	1.03	3.24
4–4	1.54	1.03	3.21
4–5	1.52	1.03	3.21
5–1	1.67	1.03	4.69
5–2	1.80	1.04	5.64
5–3	1.66	1.04	4.58
5–4	1.84	1.04	6.39
5–5	1.86	1.04	6.46

表 7.5 给出了产学研项目合作情形下地区开放程度和知识产权保护的调节效应估计。对于地区开放程度，直接效应不显著，调节效应较为显著，但这种显著仅存在于用 FDI 度量的地区开放程度中，因此假设 3 成立。之所以只存在于 FDI 度量的地区开放程度中，可能与 FDI 和出口所反映的地区开放程度的属性有关。一个可能的解释是，FDI 的存在使本土企业与外资企业发生学习和竞争关系的同时，地区的学研机构也获得了与外资企业发生互动的机会，外资企业利用这些机会了解当地市场并降低了交易成本，同时这些机会使学研机构可以获得更多的技术知识和市场知识，提升了学研机构的"知识蓄水池"。典型的例子如清华大学与 IBM、西门子、摩托罗拉、日立集团及日本电气的合作，最终形成了知识网络，搜集和传播了 R&D 信息并建立了 R&D 和培训中心（Liu et al., 2001）。但 FDI 的这种效应可能很难由贸易尤其是出口来予以体现。企业从出口中获得的经验往往是国外的技术知识和市场知识，这些知识能否被学研机构有效获取和利用很难判断。如果产学研项目合作的导向是促进出口，那么学研机构获取和利用企业通过出口得到的知识的可能性会较大。但从我国的出口结构来看，高新技术产品且出口到发达经济体的比例很低，更多的出口是以技术后发国家为对象，大部分企业的现有技术和生产能力能满足要求，企业的产学研项目合作往往是为了实现技术创新并提升企业的创新能力，因此，导致出

口数据的调节效应并不显著。

知识产权保护的情况更为复杂。从执法强度度量的知识产权保护而言，直接效应显著为负，同时调节效应显著为正。直接效应显著为负可能有两个解释：其一是数据本身的特性决定的，并不具有经济含义，因为其他的变量估计出的结果均不显著[①]；其二是过高的知识产权保护不利于企业创新绩效，从累计结案率来看我国各地区的知识产权保护都处于较高水平[②]。调节效应为正说明相对知识产权保护较弱的地区，知识产权保护较强地区的企业能从产学研项目合作中得到更高的创新绩效，假设4成立。从公众保护意识度量的知识产权保护而言，直接效应与间接效应均不显著。可能是因为该指标反映的内容较多，如技术市场活跃程度、地区创新能力等，其中前者与产学研项目合作并无多大关联，而后者则并非制度因素。从知识产权服务机构配套度量的知识产权保护而言，正向调节效应再次得到了证实，意味着处于开放水平较高或知识产权保护力度较强区域的企业能从产学研项目合作中获得更高的创新绩效。

表 7.5　模型估计结果：产学研项目合作[③]

被解释变量	创新绩效				
	模型 4-1	模型 4-2	模型 4-3	模型 4-4	模型 4-5
控制变量					
企业规模	−0.026	−0.026	−0.021	−0.026	−0.023
	(0.038)	(0.038)	(0.038)	（0.038）	(0.038)
企业年龄	1.42E10−4	1.66E10−4	6.55E10−4	−8.46E10−6	−2.36E10−4
	(0.005)	(0.005)	(0.005)	(0.005)	(0.005)
R&D 强度	0.002	0.003	0.003	0.003	0.003
	(0.003)	(0.003)	（0.003）	(0.003)	(0.003)

① 而且其他两个维度的知识产权保护度量呈现出相反的方向性变化。

② 累计结案率最低的省份也有 70%（江西）。除江西外，其余省份的结案率大都高于 80%。

③ 除了考察交互项的显著性外，本书也采用层级回归验证调节效应的存在。实际操作中考察了所有调节模型的主效应模型，直接影响项的显著性在加入乘积交互项前后并无明显变化。但模型的显著性水平在加入乘积交叉项后均有显著提升。为节省篇幅，未再对其予以全部报告。

续表

被解释变量	创新绩效				
	模型 4–1	模型 4–2	模型 4–3	模型 4–4	模型 4–5
海外 R&D	0.091	0.091	0.101	0.089	0.091
	(0.127)	(0.128)	(0.126)	(0.128)	(0.127)
专利存量	0.084***	0.085***	0.098****	0.084***	0.092****
	(0.034)	(0.038)	(0.034)	(0.034)	(0.034)
跨行业经营	−0.214***	−0.214***	−0.201***	−0.217***	−0.216***
	(0.091)	(0.091)	(0.089)	(0.091)	(0.090)
盈利能力	0.467*	0.489*	0.486*	0.481*	0.477*
	(0.321)	(0.322)	(0.318)	(0.322)	(0.321)
企业上市	−0.040	−0.042	−0.078	−0.044	−0.046
	(0.090)	(0.090)	(0.089)	(0.090)	(0.089)
所有制结构	−0.258****	−0.257****	−0.253****	−0.255****	−0.250****
	(0.094)	(0.094)	(0.092)	(0.094)	(0.093)
解释变量					
产学研项目合作	0.601***	0.659***	0.556***	0.661***	0.632***
	(0.302)	(0.302)	(0.298)	(0.302)	(0.302)
产学研项目合作（平方项）	−2.915****	−3.282****	−2.912****	−3.199****	−3.154****
	(0.659)	(0.649)	(0.646)	(0.656)	(0.650)
地区开放程度	0.009	−0.002			
	(0.017)	(0.021)			
知识产权保护			−1.930****	7.26E10–4	−0.254
			(0.565)	(0.003)	(0.310)
交互项					
产学研项目合作 × 地区开放程度	0.189****	0.016			
	(0.067)	(0.081)			
产学研项目合作 × 知识产权保护			11.050****	0.012	2.586****
			(2.242)	(0.013)	(1.160)
常数项	3.453****	3.188****	3.390****	3.197****	3.146****
	(0.239)	(0.264)	(0.236)	(0.263)	(0.263)
观测值	1125	1125	1125	1125	1125
行业控制变量	Yes	Yes	Yes	Yes	Yes

续表

被解释变量	创新绩效				
	模型 4-1	模型 4-2	模型 4-3	模型 4-4	模型 4-5
时间控制变量	Yes	Yes	Yes	Yes	Yes
Wald 检验	114.44****	105.65****	142.89****	106.54****	111.64****
似然函数对数值	−1447	−1451	−1434	−1451	−1448
混合 Tobit 的 F 检验	259.96****	257.34****	257.18****	257.06****	257.28****
Rho 值	0.514	0.511	0.511	0.511	0.511

注：括号中为标准差；$^*p < 0.15$, $^{**}p < 0.1$, $^{***}p < 0.05$, $^{****}p < 0.01$。

在可视化之前，有必要说明交互项系数的经济含义。以模型 4-1 的估计结果为例，产学研项目合作与地区开放程度的交互项系数为 0.189，其经济含义是：在控制产学研项目合作程度和其他因素的前提下，企业所在区域的开放水平高于所有省份整体平均开放水平 1 个单位时，处于该区域内的企业的创新绩效会提升 0.189[①]。类似地，其他显著的系数都可以进行相应的经济解释。

为了更形象地说明地区开放水平带来的调节效应，可以用图进行可视化（图 7.1）。在图中，产学研项目合作与企业创新绩效的倒 U 型关系再次得到呈现。直接效应并不显著，反映在图中的两条曲线有相同的初始点。地区开放水平的调节效应为正，这在图中反映为两点：首先是处于开放水平较高地区的企业曲线在整体上位于向右上方（即图中虚线部分），除产学研项目合作取 0 值的起始点外，虚线所对应的每一个企业创新绩效值均高于同一产学研项目合作水平下的企业创新绩效值；其次是虚线部分所呈现的产学研项目合作的"最优点"均在实线部分"最优点"的右侧，"最优点"的意义在于企业利用产学研项目合作存在一个阈值界限，超过这个界限产学研项目合作对提升企业创新绩效是不利的，"最优点"的右移说明企业可以更多地利用产学研项目合作，且这种

---

① 由于实证中采取的是总体均值化，因此，在解释时需要强调高于整体平均水平。另外，此处的 0.189 是针对创新绩效对数化后而言的。

利用对提升企业创新绩效是有利的。

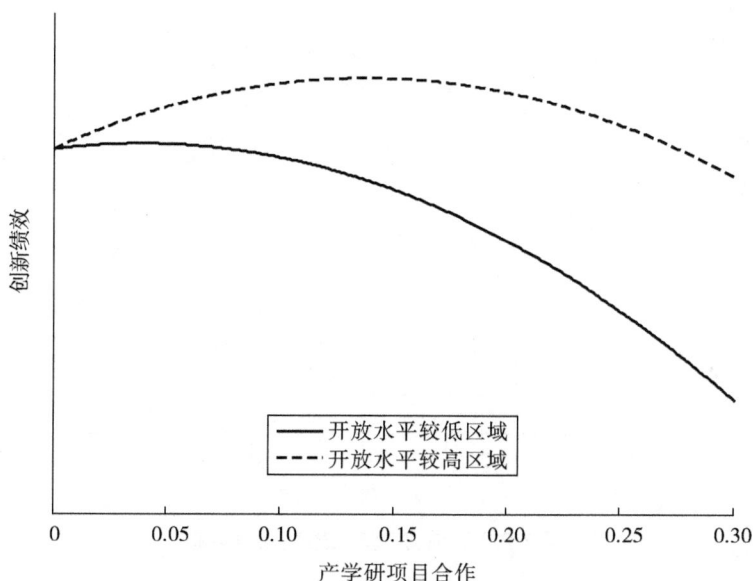

图 7.1　区域开放程度的影响

图 7.2 将区域知识产权保护的调节效应可视化[1]，不难看出它与地区开放程度的调节机制相类似。首先是处于知识产权保护力度较强地区的企业曲线整体上位于向右上方（即图中虚线部分），除产学研项目合作取 0 值的起始点外，虚线所对应的每一个企业创新绩效值均高于同一产学研项目合作水平下的企业创新绩效值；其次是虚线部分所呈现的产学研项目合作的"最优点"均在实线部分"最优点"的右侧，这说明位于知识产权保护力度较强地区的企业可以更多地利用产学研项目合作，并获得更高的企业创新绩效。

---

[1]　此处知识产权保护可视化采取的是以知识产权服务机构配套为维度度量的调节效应，执法力度维度度量的调节效应与之相类似，唯一区别在于知识产权保护较强区域的倒 U 型曲线具有较小的截距。

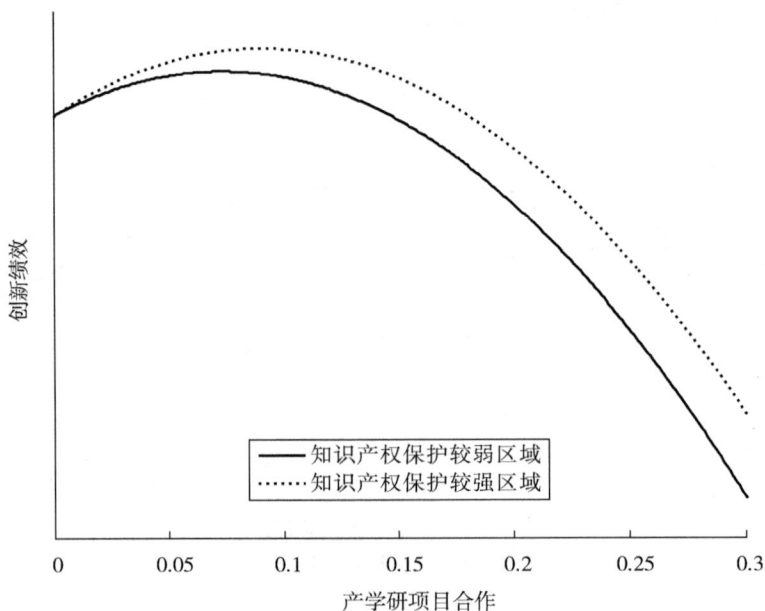

图 7.2　区域知识产权保护的影响

与产学研项目合作情形下的估计结果相比，地区开放程度和地区知识产权保护对国外技术购买和企业创新绩效的调节的显著性则略低一些。从表 7.6 的结果来看，在所有模型中国外技术购买和企业创新绩效的倒 U 型关系再次全部得到了支持。地区开放程度对国外技术购买的调节效应仍显著为正，但仅在用贸易数据度量的地区开放程度中显著为正，假设 5 获得支持。这与产学研项目合作中的区域开放水平仅在用 FDI 度量的情况下显著并不一致。一个可能的解释是，贸易活动对企业利用技术引进来提升企业创新绩效的作用比 FDI 更为显著。其中的原因可能存在于如下两方面：一方面，尽管企业的技术引进渠道与地区的 FDI 存量相关，如更高的 FDI 存量使得企业有更多机会与外资建立联系并获得更多技术引进机会，但由于外资通常不愿意真正转让核心技术，或者由于技术出售方和技术转让方之间的技术差距过大，导致很难与 FDI 之间形成有效竞争，从而抑制了技术引进进一步提升企业创新绩效的潜力。另一方面，处于开放水平较高地区的企业往往能从更多的出口活动中获益，尤其是我国的出口对象以发展中国家或欠发达国家为主。在获得技术引进后，尽管这些技术在发达国家并非前沿技术，但是这些产品对发展中国家或欠发达国家的市场很有吸引力，在企业消化吸收再创新后，可以立刻形成扩大出口的新增长点，从而可以使企业在技术引进中获得更多的"干中学"效应。另外，部分实证也表明国外技术购买促进中国企业出口，而且比国内技术购买对出口具有更显著的正效应（Wang et al., 2013）。因此，贸易数据度量的地区开放程度对国外技术购买和企业创新绩效具有更为显著的正向调节效应。

表 7.6　模型估计结果：国外技术购买

被解释变量	创新绩效				
	模型 5-1	模型 5-2	模型 5-3	模型 5-4	模型 5-5
控制变量					
企业规模	0.004	0.003	0.014	0.004	0.010
	(0.043)	(0.043)	(0.042)	(0.043)	(0.043)
企业年龄	−0.001	−0.001	−0.002	−0.002	−0.002
	(0.006)	(0.006)	(0.005)	(0.006)	(0.006)
R&D 强度	0.012***	0.012***	0.013***	0.011***	0.012***
	(0.006)	(0.006)	(0.006)	(0.006)	(0.006)
海外 R&D	0.123	0.122	0.137	0.116	0.115
	(0.137)	(0.137)	(0.134)	(0.137)	(0.136)
专利存量	0.059*	0.055*	0.072***	0.056*	0.048
	(0.038)	(0.038)	(0.037)	(0.038)	(0.038)
跨行业经营	−0.226***	−0.224***	−0.210***	−0.230***	−0.231***
	(0.100)	(0.100)	(0.099)	(0.100)	(0.099)
盈利能力	0.303	0.323	0.256	0.349	0.264
	(0.458)	(0.458)	(0.453)	(0.458)	(0.455)
企业上市	−0.002	−0.002	−0.046	−0.004	−0.001
	(0.097)	(0.097)	(0.095)	(0.097)	(0.097)
所有制结构	−0.311****	−0.300****	−0.313****	−0.310****	−0.305****
	(0.107)	(0.108)	(0.134)	(0.107)	(0.108)
解释变量					
国外技术购买	0.448***	0.541****	0.393***	0.563****	0.626****
	(0.183)	(0.200)	(0.179)	(0.198)	(0.201)
国外技术购买（平方项）	−0.126***	−0.168****	−0.119***	−0.188****	−0.203****
	(0.052)	(0.062)	(0.053)	(0.066)	(0.065)

续表

被解释变量	创新绩效				
	模型 5-1	模型 5-2	模型 5-3	模型 5-4	模型 5-5
地区开放程度	0.008	0.021			
	(0.020)	(0.026)			
知识产权保护			−2.713****	0.001	0.245****
			(0.633)	(0.003)	(0.063)
交互项					
国外技术购买 × 地区开放程度	0.023	0.073*			
	(0.044)	(0.050)			
国外技术购买 × 知识产权保护			0.061	0.007*	0.579**
			(1.302)	(0.005)	(0.317)
常数项	2.925****	2.965****	2.846****	2.943****	2.929****
	(0.297)	(0.300)	(0.291)	(0.300)	(0.300)
观测值	750	750	750	750	750
行业控制变量	Yes	Yes	Yes	Yes	Yes
时间控制变量	Yes	Yes	Yes	Yes	Yes
Wald 检验	62.57****	64.35****	83.06****	64.80****	76.53****
似然函数对数值	−939	−938	−931	−938	−932
混合 Tobit 的 F 检验	243.36****	245.14****	230.23****	245.86****	257.97****
Rho 值	0.705	0.706	0.691	0.707	0.730

注：括号中为标准差；*$p<0.15$，**$p<0.1$，***$p<0.05$，****$p<0.01$。

从知识产权保护来看，从执法力度这个维度度量的知识产权保护仍显示出显著为负的直接效应，这说明过高的执法力度确实不利于企业创新绩效。与产学研项目合作中估计相一致的是从知识产权服务机构配套的度量。总体来看，知识产权保护对国外技术购买和企业创新绩效的正向调节是存在的，假设6成立。对此可能存在两个解释：一是调节效应本身不存在，假设无法得到支持，但这种可能性较低，因为在通常情况下国内企业的国外技术购买都受限于企业对信息的搜索能力，一些研究已经表明较为开放的地区企业常常有较强的信息搜索能力和较广的信息获取范围；二是变量度量的数据原因所致，因此需要采取更多的稳健性检验来进行判断[①]。

在国外技术购买的情形下，为了清晰地说明地区开放水平带来的调节效应，可以用图进行可视化（图 7.3）。在图中，国外技术购买与企业创新绩效依旧是倒 U 型关系。直接效应并不显著，反映在图中的两条曲线有相同的初始点。地区开放水平的调节效应为正，图中反映为两点：首先是处于开放水平较高地区的企业曲线整体上位于向右上方（即图中虚线部分），除国外技术购买取 0 值的起始点外，虚线所对应的每一个企业创新绩效值均高于同一国外技术购买水平下的企业创新绩效值；其次是虚线部分所呈现的国外技术购买的"最优点"均在实线部分"最优点"的右侧，"最优点"的意义在于企业利用国外技术购买存在一个阈值界限，超过这个界限国外技术购买对提升企业创新绩效是不利的，"最优点"的右移说明企业可以更多地利用国外技术购买，且这种利用对提升企业创新绩效是有利的。

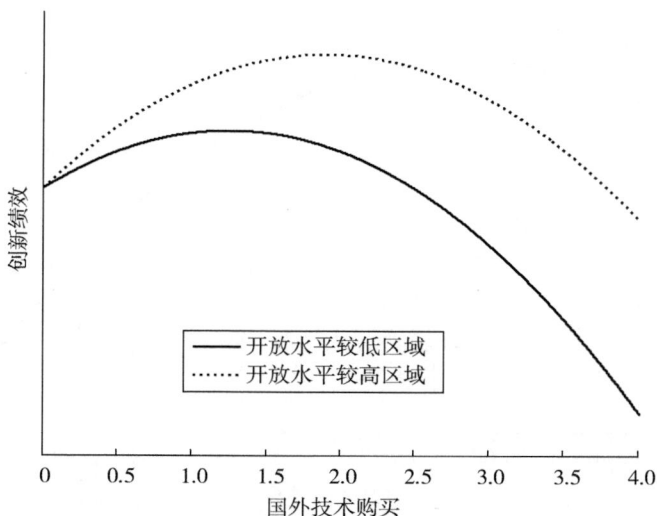

图 7.3 区域开放程度的影响

[①] 本书倾向于这种可能性。事实上，后文的稳健性检验表明地区开放程度对国外技术购买和企业创新绩效之间存在正向调节效应。

图 7.4 将区域知识产权保护的调节效应可视化。它与地区开放程度的调节机制基本相同，但呈现细微差别。首先是处于知识产权保护力度较强地区的企业曲线整体上位于向右上方（即图中虚线部分），虚线所对应的每一个企业创新绩效值均高于同一国外技术购买水平下的企业创新绩效值。但与上述图形都不同的是，这个右上方也包括国外技术购买取 0 值的起始点。这说明即便企业不采用国外技术购买的合作模式，处在知识产权保护水平较高区域的企业总体上仍呈现更高的企业创新绩效。其次是与其他图形类似，虚线部分所呈现的国外技术购买的"最优点"均在实线部分"最优点"的右侧，这说明位于知识产权保护力度较高地区的企业可以更多地利用国外技术购买，并获得更高的企业创新绩效。

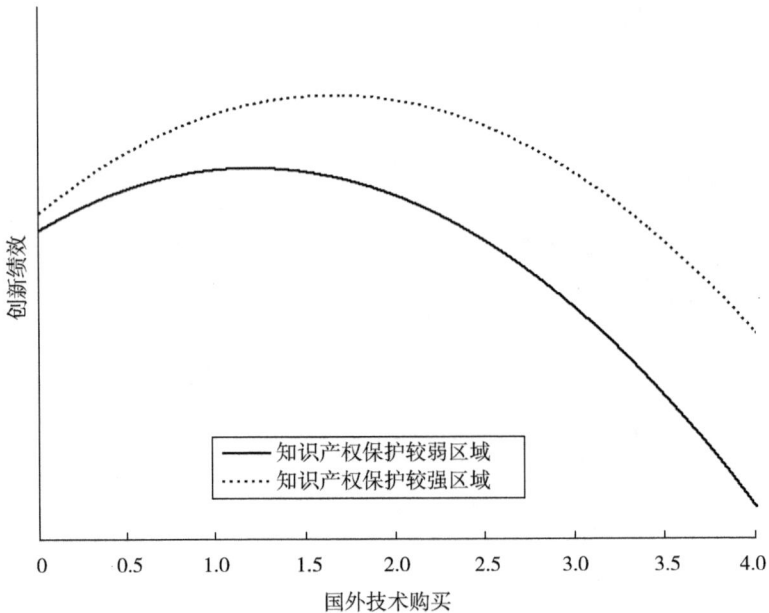

图 7.4　区域知识产权保护的影响

第五节　稳健性检验

本章的稳健性检验从替换被解释变量、替换变量的稳健标准差、使用稳健标准差和选取不同积分点四方面展开，同时讨论潜在的内生性问题。与第五章不同之处在于，由于区域制度差异的度量往往存在不同维度，本章还进行了解释变量的替换检验，从多维度度量区域制度差异，以考察调节机制在多大程度的灵活性上依然成立，因此增加了不同解释变量下替换被解释变量的内容。

第一，替换被解释变量。表 7.7 显示了替换被解释变量情况下地区开放程度和知识产权保护对产学研项目合作和企业创新绩效关系调节的估计结果。在替换被解释变量的情形下，从 FDI 维度度量的地区开放程度的调节效应也再次得到支持。知识产权保护的正向调节效应与未替换被解释变量的情形完全一致，从而为假设 3 和假设 4 提供了稳健性支持。

表 7.7　产学研项目合作：替换被解释变量

被解释变量	创新绩效				
	模型 4–1	模型 4–2	模型 4–3	模型 4–4	模型 4–5
解释变量					
产学研项目合作	0.957***	1.034***	0.832**	1.043***	0.974***
	(0.474)	(0.475)	(0.464)	(0.475)	(0.474)
产学研项目合作（平方项）	−4.600****	−5.071****	−4.286****	−5.003****	−4.873****
	(1.031)	(1.013)	(0.996)	(1.025)	(1.016)
地区开放程度	0.053**	0.043			
	(0.029)	(0.035)			
知识产权保护			−1.802**	0.006	−0.158
			(0.946)	(0.004)	(0.523)
交互项					
产学研项目合作 × 地区开放程度	0.221***	−0.026			
	(0.105)	(0.127)			

续表

被解释变量	创新绩效				
	模型 4–1	模型 4–2	模型 4–3	模型 4–4	模型 4–5
产学研项目合作 × 知识产权保护			22.243****	0.013	3.076**
			(3.470)	(0.020)	(1.827)
常数项	6.853****	6.574****	6.784****	6.563****	6.458****
	(0.398)	(0.438)	(0.398)	(0.437)	(0.439)
观测值	1125	1125	1125	1125	1125
行业控制变量	Yes	Yes	Yes	Yes	Yes
时间控制变量	Yes	Yes	Yes	Yes	Yes
Wald 检验	113.35****	107.06****	149.88****	107.50****	108.15****
似然函数对数值	−1979	−1982	−1962	−1982	−1982
混合 Tobit 的 F 检验	327.48****	321.14****	348.44****	321.29****	325.22****
Rho 值	0.564	0.559	0.581	0.559	0.562

注：括号中为标准差；限于篇幅，控制变量前的系数并未报告；*$p<0.15$，**$p<0.1$，***$p<0.05$，****$p<0.01$。

在以国外技术购买为代表的市场交易技术合作模式的估计中，表 7.8 显示 FDI 维度和出口维度度量的地区开放程度均呈现显著为正的直接效应。在出口维度度量的情况下继续显示出显著为正的调节效应，从而进一步为假设 5 提供了支持。这一定程度上证实了前文中关于调节效应不显著的结论可能是因为数据本身属性导致的推断，也进一步支持了在越开放的地区，企业越有可能获取关于新技术的信息，从而获得购买外国技术的便捷渠道，以及在出口活动中"干中学"，使其更多地从国外技术购买中提升企业创新绩效的结论。在知识产权保护的调节效应估计中，主要调节效应系数在符号不变的情况下，其显著性水平还有大幅提高，从而为假设 6 提供了进一步支持。

表 7.8　国外技术购买：替换被解释变量

被解释变量	创新绩效				
	模型 5–1	模型 5–2	模型 5–3	模型 5–4	模型 5–5
解释变量					
国外技术购买	0.784****	1.099****	0.654***	1.080****	1.224****
	(0.474)	(0.322)	(0.290)	(0.319)	(0.318)

续表

被解释变量	创新绩效				
	模型 5-1	模型 5-2	模型 5-3	模型 5-4	模型 5-5
国外技术购买（平方项）	−0.227****	−0.373****	−0.222****	−0.398****	−0.427****
	(0.084)	(0.100)	(0.086)	(0.106)	(0.103)
地区开放程度	0.055**	0.080**			
	(0.033)	(0.044)			
知识产权保护			−3.150**	0.007	0.590****
			(1.065)	(0.005)	(0.100)
交互项					
国外技术购买 × 地区开放程度	0.091	0.260****			
	(0.071)	(0.096)			
国外技术购买 × 知识产权保护			−1.212	0.019****	1.536****
			(2.106)	(0.007)	(0.523)
常数项	6.184****	6.318****	6.054****	6.265****	6.187****
	(0.497)	(0.501)	(0.493)	(0.501)	(0.503)
观测值	750	750	750	750	750
行业控制变量	Yes	Yes	Yes	Yes	Yes
时间控制变量	Yes	Yes	Yes	Yes	Yes
Wald 检验	80.42****	86.85****	86.70****	85.46****	110.83****
似然函数对数值	−1309	−1306	−1306	−1306	−1294
混合 Tobit 的 F 检验	269.85****	273.54****	263.37****	273.65****	299.60****
Rho 值	0.731	0.734	0.724	0.735	0.768

注: 括号中为标准差; 限于篇幅, 控制变量前的系数并未报告; $^*p < 0.15$, $^{**}p < 0.1$, $^{***}p < 0.05$, $^{****}p < 0.01$。

第二，替换被解释变量下的稳健标准差。通常在面板数据中都不同程度地存在潜在的异方差和自相关问题。虽然对于样本时间跨度较短的估计可以在一定程度上忽视自相关问题，但考虑到样本截面较多，异方差问题仍需得到克服。同时，Tobit 估计本身提供了自相关的一个系数参照，从表 7.5、表 7.6、表 7.7和表 7.8 的估计来看自相关问题仍存在。因此，原有估计的标准差可能存在比真实标准差偏小的问题，这极可能导致一些系数的显著性被"人为"提升。为解决上述问题，同时进一步验证本书结论的稳健性，本书采取了估计稳健型标准差的方法。但由于在 Tobit 模型中无法使用传统文件标准差所采取的 White 检验方法，本书只有使用 Bootstrap 方法（Cameron et al., 2010），从表 7.9 和表 7.10 可以看出，即便采用稳健标准差，地区开放程度[①] 和知识产权保护对产学研项目合作和企业创新绩效的调节效应依然成立。

表 7.9　产学研项目合作：替换被解释变量的稳健标准差

被解释变量	创新绩效		
	模型 4-1	模型 4-3	模型 4-5
解释变量			
产学研项目合作	0.957**	0.832*	0.974*
	(0.543)	(0.522)	(0.627)
产学研项目合作（平方项）	−4.600***	−4.286***	−4.873****
	(1.865)	(1.700)	(2.051)
地区开放程度	0.053***		
	(0.026)		
知识产权保护		−1.802***	−0.158
		(0.861)	(0.368)
交互项			
产学研项目合作 × 地区开放程度	0.221**		
	(0.126)		
产学研项目合作 × 知识产权保护		22.243****	3.076***
		(6.551)	(1.497)
常数项	6.853****	6.784****	6.458****
	(0.385)	(0.407)	(0.513)
观测值	1125	1125	1125
行业控制变量	Yes	Yes	Yes
时间控制变量	Yes	Yes	Yes
Wald 检验	136.54****	84.12****	123.66****
似然函数对数值	−1979	−1962	−1982
混合 Tobit 的 F 检验	327.48****	348.44****	325.22****
Rho 值	0.564	0.581	0.562

注：括号中为稳健标准差；限于篇幅，控制变量前的系数并未报告；*$p < 0.15$, **$p < 0.1$, ***$p < 0.05$, ****$p < 0.01$。

---

① 对于初步估计中就不显著的维度，在稳健性估计中直接予以省略。

对于国外技术购买（表7.10），从公众保护意识维度度量的知识产权保护的调节效应在稳健标准差下显著性明显降低，因此，公众保护意识维度度量的知识产权保护并没有正的调节效应。但从区域知识产权服务机构配套维度度量的知识产权保护仍然显示出显著为正的调节效应。这说明，该变量在替换被解释变量（即创新绩效的稳健性变量）的情况下获得了稳健的结果。

表 7.10　国外技术购买：替换被解释变量的稳健标准差

被解释变量	创新绩效		
	模型 5-2	模型 5-4	模型 5-5
解释变量			
国外技术购买	1.099****	1.080****	1.224****
	(0.543)	(0.406)	(0.451)
国外技术购买（平方项）	−0.373***	−0.398**	−0.427****
	(0.169)	(0.214)	(0.219)
地区开放程度	0.080**		
	(0.046)		
知识产权保护		0.007**	0.590****
		(0.004)	(0.226)
交互项			
国外技术购买 × 地区开放程度	0.260**		
	(0.168)		
国外技术购买 × 知识产权保护		0.019	1.536**
		(0.018)	(0.906)
常数项	6.318****	6.265****	6.187****
	(0.543)	(0.603)	(0.520)
观测值	750	750	750
行业控制变量	Yes	Yes	Yes
时间控制变量	Yes	Yes	Yes
Wald 检验	133.31****	127.25****	86.36****
似然函数对数值	−1306	−1306	−1294
混合 Tobit 的 F 检验	273.54****	273.65****	299.60****
Rho 值	0.734	0.735	0.768

注：括号中为稳健标准差；限于篇幅，控制变量前的系数并未报告；*$p < 0.15$，**$p < 0.1$，***$p < 0.05$，****$p < 0.01$。

第三，模型本身的稳健标准差。对表 7.5 和表 7.6 中的所有模型采用稳健标准差进行再估计，估计结果呈现在表 7.11 和表 7.12 中。从表 7.11 中可以看出，地区开放程度和知识产权保护对产学研项目合作和企业创新绩效的调节效应依然成立。

表 7.11　产学研项目合作：稳健标准差

被解释变量	创新绩效		
	模型 4–1	模型 4–3	模型 4–5
解释变量			
产学研项目合作	0.601***	0.556**	0.632**
	(0.292)	(0.313)	(0.331)
产学研项目合作（平方项）	−2.915****	−2.912****	−3.154****
	(1.068)	(0.810)	(1.158)
地区开放程度	0.009		
	(0.014)		
知识产权保护		−1.930****	−0.254
		(0.716)	(0.203)
交互项			
产学研项目合作 × 地区开放程度	0.189**		
	(0.098)		
产学研项目合作 × 知识产权保护		11.050****	2.586***
		(4.000)	(1.308)
常数项	3.453****	3.390****	3.146****
	(0.266)	(0.278)	(0.268)
观测值	1125	1125	1125
行业控制变量	Yes	Yes	Yes
时间控制变量	Yes	Yes	Yes
Wald 检验	111.15****	145.46****	95.05****
似然函数对数值	−1447	−1434	−1448
混合 Tobit 的 F 检验	259.96****	257.18****	257.28****
Rho 值	0.514	0.511	0.511

注：括号中为采用 Bootstrp 方法获得的稳健标准差；限于篇幅，控制变量前的系数并未报告；*$p < 0.15$，**$p < 0.1$，***$p < 0.05$，****$p < 0.01$。

但国外技术购买情形下的调节变量的显著性都大幅下降，以出口活动来度量的地区开放程度的调节变量完全不显著。这意味着地区开放程度和知识产权保护对国外技术购买和企业创新绩效的调节效应存在稳健性较弱的局限。因此，国外技术购买情形下假设成立的稳健性受到了限制 [1]。

表 7.12 国外技术购买：稳健标准差

被解释变量	创新绩效		
	模型 5-2	模型 5-4	模型 5-5
解释变量			
国外技术购买	0.541***	0.563***	0.626***
	(0.224)	(0.226)	(0.286)
国外技术购买（平方项）	−0.168**	−0.188***	−0.203***
	(0.097)	(0.094)	(0.099)
地区开放程度	0.021		
	(0.027)		
知识产权保护		0.001	0.245**
		(0.003)	(0.141)
交互项			
国外技术购买 × 地区开放程度	0.073		
	(0.064)		
国外技术购买 × 知识产权保护		0.007	0.579
		(0.008)	(0.535)
常数项	2.965****	2.943****	2.929****
	(0.272)	(0.318)	(0.317)
观测值	750	750	750
行业控制变量	Yes	Yes	Yes
时间控制变量	Yes	Yes	Yes
Wald 检验	81.22****	76.88****	64.63****
似然函数对数值	−938	−938	−932
混合 Tobit 的 F 检验	245.14****	245.86****	257.97****
Rho 值	0.706	0.707	0.730

注：括号中为采用 Bootstrp 方法获得的稳健标准差；限于篇幅，控制变量前的系数并未报告；*$p < 0.15$，**$p < 0.1$，***$p < 0.05$，****$p < 0.01$。

―――――――

[1] 尽管如此，本文依然认为这种调节效应是存在的，只不过调节效应在特定被解释变量的稳健标准差下并不显著，其中可能的原因包括观测值本身过少、数据特性等。

第四，本书考察了不同的积分点对结果可能产生的影响。根据前文所述，在 Tobit 的面板估计中固定效应不可实现，因此只有进行随机效应估计。但随机效应估计部分依赖于计算中所设置的积分点（Cameron et al., 2010）。为了减少由于人为设置积分点而导致的结果偏倚风险，本书不仅使用了积分点为默认值12 情况下的估计，还考察了当积分点设置为 8 和 16 情况下的估计[①]。从估计结果来看（表 7.13），重新估计的结果与早前估计的结果在符号和显著性上完全一致，估计结果未受积分点变化的影响。

表 7.13　稳健性检验：变换积分点

	默认积分点值 12	积分点值 8	积分点值 16
产学研项目合作 × 地区开放程度	0.18873505	0.18873505	0.18873505
差值 (Difference)		4.555E-10	−1.825E-12
相对差值 (Relative Difference)		2.413E-09	−9.669E-12
产学研项目合作 × 知识产权保护	2.5857199	2.5857199	2.5857199
差值 (Difference)		3.850E-08	−7.348E-10
相对差值 (Relative Difference)		1.489E-08	−2.842E-10
国外技术购买 × 地区开放程度	0.25951054	0.25951049	0.25951054
差值 (Difference)		−4.613E-08	1.990E-09
相对差值 (Relative Difference)		−1.777E-07	7.669E-09
国外技术购买 × 知识产权保护	1.5363419	1.5363413	1.5363419
差值 (Difference)		−5.409e-07	3.330e-08
相对差值 (Relative Difference)		−3.521e-07	2.168e-08

第五，讨论内生性问题。与第五章的讨论类似，本章也采取了相同的策略来避免内生性问题，如增加尽可能多的控制变量来控制企业间的异质性，对解释变量滞后 1 期以避免决策的因果相关性并体现了创新活动中可能存在的时滞效应，对面板的 Tobit 估计采取了变通方法来考察固定效应是否更好。从本章的

---

① 限于篇幅，本文未再列出全部结果的不同积分点，仅报告部分在稳健情形下依然显著的模型。依次为模型 4-1、模型 4-5、模型 5-2 和模型 5-5（模型 5-2 和模型 5-5 为替换被解释变量情况下的估计）。

所有估计来看，均给出了 Tobit 混合估计检验的 F 值，可以看到所有的 F 检验均拒绝了混合 Tobit 估计，这也间接表明混合固定效应估计并非较优，从而支持了随机效应。通过上述多种方法，有理由相信内生性问题并不会对模型估计产生显著性的影响。通过上述检验可以发现，本章提出的各个假设均得到了支持，但稳健程度并不一致。

第六节　本章小结

本章考察了经济制度中地区开放程度和法律制度中知识产权保护对技术合作模式与企业创新绩效的调节机制。分析表明，企业的产学研项目合作对创新绩效的作用除了取决于产学研项目的合作程度外，也取决于企业所在区域的开放水平和知识产权保护力度；类似地，企业的国外技术购买对创新绩效的作用除了取决于国外技术购买的交易程度外，也取决于企业所在区域的开放水平和知识产权保护力度。

具体而言，处在开放水平较高地区的企业可以从较高的地区 FDI 存量和更频繁的贸易活动受益。企业在获得相关知识后会有积极性将这些信息带入产学研项目合作中，从而可能使产学研项目对企业的创新绩效有更大的促进效应。同时，大学等科研机构有机会与 FDI 等发生互动从而获取更多先进知识。大学等科研机构还有可能将这些知识通过产学研项目合作向国内企业进行一定程度的转移。另外，对于开放水平较高的地区，政府会更积极地推动境内企业、大学等科研机构和境外企业的三方合作。因此，处于开放水平较高地区的企业能从产学研项目合作中获得更多具有价值的知识，从而提升产学研项目合作对企业创新绩效的正向作用。较高的地区知识产权保护水平一方面有利于在事前降低知识产权因素对产学研合作形成的阻碍，从而增强处于该区域内的企业和大学等科研机构在产学研合作方面的意愿；另一方面也有助于在事后降低产学研合作成果的非合意性知识外溢，有利于区域内的合作双方根据契约规定实现对产学研项目合作成果的占有。因此，当区域的知识产权保护力度较高时，会增强企业产学研项目合作对企业创新绩效的正向作用。

对于以国外技术购买为代表的市场交易模式，经济和法律方面的区域制度差异对企业创新绩效的调节具有如下机制：较高的地区开放程度使得位于该区域内的企业有更多与外资企业进行互动并参与贸易活动的机会，这些机会使企业有可能与更多国外创新主体建立联系，获得更多技术引进的渠道，因此，有助于提升区域内企业利用国外技术购买的有效性。另外，处于开放程度较高地区的企业会面临着更为激烈的外资竞争和更多参与出口市场的机会，这会迫使它们在技术引进的基础上进一步加大研发力度，来加速消化吸收再创新，并可能从"出口中学"中获取"学习曲线"效应，从而使引进的技术发挥更大作用，提升区域内企业利用国外技术购买的有效性。当区域的知识产权保护水平较高时，国际性的技术转移活动将明显增多，处于此区域内的企业会更加容易获取外部技术，这有助于处在该区域内的企业得到更多获取外部技术的机会，其中也包括国外技术购买。较强的地区知识产权保护力度能有效增大其他企业对特定技术进行模仿创新的难度，从而使得进行国外技术购买的企业更多地从利用引进技术生产的创新产品中获益，因此，有助于处于该区域的企业从国外技术购买中获得更高的创新绩效。

综合第五章的相关讨论，可以将本书所提出的所有假设和假设的检验情况汇总成表7.14。这些制度都对相应的企业技术合作模式和企业创新绩效具有正向调节机制，且在大样本上得到了不同程度的验证。这扩展了已有研究只关注国家层面的制度差异（Zucker et al., 1997; Zucker et al., 1998, 2002; George et al., 2002; Tsai, 2009）。这些区域制度所存在的正向调节效应具有一个重要意义，即尽管在某些情况下产学研项目合作或国外技术购买对企业创新绩效可能呈现负效应，但这些区域制度可以帮助企业克服这些负效应并从开放创新中获益。

表 7.14 全文假设和实证结果一览

编号	假设内容	具体含义	实证结果
1	产学研项目合作和企业创新绩效之间存在倒 U 型关系	产学研项目的合作程度达到一定临界值之前，产学研项目合作能提升企业创新绩效；而当超过这一临界值时，产学研项目合作将不利于企业创新绩效提升	成立且稳健性好
2	国外技术购买和企业创新绩效之间存在倒 U 型关系	国外技术购买的交易程度达到一定临界值之前，国外技术购买能提升企业创新绩效；而当超过这一临界值时，国外技术购买将不利于企业创新绩效提升	成立且稳健性好
3	企业所在区域的开放水平正向调节产学研项目合作和企业创新绩效的关系	在企业的产学研项目合作程度一定的前提下，与处于开放水平较低地区的企业相比，处于开放水平较高地区的企业能从产学研项目合作中获得更高的创新绩效	成立且稳健性好
4	企业所在区域的知识产权保护力度正向调节产学研项目合作和企业创新绩效的关系	在企业的产学研项目合作程度一定的前提下，与处于知识产权保护力度较低地区的企业相比，处于知识产权保护力度较高地区的企业能从产学研项目合作中获得更高的创新绩效	成立且稳健性好
5	企业所在区域的开放水平正向调节国外技术购买和企业创新绩效的关系	在企业国外技术购买的交易程度一定的前提下，与处于开放水平较低地区的企业相比，处于开放水平较高地区的企业能从国外技术购买中获得更高的创新绩效	成立但稳健性差（替代因变量情况下稳健）
6	企业所在区域的知识产权保护力度正向调节国外技术购买和企业创新绩效的关系	在企业国外技术购买的交易程度一定的前提下，与处于知识产权保护力度较低地区的企业相比，处于知识产权保护力度较高地区的企业能从国外技术购买中获得更高的创新绩效	成立但稳健性差（替代因变量情况下稳健）

第八章
主要结论、政策清单及研究展望

本章不仅归纳了全书的主要结论，还着眼更好地利用和推动开放创新，从更广的视角梳理出一个可供参考的政策清单，以期对政策制定和具体实践发挥更大的作用。最后，总结研究局限和未来方向，希望推动对结构改革与创新等这个宏大议题的持续深入研究。

第一节　研究结论

本书以"双轮驱动创新——结构改革下中国企业的开放创新与绩效"为主题，主要研究了四个子问题：一是结构改革下开放创新现状和问题；二是开放创新与企业创新绩效的关系；三是影响开放创新与企业创新绩效关系的区域制度及其跨区域差异；四是区域制度差异如何调节开放创新与企业创新绩效的关系。得出了四点重要结论。

一、从长期来看，结构改革会促进开放创新，我国开放创新呈现五大特征

当前，促成开放创新的因素正发生新变化：人才流动的范围和速度大幅提升、团组化与网络化特征不断凸显；VC不仅得到了政府的大力支持，还初步形成了以并购退出为主要渠道的自我维持机制；技术到外部转化已经成为许多企业创新战略的重要部分；除了制造能力之外，外部供应商的研发能力也大幅增强；互联网技术加速向全行业和生产端渗透，进一步提升互联网促使企业广泛利用分布式知识并可以共享更大范围的知识网络的能力。作为基于市场导向并服务于经济增长、收入提升和包容发展的经济制度变革，结构改革释放大量资源要素、移除关键体制障碍、促进市场开放竞争，对上述因素产生了积极作用，从而为开放创新提供了物质基础、制度保障和环境支撑。从长期来看，结构改革对开放创新具有促进作用。

当前，中国的开放创新呈现五大特征。一是开放创新在交易维度的表现优于研发维度；二是三大经济发达地区引领主导我国开放创新；三是企业研发国际化加速并融入全球创新网络；四是产学研合作成为企业外部研发的重要部分；五是技术引进依旧在技术购买中占有较大比例。同时，中国的开放创新也存在三个问题，即企业并未真正成为开放创新主体；体制机制存在弊端阻碍开放创新；营商环境不优削弱开放创新动力。

二、技术合作模式视角下开放创新与企业创新绩效呈倒 U 型关系

研究发现，随着产学研项目合作程度的不断增加，在一定范围内，其对创新绩效的正向效应大于负向效应，因此，表现出产学研项目合作能提升企业创新绩效；而当合作程度超过一定程度后，产学研项目合作对企业创新绩效的负向效应逐渐增大，会超过正向效应，呈现出过度的产学研项目合作会降低企业创新绩效。类似地，随着国外技术购买的不断增加，在一定范围内，其对创新绩效的正向效应大于负向效应，因此，表现出国外技术购买能提升企业创新绩效；而当技术购买程度超过一定值后，国外技术购买对企业创新绩效的负向效应逐渐增大，会超过正向效应，呈现出过度的国外技术购买会降低企业创新绩效的现象。

本书以新产品销售收入占总收入的比例度量创新绩效，用企业对产学研项目合作的 R&D 投入占总 R&D 支出的比例度量企业产学研项目合作的程度，用企业当年购买国外企业技术（含引进设备）的支出额和配套消化吸收支出额之和占总 R&D 支出的比例度量企业从国外技术购买的程度。在控制了一系列企业异质性的基础上，利用"创新型企业数据库"中的企业数据对上述理论推导进行了实证检验。结果表明，解释变量和被解释变量之间都呈现倒 U 型关系，说明现实中确实存在企业利用不同技术合作模式的"最优点"。这个"最优点"也意味着企业利用以产学研项目合作和国外技术购买为代表的两种技术合作模式存在一个临界值，在这个临界值以前（具体而言，根据模型 1–6，产学研项目合作是 0.211；根据模型 2–6，国外技术购买是 0.906），产学研项目合作和国外技术购买都会对企业创新绩效带来正效应。但超过这个临界值后，这两种技术合作模式都会对企业的创新绩效带来负效应。这种倒 U 型关系支持了过度使用外部知识和技术会阻碍企业创新绩效的观点（Katila et al., 2002; Laursen et al., 2006; Berchicci, 2013）。

三、经济和法律制度的区域差异会影响开放创新与企业创新绩效

区域制度差异能影响利用既定技术合作模式的有效性——在给定企业使用某种技术合作模式的前提下，企业能否从相同程度的该种技术合作模式水平中获得更多的企业创新绩效提升，使得利用这种技术合作模式对创新绩效的贡献度更大。中国曾长期实施的非均衡发展战略，力图让一部分人先富起来，因此，中央政府对许多地区实施的超常规政策支持，加上政府在政策执行过程中本身存在的不平衡和政府之间存在的博弈，导致经济方面的区域制度存在显著差异。由于知识产权保护的相关强制性法律制度由国家制定，所以从立法层面而言，总体上并不存在区域制度差异。但从执法层面而言，我国地区间的知识产权保护执法力度存在显著差异。因此，经济和法律方面的地区经济开放水平和地区知识产权保护力度会通过影响交易费用和产权来影响企业利用既定技术合作模式的有效性，从而形成区域制度对不同技术合作模式与企业创新绩效关系的调节。

对于产学研项目合作，经济制度中的地区开放水平和法律制度中的知识产权保护力度可能会影响企业利用产学研项目合作的有效性。在较为开放的地区，企业有可能获得更多知识溢出，同时也可能形成更多当地学研机构与外资的互动，从而使双方的合作研发更富有成果，因此区域经济制度中的地区开放水平会影响产学研项目合作的有效性。在法律执行较为严格的地区，知识产权保护可以有力保障企业对技术专利的产权，通过明晰的产权界定防止私人收益低于社会收益而导致的创新投入不足问题，确保了企业对专利的排他性收益权。另外，良好的知识产权保护也为知识产权交易的健康发展奠定了基础，有助于企业和学研机构合作研发意愿的加强。

对于国外技术购买，经济制度中的地区开放水平和法律制度中的知识产权保护力度可能会影响企业利用国外技术购买的有效性。当地区的开放水平较高时，以获取技术为目的而与其他企业建立的联系就会加强，这可能会大幅度提升处于该地区的企业获得技术引进的机会。同时，更为激烈的外资竞争效应可能迫使处于这一区域的企业在技术引进的基础上进一步加大研发力度，来加速

消化吸收再创新，从而使引进的技术发挥更大作用，提升国外技术购买的有效性。另外，当区域的知识产权保护水平较高时，国际性的技术转移活动将明显增多（Branstetter et al., 2006），处于此区域内的企业会更加容易获取外部技术（Jones et al., 2001）。同时，较强的地区知识产权保护力度能有效增大其他企业对特定技术进行模仿创新的难度，从而使得技术引进的企业能够更多地从利用引进技术生产的创新产品中获益，这也会提升国外技术购买的有效性。

四、区域制度差异对开放创新和企业创新绩效具有正向调节作用

对于以产学研项目合作为代表的合作研发模式，经济和法律方面的区域制度差异对企业创新绩效的调节具有如下机制：处在开放水平较高地区的企业可以从较高的地区 FDI 存量和更频繁的贸易活动中受益。企业在获得相关知识后会有积极性将这些信息带入产学研项目合作中，从而可能使产学研项目对企业的创新绩效有更大的促进效应。更高的地区开放水平也使处于这些区域的大学等科研机构有机会与 FDI 等发生互动，从而获取更多先进知识。大学等科研机构有可能将这些知识通过产学研项目合作向国内企业进行一定程度的转移。另外，对于开放水平较高的地区，政府会更积极地推动境内企业、大学等科研机构和境外企业的三方合作。因此，处于开放水平较高地区的企业能从产学研项目合作中获得更多具有价值的知识，从而提升产学研项目合作对企业创新绩效的正向作用。较高的地区知识产权保护水平一方面有利于在事前降低知识产权因素对产学研合作形成的阻碍，从而增强处于该区域内的企业和大学等科研机构在产学研合作方面的意愿；另一方面，也有助于在事后降低产学研合作成果的非合意性知识外溢，有利于区域内的合作双方根据契约规定实现对产学研项目合作成果的占有。因此，当区域的知识产权保护力度较高时，会增强企业产学研项目合作对企业创新绩效的正向作用。

对于以国外技术购买为代表的市场交易模式，经济和法律方面的区域制度差异对企业创新绩效的调节具有如下机制：较高的地区开放程度使得位于该区域内的企业有更多与外资企业进行互动并参与贸易活动的机会，这些机会使得企业有

可能与更多国外创新主体建立联系，获得更多技术引进的渠道，因此有助于提升区域内企业利用国外技术购买的有效性。另外，处于开放程度较高地区的企业会面临着更为激烈的外资竞争和更多参与出口市场的机会，这会迫使它们在技术引进的基础上进一步加大研发力度，来加速消化吸收再创新，并可能从"出口中学"中获取"学习曲线"效应，从而使引进的技术发挥更大作用，提升区域内企业利用国外技术购买的有效性。当区域的知识产权保护水平较高时，国际性的技术转移活动将明显增多，处于此区域内的企业会更加容易获取外部技术，这有助于处在该区域内的企业得到更多获取外部技术的机会，其中也包括国外技术购买。较强的地区知识产权力度能有效增大其他企业对特定技术进行模仿创新的难度，从而使得进行国外技术购买的企业更多地从利用引进技术生产的创新产品中获益，因此有助于处于该区域的企业从国外技术购买中获得更高的创新绩效。

利用"创新型企业数据库"并通过实证检验发现，尽管其稳健性程度有所差别，但总体上支持了上述相关假设。由此得到如下结论：地区开放水平和知识产权保护力度都对产学研项目合作和企业创新绩效产生了正向调节效应，即处于开放水平较高，或者知识产权保护力度较高地区的企业，可以更多地利用产学研项目合作来提升企业创新绩效；地区开放水平和知识产权保护力度都对国外技术购买和企业创新绩效产生了正向调节效应，即处于开放水平较高，或者知识产权保护力度较高地区的企业，可以更多地利用国外技术购买来提升企业创新绩效。

第二节　政策清单

在新的发展时代，要以开放创新的理念重塑发展战略，优化创新生态，加快实现创新驱动发展。立足研究的有关结论，着眼于更好地利用和推动开放创新，本节从更广的视角提出如下政策清单。

一、推动企业真正成为开放创新的主体

- 以共建新实体与探索新机制为抓手，打造校地企协同升级版。建设合作研发、中试熟化、人才培养、校地合作、公共服务、国际合作六大平台，构建激励相容、权责对等的治理新体系。

- 依托企业，联合高校和科研院所，建设制造业开放创新中心，开展关键共性重大技术研究和产业化应用示范。推动建立一批军民结合、产学研一体的科技协同创新平台。

- 鼓励下一代信息技术、高端装备制造、生物医药、节能环保等主导产业的龙头企业与供应商组建供应链联盟或建设供应基地，鼓励产业链上下游企业建立智能化生产管理系统。

- 加快推进重点领域国有企业混合所有制改革。通过体制机制创新，将国有企业改造成为有足够创新动力、参与全球竞争的跨国公司。

- 支持符合条件的民营企业与军工企业组建混合所有制企业，不断扩大"民参军"企业规模。

- 支持军工单位利用自身优势创办、合办科技型企业，自主处置不涉及国家核心能力、符合保密规定的科技成果。

- 建立企业牵头、高校参与、地方服务的新型合作模式和新型科研机构，确保合作"围绕需求、贴近市场、服务产业"。

- 支持大型企业开放研发资源、供应链资源和市场渠道，引导鼓励内部创新创业，建立企业开放创新生态。

- 鼓励本土孵化器在海外设立分支机构，投资孵化并引进海外项目，吸引更多国际知名孵化载体落地。

- 支持企业利用并购获取技术资源，鼓励行业相关企业组建并购联盟，实施联合收购。引导企业在并购前开展技术专利和知识产权评估，在并购过程中加强技术管理，在并购后注重消化吸收再创新。

- 鼓励有实力的创新型企业在欧美等创新前沿国家和地区，通过自建、

并购、合资、参股、租赁等多种方式建立海外研发中心和实验室。

- 引导支持企业将拥有的自主技术转化为标准，通过"标准走出去"实现"产品走出去"，提高企业在国际、国家和行业标准制定中的话语权。

- 搭建标准创新公共服务平台，形成一批自主创新先进技术、在国内外具有重要影响力的核心标准，培育一批创制、采用先进标准的优势企业群体和标准联盟。

二、以激活科技成果转化带动开放创新

- 建立现代科研院所制度，推进社会公益类科研机构分类改革，稳定支持从事基础研究、前沿高新技术研究和社会公益研究的科研机构推进薪酬制度、评聘制度改革。

- 深化科技管理体制和科研经费管理体制的改革，加快落实中央有关文件精神，明确实施细则和相关配套，进一步为科研人员松绑除障。

- 坚决落实关于科技成果转化中的免责条款，并适时上升为更高层次的法律，建议在新一轮《专利法》修改中予以明确提及。

- 推广国有股回购政策，给予科研团队在适当溢价的基础上拥有向有关单位回购国有股的优先权。

- 在更广范围内强制性建立利用财政资金形成的科技成果限时转化制度。

- 试点科技成果所有权改革，规范实施职务科技成果所有权确权，促进科研人员和高校在权力与动力上的激励相容。

- 鼓励高校、科研院所通过技术、资本合作及产业联盟等多种方式和渠道，加快具有自主知识产权的关键核心技术转化。

- 研究建立针对国有无形资产的专门管理制度，尤其是与国有无形资产对价的国有股的管理办法，消除职务发明作为国资管理的制度瓶颈。

- 优先支持部分重点高校院所设立内部技术转移转化专业机构，确保技术转移转化机构实体独立运作。

- 将技术转移转化人才纳入有关人才计划目录，建立覆盖技术、金融、

财务、法律等方向的专业人才队伍，提高机构的专业化水平。

- 规范高校院所内部技术转移机构的管理机制，明确合理的收益分配政策，建立可持续的发展与运营机制。

三、促进人才自由双向流动和高效配置

- 破除人才流动的体制机制障碍，完善高校院所等事业单位科研人员离岗创业的政策配套，设定高校院所流动岗位的比例下限，吸引具有创新实践经验的企业家、科研人员兼职，促进科研人员在事业单位和企业间合理流动。

- 顺应全球人才的流动趋势，探索从就业居留向永久居留资格的转换机制，引入绿卡制度，实行个人所得税减免等政策。

- 发挥国家"千人计划"、海归创业者的资源网络优势，聘请海外人才加入合作研发或离岸研发，构筑海外高端人才创新网络。

- 建立符合国际惯例的人才评价机制，对从事不同类型创新活动的人员采取多元化的评价标准，完善以人力资本价值实现和知识价值创造为导向的分配激励机制。

- 完善科技创新人才在医疗、社会保障、住房等方面的配套政策，特别是建设高水平的国际学校，保障子女入学和教育。

- 坚持"不求所有、但求所用"的理念，以更加弹性互惠的方式推动跨国、跨区域的人才合作，实现人才资源共享。

- 制定出台鼓励涵盖高校教师、职业学校教师等群体参与企业技术研发和技术服务的扶持政策。

- 鼓励有条件的地方试行职业院校和企业联合招生、联合培养的学徒制，结合企业用工需求，科学动态调整人才培养方案。

四、加大财政金融对开放创新支持力度

- 通过发放创新券、政府采购、间接补贴等方式，加大众创空间、孵化器、

中试基地、各类创新中心对技术创业者的支持力度。

● 对有自主创新意愿但经济实力不足或从事研究特定尖端技术的企业，允许按销售收入的一定比例提取科技开发风险准备金、技术开发准备金、新产品试制准备金、亏损准备金等。

● 扩大投贷联动试点，推广专利权质押等知识产权融资模式，鼓励保险公司为科技型中小企业知识产权融资提供保证保险服务。

● 发挥知识产权的融资功能，积极开展知识产权技术入股、质押融资，提高知识产权证券化率，完善"知识产权＋金融"服务机制，深入推进质押融资风险补偿试点。

● 将创业投资企业和天使投资个人有关税收试点政策推广至全国，引导社会资本参与创业投资。

● 拓宽产业化专项资金使用范围，支持企业并购境外新兴技术、知识产权和研发机构。

● 完善国有性质创业投资相关引导基金和创投机构的考核办法，将周期长、战略性强的重点领域纳入政府引导基金的支持重点，积极发挥创投引导基金对相关领域技术创业的早期扶持作用。

● 鼓励社会资本参与中小企业发展基金，加强对初创期中小企业特别是科技型企业的股权投资。

● 放宽对银行、保险公司、社保基金、商业养老金等机构参股创业投资、股权投资基金的限制，通过发展机构投资者，形成相对稳定的长期资金来源。

● 创新投融资方式，大力推广"天使投资＋合伙人制＋股权众筹"等新的企业股权融资模式。

● 推动互联网金融服务创新，培育衍生新型互联网金融业态，结成互联网金融产业链联盟，为科技型企业提供全方位融资服务。

五、营造便利包容公平竞争的营商环境

- 以国有企业混合所有制改革、金融体制改革、医疗体制改革等为切入点，扩大非国有资本进入特定领域的渠道，催生新模式、新业态。

- 积极适应和推动新形势下的监管方式改革，在统计、审批、检查等多方面主动对接新模式、新业态，守住风险底线，理顺监管职责，简化监管流程。

- 严肃查处损害竞争、损害消费者权益及妨碍创新和技术进步的垄断协议、滥用市场支配地位行为。加大经营者集中反垄断审查力度，有效防范通过并购获取垄断地位并损害市场竞争的行为。

- 牢固树立全面保护、依法保护理念，健全覆盖物权、债权、股权、知识产权及其他各种无形财产权的产权保护法律体系。

- 对不涉及国家安全和重大公共利益的自然垄断业务或环节，加快推出一批鼓励社会资本积极参与的混合所有制试点示范项目。

- 进一步完善金融、电信等部门改革，给予相关创业者更有利的创业机会，促进更多技术创业者不断涌现。

- 建设信息化高科技园区、智慧型城区，形成涵盖商业线上交易、智能出行、高端圈层社交、智能办公、智能健康系统、智慧物业等功能的服务体系。

- 高标准打造一站式创业服务社区和"24小时生活配套服务圈"，为创业者提供办公、生活所需的软硬件一体化配套。

- 修改完善知识产权的相关法律法规，形成注册登记、审查授权、行政执法、司法保护、仲裁调解、行业自律的全流程保护。

- 提高知识产权审查质量和效率，提高知识产权权利的稳定性和授权的及时性。

- 创新知识产权运营模式和服务产品，发展知识产权服务新兴业态。

- 完善快速维权机制，提供更加高效、便捷、低成本的维权渠道。

● 加强海外的知识产权维权援助力度，帮助企业在"走出去"实现国际化的过程中维护自身合法权益。

六、以开放型新体制拓展开放创新空间

● 以实行准入前国民待遇加负面清单管理模式和有序扩大服务业开放为重点，进一步改革完善对外经济管理体制。

● 高水平建设自由贸易区，将自由贸易区有关试点与开放创新综合试点有机结合。

● 发挥科技创新在"一带一路"建设中的引领和支撑作用，以重大平台、重大工程、特色园区、共性技术与科技交流为重点，加强沿线国家政府间和民间科技合作，推进"一带一路"创新共同体建设。

● 在世贸组织多边贸易体制、国际货币基金组织和世界银行等国际金融组织，以及二十国集团等多边机制和区域合作等方面不断推进结构改革，凝聚更多开放创新共识。

● 发挥我国相对发展中国家在资本、技术、产品和工业体系方面的比较优势，通过共建产业园区、开展技术合作、共同开发第三方市场等方式，在"一带一路"、国际产能合作、科技合作伙伴计划等框架下开展开放创新合作。

● 运用互联网思维及其工具，依托企业打造国际创客空间，提升整合和利用国际创新资源的能力。

● 大力引进世界知名大学，著名研发机构、企业来国内建立分支机构和搭建创新平台，开展共性技术研发。

● 适度扩大外汇储备使用，用好对外援助资金，发挥亚洲基础设施投资银行、丝路基金等新型融资方式的作用，促进更多使用人民币结算。

● 更加积极运用融资支持的力量，对以我国援助、优惠贷款、出口商业信贷等方式融资支持的项目，以及我国主导的基金或多边金融机构提供融资的项目，积极争取采用中国标准设计建设。

第三节　研究价值

本书在分析结构改革下开放创新现状和问题的基础上，基于"技术合作模式"解构了开放创新对企业创新绩效的影响机制，并从区域制度差异视角探讨了制度对影响机制的调节作用，力图构造一个技术与制度"双轮驱动"创新绩效提升的图景。不仅为理解结构改革对开放创新的影响提供了新思路，为分析开放创新与企业创新绩效的关系提供了新视角，还突出了"制度"和"区域"在开放创新中的重要性。既挑战了现有理论中关于地区间同质的暗含假设，又证实了开放创新和特定的区域制度在提升企业创新绩效方面存在互补效应，对政府和企业更好地推动和利用开放创新具有现实意义。

一、理论意义

第一，通过界定不同技术合作模式剖析了企业的内向型开放创新，丰富了开放创新的研究视角。已有的开放创新研究有两个基本特点：一是这些研究十分注重开放创新的整体度量，其中代表性的研究是 Laursen & Salter（2006）对开放创新深度和宽度的度量；二是这些研究直接用企业外部 R&D 支出占总 R&D 支出的比例来度量开放创新（Berchicci, 2013）。毋庸置疑，这些整体度量在检验开放创新理论上具有重要意义，但由于企业在创新实践中不太可能从创新前期就"预算式"地统筹规划未来的开放创新，因此其结论的可操作性受到局限。更为重要的是，开放创新本身囊括了诸多内容，这种整体度量使我们无法更为深刻地洞察开放创新中的不同内容对企业创新绩效的影响。

借鉴已有研究和相关概念，本书将企业技术合作模式划分为股权合作、合作研发和市场交易三种模式，并在研究中聚焦于后两种模式。这一划分有如下含义：首先，企业技术合作模式是一种组织间合作关系。这就排除了在企业创新过程中，企业内部的自主研发和用户可能为企业带来新的创意和知识的这两种关系。这种划分也排除了两种组织发生边界实质性变动的情形，如企业间并购、注资组建新企业等。其次，企业技术合作与开放创新在一定程度上是耦合的，即企业技术合作模式是实现开放创新的途径和方式，因此利用技术合作模式的划分可以解构开放创新。鉴于在新兴经济体中企业的技术能力总体不强，知识产权保护等制度环境也并不成熟，开放创新主要表现为内向型开放创新，即企业从外部获取资源来加速自身创新。本书以企业技术合作模式为对象，借助市场交易和合作研发划分方式，解构了企业的内向型开放创新。这种视角有别于已有的按照知识交流频率、合作主体对象的划分，为理解开放创新提供了新视角。

第二，通过论证不同技术合作模式与企业创新绩效的倒U型关系，细化了开放创新的已有结论。开放创新将创意的有意流入与流出放在同等重要的位置，且认为两者都有助于提升企业创新绩效，但最近的研究表明，过度开放会给企业创新绩效带来负面影响，这说明企业开放创新存在"度"的问题。这一问题极具理论启发性，但过度开放这一概念过于抽象，尤其在开放创新囊括诸多内容的情况下，我们无法得到具体外部关联的一般性洞察，一个显而易见的疑问是某种特定的方式是否也会呈现这种倒U型关系。基于企业技术合作模式的视角，本书细化了开放创新，并更加细致地探求开放创新与企业创新绩效的关系。具体而言，合作研发的本质是企业通过与其他外部主体进行合作研发进而得到外部技术和知识，这种合作往往基于共同投入、知识分享、风险共担、利益共享的基础上，如产学研项目合作；市场交易的本质是通过专利转让等技术购买方式让企业直接得到外部技术和知识，这种合作无须企业投入任何研发资金，只是通过支付转让费用来获得特定知识产权的使用权，在转让过程中企业也能直接获取相关专利所附带的知识和技术，如国外技术购买，即国内企业直接向国外企业进行技术购买。

本书用产学研项目合作和国外技术购买作为两种技术合作方式的代表予以分析。本书所指的产学研项目合作排除了相关情况，使得研究聚焦于企业与学研机构通过合作研发方式来实现创新。通过内容上的细分，得以更为细致地分析和讨论产学研项目合作和国外技术购买分别对企业创新绩效的作用机制。两种不同的技术合作模式与企业创新绩效均呈现倒U型关系，印证了开放创新已有研究中"过度开放不利"的观点，也进一步细化了这个结论，证明了这个结论在具体的技术合作模式中也是适用的。

第三，通过分析影响企业创新的制度内容、变迁和区域差异，突出了新兴经济情境的重要特征。与发达经济情境不同，新兴经济体中创新环境并不完善，创新主体能力还不强。创新环境不完善主要表现为与企业创新相关的制度尚不成熟，如知识产权保护不力、技术市场发育不健全等，这些因素可能对知识在区域内的流动产生不利影响；创新主体能力不强主要表现为新兴经济体中企业还正处在成为创新主体的过程中，它们并不与发达经济体中的企业一样具有强大的技术创新能力，企业在创新活动中受到创新资源短缺、研发能力较弱的限制。另外，新兴经济体中往往还缺少足够数量和较高质量的学研机构、中介组织等，这些机构是创新系统的重要组成部分，它们不仅提供知识，而且能帮助企业解决技术创新中的问题，并通过降低技术搜寻成本等促成系统中企业的创新。目前已有创新研究都是基于发达经济情境进行的，这些研究结论在新兴经济中的普适性需要更为细致的讨论。

与此同时，知识黏性和创新活动区域化等特征使得区域因素深刻影响企业的创新活动和绩效。在诸多因素中，制度因具有塑造组织形态、影响组织联系和知识流动等特征而对创新活动具有突出影响力。事实上，与发达经济体中的制度变迁并不相同，许多新兴经济体都经历过不同程度的经济转型，如巴西、中国等。在经济转型的过程中，往往伴随着制度的剧烈变化，同时呈现制度变迁的不可预测性[①]。本书认为，中国的制度变革往往是由政府加以权衡与协调之后，在全国的部分地区选择性试验然后全面推行的结果。由于非均衡和非平稳的制度变迁，也使中国的区域差异较发达经济体中更为显著。由此可以发现，本书的研究十分强调中国等新兴经济体情境，这有助于为以新兴经济为背景的创新研究提供一个区域制度层面的拓展。

---

① 这种不可预测性包括两方面：一方面是制度变迁的方向存在不确定性；另一方面是作为制度范畴的政策在出台时间方面很难推断。

　　第四，通过论证不同内容的区域制度差异具有正向调节作用，突出了"区域"在创新研究中的价值。外部环境尤其是制度因素对创新的影响已经被广泛论证，但现有研究呈现宏观层面和微观层面两极分化的趋势。宏观层面的研究或者从时间轴上切入，考察制度变迁和演化对技术创新的影响，或者从空间轴上切入，考察不同国家的制度对技术创新的影响；微观层面的研究则主要聚焦于企业内部制度，包括部门组织结构、高层管理团队、企业科技投入等对企业技术创新的影响。这些研究均得出了十分有意义的结论，但不可避免地形成了沟通两个层面之间研究的缺失。与已有文献不同，本书关注了国家层面下的区域制度，并聚焦于区域制度之间的差异，探讨了不同区域制度差异对企业技术合作模式与创新绩效关系的影响机制。通过调节效应模型，对这些制度所产生的调节效应予以证实。从这一角度切入既有别于国家层面的制度研究，也不同于企业层面的制度研究。区域制度差异在新兴经济体中普遍存在，而在中国这样正经历剧烈经济转型和变革的庞大经济体中尤其如此。如果忽视区域制度差异下的技术合作模式和创新绩效之间的关系，一方面会使理论的分析层次上有所缺失，创新作为一个系统的分析观点很难完整；另一方面，也极有可能丧失通过完善和调整区域制度来帮助企业从不同技术合作模式中获益的机会。

　　本书呈现了制度在区域间的差异是如何对两种技术合作模式与企业创新绩效的关系产生调节效应的。区域制度正向调节效应的存在，不仅说明了区域在创新研究中的价值，同时也在一定程度上间接印证了区域创新系统的存在价值。它进一步表明，尽管企业的技术合作可能是跨区域的，企业所在区域的制度仍具有重要性，因为不同的地区制度与企业技术合作模式存在不同程度的互补性。更为重要的是，本书挑战了现有理论中关于地区间同质的暗含假设。现有理论和研究都不同程度地假设一国内的区域间不存在异质性。比如，在创新管理和国际商务研究中，国家创新系统只强调了国家层面的异质性，忽视了国家层面下区域层面的巨大差异；R&D 国际化问题和跨国企业的 IFDI 与 OFDI 问题的研究大多都强调了母国和东道国的差异给跨国企业在进行上述活动时带来的影响，却忽视了母国和东道国在各自国家范围内也存在显著的区域差异。本书的一个直接启示是仅考虑东道国和母国的差异是不够的，具体的区域层面制度可能更为重要。本书认为区域具有制度层面的异质性，而且这种异质性会影响企业的开放创新活动，从而发展和完善了现有的开放创新理论。

二、实践意义

首先，倒 U 型关系说明企业维持适度的产学研项目合作和国外技术购买是有利的。由于技术引进是最为便捷的知识获取方式，我国企业长期以来都把技术引进作为提升企业创新能力的重要战略，但随着技术引进的盲目性和配套消化不足问题的出现，越来越多的企业开始意识到过度的技术引进将很容易导致对外部技术的依赖。与此同时，由于没有足够的内部 R&D，部分企业根本无法有效吸收和利用这些外部购买的知识，实质上最终也并未提升企业的创新能力。更值得关注的是，技术领先国家采取的策略性行为使得发达国家转移的技术并非前沿性技术，而往往是技术生命周期中处于成熟期的技术，这极易导致我国企业陷入"引进—落后—再引进"的路径依赖。目前，避免盲目技术引进已经成为我国企业的普遍共识，适度利用国外技术购买已经被许多企业所接受。相较于对国外技术购买的清晰认识，我国企业对产学研项目合作的认识则明显不足。产学研合作被认为是通过协同创新提升企业自主创新能力的重要渠道，因此，广泛开展产学研合作已经成为大量企业的战略选择。但本书表明，与大学等科研机构过度的紧密合作可能导致管理和协调成本过高，从而抵消产学研合作的好处，导致对企业创新绩效不利。同时，过度的产学研合作也会使得企业知识来源单一化，企业将无法从多渠道的外部知识来源中获益。更为严重的是，过度的产学研项目合作将使得企业无法进行有效的内部 R&D，而后者往往被认为是企业吸收能力的关键因素。由此不难得出保持适当和更具价值的产学研项目合作可能更好的结论。在这种情况下，管理者有时间去建立共享过程、消除初始阶段的歧义和沟通鸿沟，从而更好地与学研机构密切有效合作（Prahbu, 1999; Rotaermel et al., 2006）；同时，企业也能避免因产学研项目合作而带来的潜在的高额机会成本。

其次，区域制度对不同技术合作模式与企业创新绩效的正向调节效应，提供了使企业更多地从特定的技术合作模式中获益的方法。企业应该认识到自身对不同技术合作模式的利用程度受到所处区域若干制度的限制，从而应该适当调整自身的技术合作策略，这其中包括利用技术合作模式的组合来多元化外部技术和创新资源的获取途径，获取更高的创新绩效。政府也应该认识到，应该实施那些最有利于地方发展和支持创新的制度。以产学研项目合作为例，政府可以通过两种途径增强这种技术合作模式的效果。一是地方政府需要考虑实施更为灵活的与 FDI 和贸易相关的开放政策，以此提升区域的开放水平，对开放水平较低的地区而言，这其中包括积极承接外资转移、鼓励企业加大出口等；二是地方政府需要考虑实施更为积极的知识产权保护，这其中包括提升知识产权执法力度和批准设立更多的知识产权服务机构，尽管过强的知识产权保护将给创新带来不利影响，但从现有估计来看，知识产权保护力度将会允许企业更大程度地利用产学研项目合作，并从中获得更高的创新绩效。类似地，更为灵活的开放政策和更为积极的知识产权保护也会使得企业更大程度地利用国外技术购买带来的企业创新绩效提高。

作为正在经历创新系统转型的新兴经济体，中国要在这一过程中继续紧跟技术前沿趋势和创新步伐，就必须在如下两个方面做出努力：一是作为创新活动的主体，企业需要在创新及其能力构建过程中发挥更加能动的作用，以自身技术能力为基础更加广泛地开展各种形式的技术合作，谋求在开放创新中提升企业创新绩效；二是作为转型过程的主导，政府需要理解适应性政策过程并展开政策学习（Lundvall et al., 2006）。前者依赖于企业对技术合作模式的利用，后者依赖于政府对区域制度施加的影响。

第四节 研究局限

本书的研究也存在一定的局限，主要体现在以下四个方面。

一是对结构改革与开放创新的分析还不够。结构改革与创新之间的关系本身较为复杂。它既与分析的长短期有关，也与具体改革内容有关，还与主体对象有关。例如，通常认为，短期内结构改革会对经济增长造成阵痛，其带来的制度剧烈变动会给创新主体带来负面预期，但从长期看，结构改革对提升经济增长潜力和促进创新具有重要意义（Benassy-Quere et al., 2015; Halmai, 2015）；国有企业改革会提升企业的创新效率（Driff ield et al., 2007），但鼓励竞争的政策可能因导致过度竞争而损害创新（Aghion et al., 2005）；对公共机构而言，结构改革短期会带来组织上的混乱和不确定，大幅降低组织的创新性（Wynen et al., 2017）。因此，全面系统地讨论结构改革与创新的关系可能需要单独研究。本书只是构建了一个初步的"要素＋机制＋环境"的分析框架来分析结构改革对形成开放创新的因素的影响，但这种分析还缺乏对结构改革更为全面的梳理，也需要更为坚实的理论基础支撑。

二是对技术合作模式本质属性的探讨还不够。用技术合作模式来解构企业的内向型开放创新的一个根本特点是企业需要进行外部的 R&D 决策，即是 R&D 合作还是 R&D 购买。但本书并未将这一问题纳入研究范围，其主要原因有二：第一，R&D 合作和 R&D 购买的数据获得受到了极大的客观限制，这导致相关的分析并不具有可行性。第二，R&D 合作与 R&D 购买包含的内容较为复杂。比如，R&D 合作中不仅涉及企业与学研机构的合作研发，还包括企业与企业之间的合作研发，在每一种合作研发中存在着不同的形式（如战略联盟），而企业间的合作研发关系则需要考虑到企业间的关系（如上下游关系、平行竞争关系等）。类似地，R&D 购买包含的内容也较多。为了避免这些问题，本书采取了用产学研项目合作和国外技术购买分别代表合作研发和市场交易两种形式的方法。这种方法无疑为分析提供了极大便利，也允许数据和概念之间有较高程度的匹配，但它也造成了对技术合作模式本质属性的探讨有欠深入的局限。比如，产学研项目合作可能忽视了企业与学研机构中个人的合作，而这些合作与企业和基于学校管理单位（如院、系、所等）的合作不同（Bodas Freitas et al., 2013）。另外，非正式关联的重要性可能被忽略了（Chen, 2009）。本书的探讨还回避了技术合作模式中的层级化合作与企业创新绩效的关系。在本书的框架下显然无法完成对这一问题的讨论，要分析这一问题需要利用更多关于 M&A 的相关理论和方法。

三是实证的相关技术细节还需要更加完善。这主要包括样本选取、变量测度和内生检验等问题。本书已经指出使用"创新型企业数据库"的数据集存在若干局限，如相对于我国企业的庞大数量，400 余家企业只占有极小的比例；企业的行业分布极不均匀，这集中反映了我国三次产业中创新活动的非均衡分布等。另外，尽管本书的分析表明样本具有较好的地理分布，但相对于每一个省而言，这种样本数量无疑还是偏少的。在变量测度方面，其主要局限是因为对制度的测量本身极具挑战性，而在使用单变量度量的情况下这种局限可能更为严重。尽管已经采取了多变量、多维度的测量，并在大量稳健性检验中对此予以印证，但对具体制度的度量仍然存在进一步完善的空间。在模型的稳健性检验方面，虽然讨论了内生性问题并采取了多种措施，但并未给出针对内生性问题的专门检验，这是技术分析中的一大局限。导致这种局限有两方面原因：一方面是数据库本身并未提供更多符合工具变量条件的变量，因此，无论是用 GMM 方法还是 2SLS 方法都很难直接使用；另一方面是样本的时间区间较短，采取差分方法来消除固定效应带来的内生性问题将导致观测值数量进一步减少，如针对国外技术购买的分析将从面板数据退化成横截面数据。

四是所得结论的普适性还受到背景的制约。进入创新型企业数据库的企业往往是创新水平较高、R&D 活动活跃的企业，本书为了避免创新活动在行业中的显著差异，又进一步将企业样本限制在制造业行业内，因此本书的结论无法推广至所有行业，这是结论一般性的第一个制约。另一个制约来自中国与其他新兴经济体的经济情境差别。尽管样本中的企业覆盖了大量行业部门，但其分析仍基于一个新兴经济体——中国。鉴于中国与其他新兴经济体仍存在区别，因此本书的结论也有可能无法适用于其他所有新兴经济体。

第五节　研究展望

一、分析更多对企业创新具有意义的区域环境变量

本书虽然考察了区域的经济和法律方面的制度差异，但数据本身的约束使得我们无法探索一些其他非常重要的制度。例如，新兴市场中企业作为创新主体而政府往往在幕后（Liu et al., 2011），所以需要考察政府如何促进或抑制企业开展技术合作，而这属于科技方面的制度。本书未考察科技方面制度对企业技术合作模式和创新绩效关系的调节机制，主要是因为科技方面的区域制度差异集中体现在政府的科研扶持方面，现阶段的政府科研扶持主要包括以项目投入、低息贷款为代表的直接补贴方式和以政府采购、税收优惠为代表的间接补贴方式，且无论哪种方式都是以企业为单位进行的，这些使得这种区域制度可能并非属于环境变量，而属于企业研发过程中的直接投入变量，因此本书未予以探讨。若抛开制度因素这一局限，还可以讨论其他具有重要意义的区域环境变量。例如，Jansen 等（2006）研究了组织层面的环境调节变量，类似的逻辑可以推广到区域层面，企业集群（D'Este et al., 2013）、专业化程度、技术中介组织发育度等也值得讨论。以专业化为例，已有研究在专业化是否促进企业创新的问题上长期争论不下，实证中所得出的结论也不尽一致（项歌德 等，2011）。但毋庸置疑的是，地区专业化程度确实会对企业创新产生影响。一个经济体的产业专业化和本地化程度将会导致本地呈现"马歇尔−阿罗−罗默外部性"（Marshall-Arrow-Romer Effects），其影响机制可简单概括为集聚效应和溢出效应。集聚效应的例子常见于创新地理文献，而溢出效应的一个典型例子是Jaffe（1986）利用专利引用方面的数据测度了技术机会和 R&D 溢出。

二、研究两种技术合作模式之间的互补或替代关系

本书将企业技术合作模式的两种方式——合作研发和市场交易进行了单独

分析，并未探讨这两种合作模式之间的战略互补性或替代性。尽管在第五章将两种技术合作模式放在一起进行了估计，但并未讨论两种模式之间可能存在的交互。Wang & Zhou（2013）利用专利方面的数据发现，本地机构（Local Sites）通过提供技术人员、产学研合作、产业间合作等活动对企业的技术购买活动具有正向调节作用，由此可以推测产学研项目合作可能会促进企业对国外技术购买的吸收。但现实中也存在另一种可能，即由于企业有机会进行较高水平的产学研项目合作而无须进行国外技术购买，因为技术购买中得到的技术往往是处于成熟期的技术，其创新性远不如通过产学研合作得到的技术。这种潜在的交互作用可能对企业创新决策具有重要的意义。如果产学研项目合作与国外技术购买之间存在互补性，这意味着同时采用两种技术合作模式的企业不仅可以获得来自每种技术合作模式的单独效应，还会因为互补性产生更大的协同效应；如果产学研项目合作与国外技术购买之间存在替代性，这意味着企业需要在技术合作之前对外部 R&D 方式进行选择决策，同时使用两种政策可能导致资源上的无益耗散并降低企业创新绩效。

三、探讨区域制度是否会影响技术合作模式的选择

本书并未涉及区域制度是否会影响企业技术合作模式的选择问题。Fiaz（2013）通过对中国企业和大学之间的 R&D 合作的考察，发现研发意向、研发风险、政府激励等因素是导致产学研合作变多的重要因素。由于这些因素可以放到区域层面讨论，因此有理由相信，部分含有类似因素的区域制度可能会影响企业对不同技术合作模式的选择问题。本书并未讨论这一问题，主要是因为本书的样本都是技术创新能力较强、R&D 活动较为活跃的企业，从现实角度来看，这些企业具有较强的技术搜索能力、学习能力，并具备与别人进行技术合作的其他前提条件，因此往往不会受制于特定的区域制度因素，区域制度很有可能并不是企业技术合作模式选择的一个决定因素。但如果考虑到使用更为全面的企业样本（如包括某些特定行业的规模以上的全部企业样本），或者是中低技术产业中的中小企业样本，就存在对这一问题进行讨论的潜力。这是基于我国

仍存在大量企业技术创新能力较低、R&D 活动还较少的现实情况做出的推测。由于企业本身条件受到制约，很容易出现自身研发能力差很难找到合作研发伙伴，企业的技术搜索和鉴别能力较低很难获得技术引进机会，以及吸收能力较差无法吸收所购得的国外技术的情况，这使得区域制度对企业技术合作模式选择影响的作用就有可能更为显著。这方面的后续研究不仅对我国中小企业具有重要意义，同时也可以为政府提供更多促进企业技术合作的政策工具。

参考文献 ▨

[1] Aghion P, Bloom N, Blundell R, et al. Competition and innovation: An inverted-U relationship. Quarterly Journal of Economics, 2005, 120(2):701-728.

[2] Aguiar Wicht L, Gagnepain P. European cooperative R&D and firm performance: Evidence based on funding differences in key actions. Universidad Carlos III de Madrid, 2013.

[3] Aiken L S, West S G. Multiple regression: Testing and interpreting interactions. Newbury Park, CA: Sage Publications, 1991.

[4] Almeida P, Kogut B. Localization of knowledge and the mobility of engineers in regional networks. Management Science, 1999, 45(7):905-917.

[5] Álvarez I, Marin R, Fonfría A. The role of networking in the competitiveness of firms. Technological Forecasting and Social Change, 2009, 76(3):410-421.

[6] Álvarez R, Robertson R. Exposure to foreign markets and plant-level innovation: Evidence from Chile and Mexico. The Journal of International Trade & Economic Development, 2004, 13(1):57-87.

[7] Asheim B T, Coenen L. Knowledge bases and regional innovation systems: Comparing nordic clusters. Research Policy, 2005, 34(8):1173-1190.

[8] Asheim B T, Gertler M. The geography of innovation: Regional innovation systems// The Oxford Handbook of Innovation. J Fagerberg, D C Mowery, R Nelson, Editors. Oxford:Oxford University Press, 2005.

[9] Asheim B T, Isaksen A. Regional innovation systems: The integration of local 'sticky' and global 'ubiquitous' knowledge. The Journal of Technology Transfer, 2002, 27(1):77-86.

[10] Atuahene-Gima K. Inward technology licensing as an alternative to internal R&D in new product development: A conceptual framework. Journal of Product Innovation Management, 1992, 9(2):156-167.

[11] Audretsch D B, Feldman M P. Knowledge spillovers and the geography of innovation. Handbook of Regional and Urban Economics, 2004, 4:2713-2739.

[12] Azagra-Caro J M, et al. Faculty support for the objectives of university–industry relations versus degree of R&D cooperation: The importance of regional absorptive capacity. Research Policy, 2006, 35(1):37-55.

[13] Bönte W, Keilbach M. Concubinage or marriage? Informal and formal cooperations for innovation. International Journal of Industrial Organization, 2005, 23(3):279-302.

[14] Barney J B. Firm resources and sustained competitive advantage. Journal of Management, 1991, 17(1):99-120.

[15] Barney J B. Resource-based theories of competitive advantage: A ten-year retrospective on the resource-based view. Journal of Management, 2001, 27(6):643-650.

[16] Barney J B, Ketchen Jr D J, Wright M. The future of resource-based theory revitalization or decline? Journal of Management, 2011, 37(5):1299-1315.

[17] Becker W, Dietz J. R&D cooperation and innovation activities of firms—evidence for the German manufacturing industry. Research Policy, 2004, 33(2):209-223.

[18] Belderbos R, Carree M, Lokshin B. Cooperative R&D and firm performance. Research Policy, 2004, 33(10):1477-1492.

[19] Bellucci A, Pennacchio L. University knowledge and firm innovation: Evidence from European countries. Journal of Technology Transfer, 2016, 41(4):730-752.

[20] Berchicci L. Towards an open R&D system: Internal R&D investment, external knowledge acquisition and innovative performance. Research Policy, 2013, 42(1):117-127.

[21] Bianchi M, et al. Enabling open innovation in small- and medium-sized enterprises: How to find alternative applications for your technologies. R&D Management, 2010, 40(4):414-431.

[22] Binz C, Truffer B, Coenen L. Why space matters in technological inovation systems-mapping global knowledge dynamics of membrane bioreactor technology. Research Policy, 2014, 43(1):138-155.

[23] Bjerregaard T. Industry and academia in convergence: Micro-institutional dimensions of R&D collaboration. Technovation, 2010, 30(2):100-108.

[24] Bodas Freitas I M, Geuna A, Rossi F. Finding the right partners: Institutional and personal modes of governance of university–industry interactions. Research Policy, 2013,

42(1):50-62.

[25]   Bogers M. The open innovation paradox: Knowledge sharing and protection in R&D collaborations. European Journal of Innovation Management, 2011, 14(1):93-117.

[26]   Branstetter L G, Fisman R, Foley C F. Do stronger intellectual property rights increase international technology transfer? Empirical evidence from US firm-level panel data. The Quarterly Journal of Economics, 2006, 121(1):321-349.

[27]   Breschi S, Lissoni F. Knowledge spillovers and local innovation systems: A critical survey. Industrial and Corporate Change, 2001, 10(4):975-1005.

[28]   Broström A. Working with distant researchers—distance and content in university–industry interaction. Research Policy, 2010, 39(10):1311-1320.

[29]   Brown J S, Duguid P. Knowledge and organization: A social-practice perspective. Organization Science, 2001, 12(2):198-213.

[30]   Bruneel J, D'Este P, Salter A. Investigating the factors that diminish the barriers to university–industry collaboration. Research Policy, 2010, 39(7):858-868.

[31]   Cameron A C, Trivedi P K. Microeconometrics using Stata. Revised edition ed. College station: Stata Press, 2010.

[32]   Capaldo A. Network structure and innovation: The leveraging of a dual network as a distinctive relational capability. Strategic Management Journal, 2007, 28(6):585-608.

[33]   Cassiman B, Veugelers R. In search of complementarity in innovation strategy: Internal R&D and external knowledge acquisition. Management Science, 2006, 52(1):68-82.

[34]   Caves R E. Industrial organization, corporate strategy and structure. Journal of Economic Literature, 1980, 58:64-92.

[35]   Chan C M, Makino S, Isobe T. Does subnational region matter? Foreign affiliate performance in the United States and China. Strategic Management Journal, 2010, 31(11):1226-1243.

[36]   Chan P S, Heide D. Strategic alliances in technology: Key competitive weapon. SAM Advanced Management Journal, 1993, 58:9.

[37]   Chathoth P K, Olsen M D. Strategic alliances: A hospitality industry perspective. International Journal of Hospitality Management, 2003, 22(4):419-434.

[38]   Chen L C. Learning through informal local and global linkages: The case of Taiwan's machine tool industry. Research Policy, 2009, 38(3):527-535.

[39]   Chesbrough H W. The logic of open innovation: Managing intellectual property.

California Management Review, 2003c, 45(3):33-58.

[40] Chesbrough H W, Crowther A K. Beyond high tech: Early adopters of open innovation in other industries. R&D Management, 2006, 36(3):229-236.

[41] Chesbrough H W, Vanhaverbeke W, West J. Open innovation: Researching a new paradigm. Oxford: Oxford University Press, 2006:1-12.

[42] Chesbrough H W. The era of open innovation. MIT Sloan Management Review, 2003b, 44(3):35-41.

[43] Chesbrough H W. Open innovation: The new imperative for creating and profiting from technology. Boston, MA: Harvard Business School Press, 2003a.

[44] Chesbrough H W, Appleyard M M. Open innovation and strategy. California Management Review, 2007, 50(1):57-76.

[45] Chesbrough H, Vanhaverbeke W. Open innovation and public policy in Europe. Commissioned by ESADE and the Science Business Innovation Board, Brussels: Science Business Publishing Ltd. 2012.

[46] Chesbrough H, Vanhaverbeke W, West J. New frontiers in open innovation. Oxford University Press, 2014.

[47] Cheung K Y, Lin P. Spillover effects of FDI on innovation in China: Evidence from the provincial data. China Economic Review, 2004, 15(1):25-44.

[48] Christensen C M. The innovator's dilemma. Boston, MA: Harvard Business School Press, 1997.

[49] Christensen J F, Olesen M H, Kjær J S. The industrial dynamics of open innovation: Evidence from the transformation of consumer electronics. Research Policy, 2005, 34(10):1533-1549.

[50] Chung W, Alcácer J. Knowledge seeking and location choice of foreign direct investment in the United States. Management Science, 2002, 48(12):1534-1554.

[51] Clark G L, Feldman M P, Gertler M S. The Oxford Handbook of Economic Geography. Oxford: Oxford University Press, 2003.

[52] Clark K B, Fujimoto T. Product development process. Boston, MA: Harvard Business School Press, 1991.

[53] Cohen W M, Levinthal D A. Innovation and learning: The two faces of R&D. The Economic Journal, 1989:569-596.

[54] Cohen W M, Levinthal D A. Absorptive capacity: A new perspective on learning and

innovation. Administrative Science Quarterly, 1990:128-152.

[55] Cohen W M, Nelson R R, Walsh J P. Links and impacts: The influence of public research on industrial R&D. Management Science, 2002, 48(1):1-23.

[56] Cooke P. Knowledge economies, clusters, learning and cooperative advantage. London: Routledge, 2002.

[57] Cooke P. Regionally asymmetric knowledge capabilities and open innovation exploring 'globalisation 2' -a new model of industry organisation. Research Policy, 2005, 34(8):1128-1149.

[58] Cooke P, Gomez Uranga M, Etxebarria G. Regional innovation systems: Institutional and organisational dimensions. Research Policy, 1997, 26(4):475-491.

[59] Cooke P, Morgan K. The associational economy: Firms, regions and innovation. Oxford: Oxford University Press, 1998.

[60] Cuadros A, Orts V, Alguacil M. Openness and growth: Re-examining foreign direct investment, trade and output linkages in Latin America. Journal of Development Studies, 2004, 40(4):167-192.

[61] Culpan R. Global business alliances: Theory and practice. Westport: Greenwood Publishing Group, 2002.

[62] D'Este P, Guy F, Iammarino S. Shaping the formation of university–industry research collaborations: What type of proximity does really matter? Journal of Economic Geography, 2013, 13(4):537-558.

[63] D'Este P, Iammarino S. The spatial profile of university-business research partnerships. Papers in Regional Science, 2010, 89(2):335-350.

[64] Dahlander L, Gann D M. How open is innovation? Research Policy, 2010, 39(6):699-709.

[65] De Fuentes C, Dutrénit G. Best channels of academia–industry interaction for long-term benefit. Research Policy, 2012, 41(9):1666-1682.

[66] Doloreux D, Parto S. Regional innovation systems: Current discourse and unresolved issues. Technology in Society, 2005, 27(2):133-153.

[67] Doutriaux J. Knowledge clusters and university-industry cooperation//Handbook of Research on Innovation and Clusters. C Karlsson, Editor. Edward Elgar: Cheltenham, UK. 2008:149-167.

[68] Driffield N, Du J. State ownership and productivity: Evidence from China. International

Journal of the Economics of Business, 2007, 14 (2) :215-239.

[69] Dyer J H, Singh H. The relational view: Cooperative strategy and sources of interorganizational competitive advantage. Academy of Management Review, 1998, 23(4):660-679.

[70] Edquist C. Systems of innovation: Technologies, institutions and organizations. London: A Cassell Imprint, 1997.

[71] Eisenhardt K M, Martin J A. Dynamic capabilities: What are they? Strategic Management Journal, 2000, 21(10-11):1105-1121.

[72] Eisenhardt K M, Santos F M. Knowledge-based view: A new theory of strategy// Handbook of Strategy and Management. A Pettigrew, H Thomas, R Whittington, Editors. Sage: London, UK. 2002:139-164.

[73] Enkel E, Gassmann O, Chesbrough H. Open R&D and open innovation: Exploring the phenomenon. R&D Management, 2009, 39(4):311-316.

[74] Fabrizio K R. The use of university research in firm innovation//Open Innovation: Researching a New Paradigm. H Chesbrough, W Vanhaverbeke, J West, Editors. Oxford: Oxford University Press, 2006.

[75] Fabrizio K R. Absorptive capacity and the search for innovation. Research Policy, 2009, 38(2):255-267.

[76] Fabrizio K R, Di Minin A. Commercializing the laboratory: Faculty patenting and the open science environment. Research Policy, 2008, 37(5):914-931.

[77] Faggian A, McCann P. Human capital flows and regional knowledge assets: A simultaneous equation approach. Oxford Economic Papers, 2006, 58(3):475-500.

[78] Faggian A, McCann P. Human capital, graduate migration and innovation in British regions. Cambridge Journal of Economics, 2009, 33(2):317-333.

[79] Fiaz M. An empirical study of university–industry R&D collaboration in China: Implications for technology in society. Technology in Society, 2013, 35(3):191-202.

[80] Filatotchev I, et al. Knowledge spillovers through human mobility across national borders: Evidence from Zhongguancun Science Park in China. Research Policy, 2011, 40(3):453-462.

[81] Foray D, Lissoni F. University research and public-private interaction//Handbook of the Economics of Innovation. B H Hall, N Rosenberg, Editors. North Holland: Amsterdam. 2010:276-314.

[82] Freeman C. Technology, policy, and economic performance: Lessons from Japan. London and New York: Printer Publishers, 1987.

[83] Freeman C. The "national system of innovation" in historical perspective. Cambridge Journal of Economics, 1995, 19(1):5-24.

[84] Freitas I M B, et al. Formal and informal external linkages and firms innovative strategies. A cross-country comparison. Journal of Evolutionary Economics, 2011, 21(1):91-119.

[85] Frenz M, Ietto-Gillies G. The impact on innovation performance of different sources of knowledge: Evidence from the uk community innovation survey. Research Policy, 2009, 38(7):1125-1135.

[86] Friedman T L. The world is flat: A brief history of the twenty-first century. New York: Macmillan, 2006.

[87] Fu X, Pietrobelli C, Soete L. The role of foreign technology and indigenous innovation in the emerging economies: Technological change and catching-up. World Development, 2011, 39(7):1204-1212.

[88] García F, Jin B, Salomon R. Does inward foreign direct investment improve the innovative performance of local firms? Research Policy, 2013, 42(1):231-244.

[89] Gassmann O, Enkel E. Towards a theory of open innovation: Three core process archetypes. R&D Management Conference. 2004.

[90] Gassol J H. The effect of university culture and stakeholders' perceptions on university-business linking activities. The Journal of Technology Transfer, 2007, 32(5):489-507.

[91] George G, Zahra S A, Wood Jr D R. The effects of business–university alliances on innovative output and financial performance: A study of publicly traded biotechnology companies. Journal of Business Venturing, 2002, 17(6):577-609.

[92] Golovko E, Valentini G. Exploring the complementarity between innovation and export for SMEs' growth. Journal of International Business Studies, 2011, 42(3):362-380.

[93] Granovetter M. The strength of weak ties. American Journal of Sociology, 1973, 78(6):1360-1380.

[94] Grant R M. Toward a knowledge-based theory of the firm. Strategic Management Journal, 1996, 17:109-122.

[95] Griffith R, Redding S, Reenen J V. Mapping the two faces of R&D: Productivity growth in a panel of OECD industries. Review of Economics and Statistics, 2004, 86(4):883-

895.

[96] Griliches Z. Patent statistics as economic indicators: A survey. Journal of Economic Literature 1990, 28(4):1661-1707.

[97] Grimpe C, Kaiser U. Balancing internal and external knowledge acquisition: The gains and pains from R&D outsourcing. Journal of Management Studies, 2010, 47(8):1483-1509.

[98] Gronlund J, Sjodin D R, Frishammar J. Open innovation and the stage-gate process: A revised model for new product development. California Management Review, 2010, 52(3):106-131.

[99] Gujarati D N. Basic econometrics. New York: McGraw-Hill, 1995.

[100] Hagedoorn J. Organizational modes of inter-firm cooperation and technology transfer. Technovation, 1990, 10(1):17-30.

[101] Hagedoorn J. Inter-firm R&D partnerships: An overview of major trends and patterns since 1960. Research Policy, 2002, 31(4):477-492.

[102] Hagedoorn J, Duysters G. External sources of innovative capabilities: The preferences for strategic alliances or mergers and acquisitions. Journal of Management Studies, 2002, 39(2):167-188.

[103] Hagedoorn J, Wang N. Is there complementarity or substitutability between internal and external R&D strategies? Research Policy, 2012, 41(6):1072-1083.

[104] Hall B H, Link A N, Scott J T. Barriers inhibiting industry from partnering with universities: Evidence from the advanced technology program. The Journal of Technology Transfer, 2001, 26(1-2):87-98.

[105] Hall B H, Lotti F, Mairesse J. Innovation and productivity in SMEs: Empirical evidence for Italy. Small Business Economics, 2009, 33(1):13-33.

[106] Halmai P. Structural reforms and growth potential in the European Union. Public Finance Quarterly, 2015(4):510-525.

[107] Hamel G, Doz Y, Prahalad C. Collaborate with your competitors. Harvard Business Review, 1989, 67(1):133-139.

[108] Herrera L, Muñoz-Doyague M F, Nieto M. Mobility of public researchers, scientific knowledge transfer, and the firm's innovation process. Journal of Business Research, 2010, 63(5):510-518.

[109] Hershberg E, Nabeshima K, Yusuf S. Opening the ivory tower to business: University-

industry linkages and the development of knowledge-intensive clusters in asian cities. World Development, 2007, 35(6):931-940.

[110]   Howells J, Ramlogan R, Cheng S L. Innovation and university collaboration: Paradox and complexity within the knowledge economy. Cambridge Journal of Economics, 2012, 36(3):703-721.

[111]   Hu A G. Technology parks and regional economic growth in China. Research Policy, 2007, 36(1):76-87.

[112]   Huizingh E. Open innovation: State of the art and future perspectives. Technovation, 2011, 31(1):2-9.

[113]   Imai K, Baba Y. Systemic innovation and cross-border networks: Transcending markets and hierarchies to create a new techno-economic system. Science Technology and Economic Growthy Conference. 1989.

[114]   International Monetary Fund. GEM: A New International Macroeconomic Model, mimeo, 2004. www. imf. org.

[115]   Ito K, Lechevalier S. Why some firms persistently out-perform others: Investigating the interactions between innovation and exporting strategies. Industrial and Corporate Change, 2010, 19(6):1997-2039.

[116]   Jaffe A B. Technological opportunity and spillovers of R&D: Evidence from firms' patents, profits and market value. National Bureau of Economic Research Cambridge, Mass, USA. 1986.

[117]   Jaffe A B. Real effects of academic research. The American Economic Review, 1989, 79(5):957-970.

[118]   Jansen J J, Van Den Bosch F A, Volberda H W. Exploratory innovation, exploitative innovation, and performance: Effects of organizational antecedents and environmental moderators. Management Science, 2006, 52(11):1661-1674.

[119]   Johnson D K N. "Learning-by-licensing": R&D and technology licensing in Brazilian invention. Economics of Innovation and New Technology, 2002, 11(3):163-177.

[120]   Jones G K, Lanctot Jr A, Teegen H J. Determinants and performance impacts of external technology acquisition. Journal of Business Venturing, 2001, 16(3):255-283.

[121]   Kafouros M I, et al. The role of internationalization in explaining innovation performance. Technovation, 2008, 28(1):63-74.

[122]   Kafouros M I, Forsans N. The role of open innovation in emerging economies: Do

companies profit from the scientific knowledge of others? Journal of World Business, 2012, 47(3):362-370.

[123] Katila R, Ahuja G. Something old, something new: A longitudinal study of search behavior and new product introduction. Academy of Management Journal, 2002, 45(6):1183-1194.

[124] Kim H, Hoskisson R E. Does market-oriented institutional change in an emerging economy make business-group-affiliated multinationals perform better?An institution-based view. Journal of International Business Studies, 2010, 41(7):1141-1160.

[125] Kim P H, Li M. Injecting demand through spillovers: Foreign direct investment, domestic socio-political conditions, and host-country entrepreneurial activity. Journal of Business Venturing, 2012.

[126] Knott A M, Posen H E, Wu B. Spillover asymmetry and why it matters. Management Science, 2009, 55(3):373-388.

[127] Kogut B, Zander U. Knowledge of the firm, combinative capabilities, and the replication of technology. Organization Science, 1992, 3(3):383-397.

[128] Kraaijenbrink J, Spender J C, Groen A J. The resource-based view: A review and assessment of its critiques. Journal of Management, 2010, 36(1):349-372.

[129] Laursen K, Salter A. Open for innovation: The role of openness in explaining innovation performance among UK manufacturing firms. Strategic Management Journal, 2006, 27(2):131-150.

[130] Lawson B, et al. Knowledge sharing in interorganizational product development teams: The effect of formal and informal socialization mechanisms. Journal of Product Innovation Management, 2009, 26(2):156-172.

[131] Levinthal D, Rerup C. Crossing an apparent chasm: Bridging mindful and less-mindful perspectives on organizational learning. Organization Science, 2006, 17(4):502-513.

[132] Li X. China's regional innovation capacity in transition: An empirical approach. Research Policy, 2009, 38(2):338-357.

[133] Lichtenthaler U. Technology exploitation in the context of open innovation: Finding the right "job" for your technology. Technovation, 2010, 30(7-8):429-435.

[134] Lichtenthaler U. The evolution of technology licensing management: Identifying five strategic approaches. R&D Management, 2011a, 41(2):173-189.

[135] Lichtenthale U. "Is open innovation a field of study or a communication barrier to

theory development?" A contribution to the current debate. Technovation, 2011b, 31(2-3):138-139.

[136] Lichtenthaler U, Lichtenthaler E. A capability - based framework for open innovation: Complementing absorptive capacity. Journal of Management Studies, 2009, 46(8):1315-1338.

[137] Liu F C, et al. China's innovation policies: Evolution, institutional structure, and trajectory. Research Policy, 2011, 40(7):917-931.

[138] Liu H, Jiang Y. Technology transfer from higher education institutions to industry in China: Nature and implications. Technovation, 2001, 21(3):175-188.

[139] Lundvall B-A, Intarakumnerd P, Vang J. Asia's innovation systems in transition. New Horizons in the Economics of Innovation. Edward Elgar Publishing, 2006.

[140] Maggioni M A, Uberti T E, Usai S. Treating patents as relational data: Knowledge transfers and spillovers across Italian provinces. Industry and Innovation, 2011, 18(1):39-67.

[141] Makadok R. Toward a synthesis of the resource-based and dynamic-capability views of rent creation. Strategic Management Journal, 2001, 22(5):387-401.

[142] Malerba F. Sectoral systems: How and why innovation differes across sectors//The Oxford Handbook of Innovation. J Fagerberg, D C Mowery, R R Nelson, Editors. Oxford:Oxford University Press, 2005: 380-406.

[143] Malmberg A, Maskell P. Localized learning revisited. Growth and Change, 2006, 37(1):1-18.

[144] Meyer J W, Rowan B. Institutionalized organizations: Formal structure as myth and ceremony. American Journal of Sociology, 1977, 83(2):340-363.

[145] Meyer K E. Perspectives on multinational enterprises in emerging economies. Journal of International Business Studies, 2004, 35(4):259-276.

[146] Meyer K E, Nguyen H V. Foreign investment strategies and sub-national institutions in emerging markets: Evidence from Vietnam. Journal of Management Studies, 2005, 42(1):63-93.

[147] Minh T, Hjortsø C N. How institutions influence SME innovation and networking practices: The case of Vietnamese agribusiness. Journal of Small Business Management, 2015, 53(S1):209–228.

[148] Mowery D C, Oxley J E, Silverman B S. Strategic alliances and interfirm knowledge

transfer. Strategic Management Journal, 1996, 17(Special Issue: Knowledge and the Firm):77-91.

[149]　Murray F, et al. Of mice and academics: Examining the effect of openness on innovation. NBER Working Paper No. 14819. NBER: Cambridge, 2009.

[150]　Murray F, Stern S. Do formal intellectual property rights hinder the free flow of scientific knowledge? An empirical test of the anti-commons hypothesis. Journal of Economic Behavior & Organization, 2007, 63(4):648-687.

[151]　Nelson R. National innovation systems: A comparative analysis. New York: Oxford University Press, 1993.

[152]　Nelson R R, Winter S G. An evolutionary theory of economic change. Cambridge: Harvard Business School Press, 1982.

[153]　Niedergassel B, Leker J. Different dimensions of knowledge in cooperative R&D projects of university scientists. Technovation, 2011, 31(4):142-150.

[154]　Nooteboom B, et al. Optimal cognitive distance and absorptive capacity. Research Policy, 2007, 36(7):1016-1034.

[155]　North D C. Institutions, institutional change and economic performance. Cambridge: Cambridge University Press, 1990.

[156]　Ocasio W. Towards an attention - based view of the firm. Strategic Management Journal, 1997, 18(S1):187-206.

[157]　OECD. National innovation systems. Paris. 1997.

[158]　OECD. Oslo manual: Guidelines for collecting and interpreting innovation data. 3rd ed. Paris: OECD, 2005.

[159]　Oerlemans L A G, Meeus M T H, Boekema F W M. Innovation and proximity: Theoretical perspectives//Industrial Networks and Proximity. L A G Oerlemans, M T H Meeus, F W M Boekema, Editors. Ashgate Publishers: London, 2000.

[160]　Parida V, Westerberg M, Frishammar J. Inbound open innovation activities in high-tech SEMs: The impact on innovation performance. Journal of Small Business Management, 2012, 50(2):283-309.

[161]　Partha D, David P A. Toward a new economics of science. Research Policy, 1994, 23(5):487-521.

[162]　Peng M W. Cultures, institutions and strategic choices: Toward an institutional perspective on business strategy//The Blackwell Handbook of Cross-cultural

Management. M Gannon, K Newman, Editors. Blackwell: Oxford. 2002:52-66.

[163] Peng M W. Towards an institution-based view of business strategy. Asia Pacific Journal of Management, 2002, 19(2-3):251-267.

[164] Peng M W, Wang D Y, Jiang Y. An institution-based view of international business strategy: A focus on emerging economies. Journal of International Business Studies, 2008, 39(5):920-936.

[165] Peng M W, Ahlstrom D, Carraher S M, et al. An institution-based view of global IPR history. Journal of International Business Studies, 2017(1):1-15.

[166] Porter M E. Clusters and the new economics of competition. Harvard Business Review, 1998, 76(6):77-90.

[167] Powell W W. Neither market nor hierarchy: Network forms of organization//Research in Organizational Behavior. B Staw, L L Cummings, Editors. JAI Press: Greenwich, CT. 1990:295-336.

[168] Prabhu G N. Implementing university–industry joint product innovation projects. Technovation, 1999, 19(8):495-505.

[169] Prahalad C K, Hamel G. The core competence of the corporation. Harvard Business Review, 1990, 33(5-6):79-91.

[170] Robertson T S, Gatignon H. Technology development mode: A transaction cost conceptualization. Strategic Management Journal, 1998, 19(6):515-531.

[171] Romijn H, Albaladejo M. Determinants of innovation capability in small electronics and software firms in southeast England. Research Policy, 2002, 31(7):1053-1067.

[172] Rothaermel F T, Alexandre M T. Ambidexterity in technology sourcing: The moderating role of absorptive capacity. Organization Science, 2009, 20(4):759-780.

[173] Rothaermel F T, Deeds D L. Alliance type, alliance experience and alliance management capability in high-technology ventures. Journal of Business Venturing, 2006, 21(4):429-460.

[174] Rothwell R. Towards the fifth-generation innovation process. International Marketing Review, 1994, 11(1):7-31.

[175] Ryan T. Modern regression analysis. New York: Wiley, 1997.

[176] Salge T O, et al. When does search openness really matter? A contingency study of health-care innovation projects. Journal of Product Innovation Management, 2013, 30(4):659-676.

[177] Schmiedeberg C. Complementarities of innovation activities: An empirical analysis of the German manufacturing sector. Research Policy, 2008, 37(9):1492-1503.

[178] Schneider P H. International trade, economic growth and intellectual property rights: A panel data study of developed and developing countries. Journal of Development Economics, 2005, 78(2):529-547.

[179] Scott A J. Entrepreneurship, innovation and industrial development: Geography and the creative field revisited. Small Business Economics, 2006, 26(1):1-24.

[180] Scott W R. Institutions and organizations. Thousand Oaks, CA: Sage, 1995.

[181] Shinkle G A, Mc Cann B T. New product deployment: The moderating influence of economic institutional context. Strategic Management Journal, 2014, 35(7):1090-1101.

[182] Stam W, Elfring T. Entrepreneurial orientation and new venture performance: The moderating role of intra-and extraindustry social capital. Academy of Management Journal, 2008, 51(1):97-111.

[183] Stiglitz J E, Greenwald B C. Creating a learning society: A new approach to growth development. Columbia: Columbia University Press, 2014.

[184] Tödtling F, Lehner P, Kaufmann A. Do different types of innovation rely on specific kinds of knowledge interactions? Technovation, 2009, 29(1):59-71.

[185] Tödtling F, Trippl M. One size fits all? Towards a differentiated regional innovation policy approach. Research Policy, 2005, 34(8):1203-1219.

[186] Teece D J. Profiting from technological innovation: Implications for integration, collaboration, licensing and public policy. Research Policy, 1986, 15(6):285-305.

[187] Teece D J, Pisano G, Shuen A. Dynamic capabilities and strategic management. Strategic Entrepreneurship Journal, 1997, 18(7):509-533.

[188] Thursby J G, Thursby M C. Faculty participation in licensing: Implications for research. Research Policy, 2011, 40(1):20-29.

[189] Tsai K H. Collaborative networks and product innovation performance: Toward a contingency perspective. Research Policy, 2009, 38(5):765-778.

[190] Tsai K H, Wang J C. External technology sourcing and innovation performance in LMT sectors: An analysis based on the Taiwanese technological innovation survey. Research Policy, 2009, 38(3):518-526.

[191] Veugelers R, Cassiman B. R&D cooperation between firms and universities. Some empirical evidence from Belgian manufacturing. International Journal of Industrial

Organization, 2005, 23(5-6):355-379.

[192] Von Hippel E. Lead users: A source of novel product concepts. Management Science, 1986, 32(7):791-805.

[193] Von Hippel E. "Sticky information" and the locus of problem solving: Implications for innovation. Management Science, 1994, 40(4):429-439.

[194] Von Hippel E, von Krogh G. Free revealing and the private-collective model for innovation incentives. R&D Management, 2006, 36(3):295-306.

[195] Wagner S M, Hoegl M. Involving suppliers in product development: Insights from R&D directors and project managers. Industrial Marketing Management, 2006, 35(8):936-943.

[196] Wang Y, Roijakkers N, Vanhaverbeke W. Learning-by-licensing: How Chinese firms benefit from licensing-in technologies. IEEE Transaction on Engineering Management, 2013, 60(1):46-58.

[197] Wang Y, Zhou Z. The dual role of local sites in assisting firms with developing technological capabilities: Evidence from China. International Business Review, 2013, 22(1):63-76.

[198] Wiklund J, Shepherd D. Aspiring for, and achieving growth: The moderating role of resources and opportunities. Journal of Management Studies, 2003, 40(8):1919-1941.

[199] Williamson O E. Transaction cost economics. 1989: 135-182.

[200] Williamson O E. Transaction cost economics: How it works; where it is headed. De economist, 1998, 146(1):23-58.

[201] Williamson S D. Monetary policy and distribution. Journal of Monetary Economics, 2008, 55(6):1038-1053.

[202] Wooldridge J M. Econometric analysis of cross section and panel data. Massachusetts: The MIT Press, 2002.

[203] Wright M, et al. Strategy research in emerging economies: Challenging the conventional wisdom. Journal of Management Studies, 2005, 42(1):1-33.

[204] Wynen J, Verhoest K, Kleizen B. More reforms, less innovation? The impact of structural reform histories on innovativeness of public organizations. Public Management Review, 2017, 19(8):1142-1164.

[205] Xu D, Meyer K E. Linking theory and context: 'Strategy research in emerging economies' after wright et al. (2005). Journal of Management Studies, 2013,

50(7):1322-1346.

[206] Yam R, et al. Analysis of sources of innovation, technological innovation capabilities, and performance: An empirical study of Hongkong manufacturing industries. Research Policy, 2011, 40(3):391-402.

[207] Yoshikawa T. Technology development and acquisition strategy. International Journal of Technology Management, 2003, 25(6):666-674.

[208] Yoshino M Y, Rangan U S. Strategic alliances: An entrepreneurial approach to globalization. Harvard Business Press, 1995.

[209] Young B, Hewitt-Dundas N, Roper S. Intellectual property management in publicly funded R&D centres: A comparison of university-based and company-based research centres. Technovation, 2008, 28(8):473-484.

[210] Zaheer A, McEvily B. Bridging ties: A source of firm heterogeneity in competitive capabilities. Strategic Management Journal, 1999, 20(12):1133-1156.

[211] Zahra S A, George G. Absorptive capacity: A review, reconceptualization, and extension. Academy of Management Review, 2002, 27(2):185-203.

[212] Zahra S A, Keil T, Maula M. New ventures' inward licensing: Examining the effects of industry and strategy characteristics. European Management Review, 2005, 2(3):154-166.

[213] Zhang H, Patton D, Kenney M. Building global-class universities: Assessing the impact of the 985 Project. Research Policy, 2013, 42(3):765-775.

[214] Zhao M. Conducting R&D in countries with weak intellectual property rights protection. Management Science, 2006, 52(8):1185-1199.

[215] Zheng Y, Liu J, George G. The dynamic impact of innovative capability and inter-firm network on firm valuation: A longitudinal study of biotechnology start-ups. Journal of Business Venturing, 2010, 25(6):593-609.

[216] Zhou K Z, Tse D K, Li J J. Organizational changes in emerging economies: Drivers and consequences. Journal of International Business Studies, 2006, 37(2):248-263.

[217] Zucker L G, Darby M R, Armstrong J. Geographically localized knowledge: Spillovers or markets? Economic Inquiry, 1998, 36(1):65-86.

[218] Zucker L G, Darby M R, Armstrong J S. Commercializing knowledge: University science, knowledge capture, and firm performance in biotechnology. Management Science, 2002, 48(1):138-153.

[219] 毕吉耀. 新时期扩大对外开放的重点任务. 国际经济评论，2016（5）：35-38.

[220] Benassy-Quere，等. 经济政策：理论与实践. 徐建炜，等译. 北京：中国人民大学出版社，2015，11.

[221] Culpan. 全球企业战略联盟: 模式与案例. 吴刚，李海容，译. 北京: 冶金工业出版社，2003，4.

[222] 蔡兵. 论企业技术联盟的类型与一般发展特征. 国际技术经济研究，1999（3）：40-46.

[223] 陈劲，陈钰芬. 开放创新条件下的资源投入测度及政策含义. 科学学研究，2007，25（2）：352-359.

[224] 陈劲，吴波. 开放创新下企业开放度与外部关键资源获取. 科研管理，2012，33（9）：11-21.

[225] 蔡玲. 发展中国家技术赶超最优路径探析——基于知识产权保护和企业危机意识的视角. 经济评论，2009（3）：108-114.

[226] 董学兵，朱慧，康继军，等. 转型期知识产权保护制度的增长效应研究. 经济研究，2012（8）：4-17.

[227] 樊纲，王小鲁，朱恒鹏. 中国市场化指数：各地区市场化相对进程2011年报告. 北京：经济科学出版社，2011，12.

[228] 傅晓岚. 中国创新之路. 李纪珍，译. 北京：清华大学出版社，2017，3.

[229] 胡志坚. "中国式创新"：现状与挑战. 清华管理评论，2017，增刊（1）：13-15.

[230] 李波，伍戈，席钰. 论"结构性"货币政策 [EB/OL]. （2015-04-01）[2017-08-15]. http://bijiao.caixin.com/2015-04-20/100801685.html.

[231] 卢先祥，朱巧玲. 新制度经济学. 北京：北京大学出版社，2007，2.

[232] 林东清. 知识管理：理论与实务. 北京：电子工业出版社，2005，7.

[233] 罗胜强，姜嬿. 调节变量和中介变量 // 陈晓萍，徐淑英，樊景立. 组织与管理研究的实证方法. 北京：北京大学出版社，2008，6.

[234] 罗炜，唐元虎. 大学—企业合作创新的博弈分析. 系统工程，2002（1）：28-31.

[235] 李廉水. 论产学研合作创新的组织方式. 科研管理，1998，19（1）：30-34.

[236] 潘秋玥，魏江，刘洋. 企业研发网络国际化研究述评与未来展望. 外国经济与管理，2013，35（8）：27-35.

[237] 宋伟，闫超. 区域知识产权保护力度与创新能力的耦合度分析. 华东理工大学学报：社会科学版，2010（1）：46-52.

[238] 汪和平,钱省三,胡建兵.引进技术消化吸收中的知识产权保护研究.科学学研究,2006,24(5):747-750.

[239] 吴波.开放式创新范式下企业技术创新资源投入研究.杭州:浙江大学,2011.

[240] 吴军.硅谷之谜.北京:人民邮电出版社,2016,1.

[241] 文礼朋.TRIPS 体制与中国的技术追赶——知识产权经济学的再探讨.北京:社会科学文献出版社,2010,8.

[242] 伍戈,谢洁玉.论凯恩斯主义的理论边界与现实约束——国际金融危机后的思考.中国金融四十人论坛工作论文,No.CF40WP2016018.2016,总第 36 期.

[243] 项歌德,朱平芳,张征宇.经济结构、R&D 投入及构成与 R&D 空间溢出效应.科学学研究,2011(3):206-214.

[244] 许春明,单晓光.中国知识产权保护强度指标体系的构建及验证.科学学研究,2008,26(4):715-723.

[245] Yoshino,Rangan.战略联盟:全球通向全球化的捷径.雷涟邻,张龙,吴元元,译.北京:商务印书馆,2007,5.

[246] 杨梅英,王芳,周勇.高新技术企业研发合作模式选择研究——基于北京市 38 家高新技术企业的实证分析.中国软科学,2009(6):172-177.

[247] 杨泉发,韩樱.知识产权保护与跨国公司对外直接投资策略.经济研究,2006(4):28-34.

[248] 姚利民,饶艳.中国知识产权保护地区差异与技术引进的实证研究.科学学研究,2009,27(8):1177-1183.

[249] 叶小青,徐渝.企业—高校合作创新的信息不对称博弈分析.科研管理,2003(5):88-91.

[250] 余长林,王瑞芳.发展中国家的知识产权保护与技术创新:只是线性关系吗.当代经济科学,2009,31(3):92-100.

[251] 张铭慎,王保林.创新后进地区产业技术特征、强弱关联与创新绩效——来自河南省企业技术中心的经验数据.科学学与科学技术管理,2013,34(4):44-51.

[252] 张杰,芦哲.知识产权保护、研发投入与企业利润.中国人民大学学报,2012(5):88-98.

后　记

　　中国从未像现在这样高度重视和迫切需要创新，无论是"创新是引领发展的第一动力"，还是"抓创新就是抓发展、谋创新就是谋未来"，无论是践行新发展理念还是深入推进供给侧结构性改革，创新被反复强调并一以贯之。实施创新驱动发展战略、建设创新型国家，既可以认为是中国的时之所至、势之所成，也可以认为是中国的迫不得已、时不我待。无论我们是"积极乐观者"还是"消极悲观派"，创新驱动发展都是不可回避的重大课题，而如何更好地利用和推动开放创新、如何通过制度变革激发创新正是这个课题的关键所在。

　　开放创新最突出的特点是强调了"有意识的知识流入和流出"。在经济学和管理学文献中，知识外溢往往被当作研发过程中产生的一个成本，并认为外溢实质上是难以控制的。一个常被引用的例子是，由于具有较强的正外部性和知识外溢，私人部门不愿意投资基础研究。但开放创新恰恰颠覆了这种传统观点，认为"组织可以有意识地管理知识的流入和流出"，而且这种有目的的管理能提升组织的创新绩效。这意味着开放创新理念和范式应该被企业、产业乃至国家等不同组织所重视和运用。

　　令人庆幸的是，尽管开放创新这一概念进入中国较晚，但开放创新在中国的实践从改革开放初期就已经初现端倪。四十年来，中国的开放创新实践取得了巨大成效，但也有过曲折、走过弯路，得益于思想解放和观念更新，对开放创新的认识日趋客观辩证，不断推动开放创新实践走向深入。近年来，开放创新与结构改革再次形成了深度的历史性交汇，制度因素在创新研究中的重要性越发突出，使我更加关注改革与创新的关系。2015 年，APEC 经济委员会将结构改革与创新作为重要议题进行研究，一次因公出访进一步加深了我对这个问题的思考。

虽然本书基于"技术合作模式"解构了开放创新对企业创新绩效的影响机制，并从区域制度差异视角探讨了制度对影响机制的调节作用，构造了一个技术与制度"双轮驱动"创新绩效提升的图景，但只能算是结构改革与创新这个宏大议题下的一点初步探讨。结构改革、开放创新与绩效之间仍存在许多未解的疑问。例如，结构改革是否会影响不同主体开放创新具体方式的选择？这种选择受到哪些因素的影响？这些抉择对不同主体的创新绩效是否存在影响？从这个角度而言，本书的研究还是浅尝辄止的，未来继续探索的空间仍然很大。

本书的写作和出版得到了许多领导、同事和师友的帮助。中国宏观经济研究院创新创业生态研究课题组的各位同仁给予我大量指导，让我对开放创新有了新的认识；中国宏观经济研究院经济研究所孙学工研究员给予我参与 APEC 结构改革与创新专题研究的机会，让我加深了对结构改革与创新关系的理解；中国人民大学王保林教授、李平教授、赵苹教授和易靖韬副教授对书中的部分内容提出了宝贵意见和建议；英国诺丁汉大学王成岐教授指导我完成了书中部分内容的写作。科学技术文献出版社副总编辑丁坤善和策划编辑李蕊为本书的出版倾注了大量心血，提供了大量建设性意见。书中部分内容曾在不同场合进行过交流，许多同行给出了中肯的意见。研究还广泛借鉴了国内外有关成果，一并表示最诚挚的感谢。

张铭慎

2017 年 10 月